ANJA HRADETZKY

Wie ich als COWGIRL die WELT bereiste und ohne LAND und GELD zur BIO-BÄUERIN wurde

AUFGESCHRIEBEN MIT HANS VON DER HAGEN

Alle Schilderungen in diesem Buch basieren auf subjektiven Erinnerungen. Die Dialoge geben nicht wortwörtlich, sondern sinngemäß vergangene Gespräche wieder. Die meisten Namen und die Merkmale einzelner Personen wurden zum Schutz ihrer Privatsphäre geändert.

1. Auflage 2019
© 2019 DuMont Reiseverlag, Ostfildern
Alle Rechte vorbehalten.

Lektorat: Regina Carstensen, München
Gestaltung und Illustrationen: Annegret Ritter, Marburg
Fotos: Anja Hradetzky

Printed in Spain

ISBN 978-3-7701-6684-8

www.dumontreise.de

Für alle, die ihren Traum leben

INHALT

	Prolog	9
1	Kritischer Blick in den Kühlschrank	11
2	Philosophieren und Pferdefreiheit	16
3	Pferdetussi-Trauma	22
4	Ab nach Eberswalde	33
5	Hündisch lernen	45
6	Hörsaal-Fieber	50
7	Großstadtliebe	54
8	Praktikumsorakel	59
9	Lederhosenhund	64
10	Wüste Kirche	70
11	Gott zwischen Möhrchenpflanzen	78
12	Skorpion	82
13	Mit dem Zug ins Abenteuerland	88
14	Trecker unter Wasser	97
15	Lernen mit Leo	109
16	SMS von Janusz	123
17	Gefühlswirrwarr	136
18	Flughund	148
19	Ranchwahnsinn	154
20	Rollin', rollin', rollin'	164
21	Wut um sechs	181
22	Edmonton	188
23	Meeting the Elements	197
24	Eingehüllt im Winterwunderland	207
25	Schneestraßen-Abenteuer im Dunkeln	221

26	Masterclass im Westernreiten	228
27	Niagara	248
28	Herz aus Scheiße	259
29	Bullen im Anmarsch	265
30	Todesangst unter Kühen	276
31	Dunkle Tage auf der Alp	280
32	Flaschenpost im Schwimmbad	293
33	Eine Woche Glück	298
34	Einzug ins Schloss	307
35	Kühe kaufen ohne Geld	320
36	Horror	325
37	Sonne unterm Dach	335
	Dank	342

Prolog

Plötzlich klingelte das Handy. Da ich bei den Tieren war, wollte ich nicht drangehen. Doch es läutete hartnäckig. Genervt nahm ich ab. Das Veterinäramt.

»Sind sie Frau Hradetzky?«, fragte jemand.

»Ja«, sagte ich.

»Gut, dann hören Sie mal zu. Wir haben in Ihren Papieren gesehen, dass einer der Bauern, von denen Sie Tiere gekauft haben, diese nicht hätte verkaufen dürfen. Er hat sie nicht auf Rindertuberkulose testen lassen.«

»Puh«, sagte ich ratlos. »Warum denn das nicht?«

»Manche Bauern wehren sich gegen den Test, weil er unter die Haut gespritzt wird. Die sehen das als verkappte Impfung. Es besteht das Risiko, dass Sie nun Tuberkulose nach Brandenburg einschleppen. Darum sperren wir Ihren Betrieb.«

»Wie, Sie sperren ihn? Das verstehe ich nicht. Was bedeutet das?«

»Na ja, Sie dürfen Ihre Milch nicht mehr in der Molkerei abliefern.«

»Wir dürfen unsere Milch nicht mehr ...? Wie soll das gehen? Was sollen wir denn mit der ganzen Milch machen?«, fragte ich entgeistert.

»Sie können die Milch schon aufbewahren.« Die Stimme des Veterinäramtsmitarbeiters klang auf einmal sanfter, »Wenn Sie nachweisen, dass die Tiere gesund sind, können Sie sie ja noch verkaufen.«

»Und wie lange dauert das?«

»Der Tierarzt muss zu Ihnen kommen und Tuberkulin spritzen. Zugleich misst er die Hautdicke an der Einstichstelle. Nach drei Tagen wiederholt er Letzteres. Wenn die Haut nicht anschwillt, ist alles okay.«

Ich erstarrte und legte das Telefon auf. Sollte das jetzt das Ende sein? Das war ja unglaublich. Ich war total geschockt. Ich ging zu Janusz, stammelte nur etwas von Tierarzt und Test und Sperre. Er verstand nichts. Mir traten Tränen in die Augen, ich konnte nicht weiterreden und musste rausgehen. Ich drehte eine große Runde. Die Tränen kullerten einfach nur so herunter. Was war das denn für eine Scheiße? Ich hatte doch alles gemacht, was gemacht werden musste. Alles war durchorganisiert und vorbereitet. Wer hatte denn jetzt diesen Fehler zu verantworten? Warum mussten wir den ausbaden? Was, wenn jetzt eine Kuh positiv war? Das meldete dann der Tierarzt dem Amt – und der ganze Bestand müsste gekeult werden. All unsere Kühe, die wir mit dem Geld aus den Kuhanteilen bezahlt hatten – man würde sie dann erschießen.

1

Kritischer Blick
in den Kühlschrank

Es war schon fast dunkel, als ich ankam. Meine Eltern wohnten gleich am Eingang eines Dorfs am Rand des Erzgebirges. Ein angenehmer Ort, der große Reitplatz, spitze Dächer und Giebel mit Schindeln. Ich öffnete das Tor und parkte in der Einfahrt.

Ich wartete einen kurzen Moment, bevor ich ausstieg. Erleichtert, dass die Fahrt endlich vorbei war, aber auch wissend, dass die Besuche bei meinen Eltern mitunter spannungsreich sein können. Langsam öffnete ich die Autotür und atmete tief die laue Luft des Julis ein, durch die der Rauch frisch befeuerter Grills zog. Es war Freitagabend. Gartengelächter und Sommerduft. Der Geruch meiner Heimat, wenn es draußen warm war. Ich schloss die Autotür und lief die vertrauten letzten Meter zum Haus meiner Eltern.

Als ich am Nachbarhaus vorbeikam, flackerte ein Licht auf. Der Bewegungsmelder am Haus meiner Großeltern funktionierte also noch. Im Lichtschein konnte ich ihre

Blumenbeete erkennen. Daneben ein Gartenstück, das meine Uroma als Selbstversorgerin bewirtschaftete. Früher wuchsen dort Kartoffeln, Möhren, Bohnen, Erbsen – heute reichte es nur noch für den Nachtisch: Erdbeeren, Himbeeren und was weiß ich für Beeren.

Den Besuch bei meinen Eltern hatte ich hinausgeschoben, hatte mich davor gedrückt hierherzufahren. Aber dann war es doch an der Zeit gewesen. Ich erreichte das sandsteinfarben verklinkerte Haus mit seinem dunkel vertäfelten Giebel. Kein klassisches Erzgebirgshaus mit spitzem Dach und Schindeln, aber es fügte sich gut in die umstehenden Bäume und den Garten ein. Eine Supermarktkette hatte es einst als Fertighaus im Angebot. Meine Eltern griffen zu.

Zur Eingangstür führte eine kleine Steintreppe an der Seite des Hauses empor. Ich klingelte und klopfte gleichzeitig an das Fenster neben der Tür. So machte ich es immer, damit meine Eltern wissen, dass ich es bin. Einen Moment lang blieb es still, dann hörte ich Schritte. Durch das Fenster sah ich, dass im Flur Licht anging. Mein Vater machte die Tür auf, sagte freundlich »Hallo« und zeigte ein kleines Lächeln. Richtig zu freuen schien er sich nicht. Wahrscheinlich fürchtete er den Stress, der unweigerlich bei meinen Besuchen aufkam. Ich antwortete auch »Hallo«, schon ging er wieder ins Wohnzimmer zurück, wo der Fernseher lief. Ich zog mir die Schuhe aus und spazierte in die Küche. Meine Mutter werkelte geräuschvoll am Spülbecken. Als ich eintrat, drehte sie sich zu mir um und lächelte. Dann wendete sie sich wieder dem Abwasch zu. »Wie geht's?«, fragte sie.

»Gut.«

»Wie war die Fahrt?«

»Auch gut. Ich bin schnell durchgekommen.«

Knappe Dialoge sind die Spezialität unserer Familie. Weil ich nicht wusste, was ich sonst hätte sagen können, machte ich einige Schritte zum Kühlschrank. Er ist direkt neben der Tür in der Einbauküche versteckt.

»Gibt's etwas zu essen?«

»Schau einfach.«

Meine Frage war eigentlich eher der Versuch einer Kommunikation. Ich hatte gar keinen Hunger. Aber immer wenn ich nach Hause kam, zog mich der Kühlschrank auf geradezu unheimliche Art an. Wahrscheinlich ein Ritual aus Urzeiten: Reichten die Vorräte zum Überleben, oder musste man doch noch einmal auf die Jagd gehen? Ich öffnete den Kühlschrank. Im Türfach rumpelte es. Genau, eine Dose mit Sprühsahne stand da. Theoretisch könnte es noch die sein, die ich schon bei meinem letzten Besuch gesehen hatte. Sprühsahne hält sich ewig, zumindest, wenn man den Kopf nach Benutzung schön auswäscht. Sie kam gewöhnlich auch nur dann zum Einsatz, wenn es zum Nachtisch Mandarinen aus der Dose gab. Oben die Eier, die sicher meine Mutter aus der Packung in das dafür vorgesehene Fach geräumt hatte. Zweifellos waren sie besonders günstig gewesen. Sofort stach mir die aufgestempelte 3 ins Auge. Die Eier stammten also aus Käfighaltung. Aber das war meinen Eltern egal. Sie jagten oft, aber nur die nächsten Schnäppchen im Discounter. Worauf sollte man denn auch sonst achten, wenn nicht auf den Preis?

Das Päckchen Sahne im Tetra Pak konnte ich mir nicht erklären.

»Wofür brauchst du denn die Sahne?«, fragte ich meine Mutter erstaunt.

»Für den Marmorkuchen.«

- 13 -

»Ah, okay.«

Marmorkuchen machte sie manchmal mithilfe einer Backmischung. Darum stand da sicher auch die Margarine, die günstiger war als Butter und natürlich nicht so schnell ranzig wurde.

Neben der Margarine lag der eingeschweißte Emmentaler und eine Flasche Ketchup. Beide Komponenten wurden gewöhnlich samstags auf die Spaghetti gegeben. Ich spürte sofort wieder das leichte Brennen des Käses auf der Zunge.

Ein Fach tiefer überraschte mich eine spezielle Wurstpackung. »Ihr esst immer noch Bärchenwurst?«, fragte ich irritiert. Auf der Packung war ein fröhlich grinsendes Tier abgebildet, was mit der Wirklichkeit im Inneren der Packung nicht viel zu tun hatte. »Erinnerst du dich noch, wie wir in den Ferien einen Schweinehof besuchten? Tatjana musste doch gleich wieder aus dem Stall raus und kotzen, weil es so stank.« Aus diesen armen Tieren wurde die Wurst gemacht.

Meine Mutter antwortete nicht, sondern ächzte nur genervt.

Ich verließ die Küche und ging in mein altes Zimmer. Zehn Minuten – und schon herrschte Krieg. Das war eigentlich der Normalzustand. Es wäre eine Überraschung gewesen, wäre es heute anders gekommen. Ich ließ mich auf mein Bett fallen.

Der Blick in den Kühlschrank, er hatte mich deprimiert. Ich sah mich wieder zu Schulzeiten: Anja, das Aldi-Kind. Vor dem Unterricht futterte ich meine Zimt-Cornflakes mit kalter 1,5-prozentiger H-Milch, nach der Schule rührte ich Nudeln, denen Pilzsoße in Pulverform beigemengt worden war, mit heißem Wasser an. Oder machte Nasi Goreng in der Mikrowelle warm. Damals nahm ich es hin, weil ich es nicht anders kannte. Jetzt, wo ich begriffen hatte, das Lebensmittel Mittel zum Leben sind, kam es mir vor wie eine verpasste Lebenschance. Darum diese Wut.

Dass in meiner Familie überhaupt mal gekocht wurde, erlebte ich nur selten. Woran lag das? Immerhin war meine Oma mütterlicherseits eine fantastische Köchin, zusammen mit meinem Opa besaß sie eine Bäckerei. Leider starb er sehr früh, meine Mutter war gerade erst achtzehn geworden. Selbst zu kochen, geriet da zur Nebensache. Solange ich mich erinnern konnte, stand meine Mutter höchstens sonntags etwas länger in der Küche, wenn die panierten Schnitzel in die Pfanne gelegt wurden.

Gingen wir auswärts essen, entstand bei ihr manchmal wohl eine Sehnsucht nach anderem Essen. Zumindest wirkte es auf mich so, wenn sie nach einem Rezept fragte oder bemerkte, dass etwas sehr lecker war. Doch dabei blieb es dann auch. Sie fand keinen Zugang, das Anderskochen selbst umzusetzen.

Mein Vater rebellierte nie, wenn es um das Essen ging. Er aß, was auf den Tisch kam. Obwohl – einmal schlug er vor, dass es doch mal diesen Reis bei uns geben könnte, der nicht aneinander pappt. Er meinte bestimmt Basmatireis, wusste aber natürlich nicht, dass er so heißt. Meine Mutter kaufte nur No-Name-Beutelreis, der ordentlich klebte, wenn man die Tüten nach dem Kochen aufschnitt. Doch mein Vater und seine Geschmacksnerven hatten keine Chance. Lebensmittel sind aber Mittel zum Leben. Kein bloßer Füllstoff für den Körper. Sie verdienen Aufmerksamkeit. Was ich gerade wieder im Kühlschrank gesehen hatte, zeigte mir, dass sich hier wahrscheinlich nicht mehr viel ändern würde. Aber ich wollte mich ändern, damit ich am Ende nicht genauso stecken blieb wie sie.

2

Philosophieren und Pferdefreiheit

Das Verhältnis zwischen meinen Eltern und mir ließ sich leicht zusammenfassen: Sie fanden mich anstrengend und ich sie. Oft wirkte es, als stünde zwischen uns eine unsichtbare Mauer. Wir konnten uns sehen, aber nicht berühren. Nicht einmal richtig hören.

Ich weiß gar nicht, wann das anfing. Ich kannte es gar nicht anders. Meine Tante erzählte einmal, dass es früher besser war. Bis ich etwa anderthalb Jahre alt war. Da habe es einen Knick gegeben, den sich meine Tante selbst nicht erklären konnte. Jedenfalls waren beide Eltern ständig genervt – von mir, aber auch von meiner Schwester Tatjana. Das zeigte sich in vielen Details. Wollte ich Keyboard üben, hieß es: »Setz die Kopfhörer auf.« Gitarre durfte ich nur spielen, solange sie noch nicht von der Arbeit zurück waren. Beim Abendessen wurde nicht gesprochen. Da liefen Nachrichten, die bei uns wichtiger waren als das, was uns beschäftigte. Bekamen meine Schwester oder ich beim Essen mal einen Lachanfall, wie es Kinder manchmal bekommen, mussten wir den Tisch verlassen.

- 16 -

Meine Mutter wirkte so, als habe sie ihre Gefühle einfach abgestellt. Sie weinte nicht einmal mehr. Höchstens aus Wut. Niemanden ließ sie an sich heran, auch nicht uns Kinder. Manchmal fragte ich mich, ob sie vielleicht in jungen Jahren eine Vollkrise mit mir hatte. Und es dann später einfach nicht mehr richtig packte.

Es war an einem Weihnachtsfest, als Tatjana und ich uns ein Herz fassten. Ich kann nicht mehr sagen, aus welcher Situation heraus das geschah, aber wir fragten unsere Mama: »Warum umarmst du uns nie?«

Sie stutzte und sagte erst gar nichts. Nach langen Sekunden antwortete sie: »Seit mein Vater gestorben ist, lass ich niemanden mehr an mich ran. Seitdem muss ich klarkommen.«

Mit meinem Vater war es nicht einfacher. Während der Pubertät sprach er einmal ein halbes Jahr nicht mehr mit mir. Ja, mit gar keinem. Er lebte wie ein Geist in der Familie, aß mit uns, aber wenn ich ihn etwas fragte, reagierte er nicht. Er schaute mich nicht einmal richtig an. Quälend oft hatte ich mir überlegt, warum mein Vater nichts mehr sagte. Hatte er mich beim Tanz-in-den-Mai-Feuer rauchen gesehen? Mochte er mich deswegen nicht mehr? Fand er mich jetzt eklig? All das wurde nie in unserer Familie thematisiert. Genauso wie auch alles andere totgeschwiegen wurde: die Vorliebe meines Opas für den Alkohol. Seine Vergangenheit, die Flucht aus Ostpreußen. Ich war meist sehr aufgedreht, heute würde man sagen: hyperaktiv. Das nervte alle, umso mehr, weil ich ständig barfuß durch die Gegend lief.

Wenn es mich weit wegzog, setzte ich mich mit meiner Großcousine Sabine, die auch in dem Ort wohnte, in einen Trabbi. Mit ihm fuhren wir um die ganze Welt, in den Wilden Westen, in den kühlen Norden und den heißen Süden. Nur in den Osten zog es uns nicht so sehr. Das war die Sowjetunion. Der Trabbi konnte sogar schwimmen. Zumindest in unserer Vorstellung, denn tatsächlich war er ausrangiert und stand ziemlich eingewachsen in einer Hecke. In der Schule gehörte ich zu den Alternativen. In den Pausen saßen wir philosophierend im Park, schauten in die Baumwipfel und träumten von Freiheit. Und weil das nicht nur eine kurze Hippie-Marotte war, gründeten wir eines Tages die philosophische Runde an unserer Schule. Einmal pro Woche lasen wir mit unserem Ethiklehrer Werke von Philosophen: Schopenhauer oder Nietzsche. Zu Hause gab es auch weniger schweren Stoff: Else Lasker-Schüler und andere literarische Expressionisten. Sie alle fassten unsere Gedanken in Worte und inspirierten uns. Auch zu Dingen, die aus Sicht der Schulleitung dann schiefgingen. Einmal veranstaltete unsere philosophische Runde eine Lesenacht, in der wir uns unsere Lieblingsausschnitte vortrugen. In der Pause hüpften wir Dissonanzen singend durch die leeren, dunklen Gänge der Schule – welche Freiheit! Der Hausmeister wusste nichts davon, und so klopfte nach der Pause in der nächsten Leserunde ein Sondereinsatzkommando in Totalmontur an der Tür. Der Hausmeister dachte, jemand sei in die Schule eingebrochen und hatte die Polizei alarmiert. Der Ethiklehrer konnte der Polizei erklären, dass wir uns mit den Fragen des Lebens beschäftigten, und wir lasen weiter.

Die Runde wurde mehr und mehr zu meinem Freundeskreis. Wir teilten alles, was uns beschäftigte. Uns einte, dass wir nicht den vorgezeichneten Weg gehen wollten: studieren, arbeiten gehen, Geld verdienen, Auto kaufen, in den Urlaub fahren. Aber was war die Alternative? Meine Freundin Anne und ich dachten viel über eine Insel nach, auf der Anarchie herrschen würde. Könnte ein Zusammenleben dort ohne Hierarchien funktionieren? Ging es überhaupt ohne äußere Zwänge? Brauchte man Geld? Konnte man es schaffen, sich unabhängig zu ernähren, die Kinder auszubilden, als Gemeinschaft zu leben, ohne dass einer das Sagen hatte? In mir entstand der Traum von einem anderen Leben. Das Wichtigste aber waren für mich in meiner Kindheit und Jugendzeit die Pferde. Schon im Grundschulalter ging ich zum Reitstall im Dorf. Ein paar Ponys gab es dort, die gerne buckelten. Rodeo *light*. Auf ihnen lernte ich, oben zu bleiben und mich auf dem Tier durchzusetzen. Aber als irgendwann der Vereinsbeitrag angehoben wurde, wollten meine Eltern ihn nicht mehr zahlen. Ich machte mich auf die Suche nach einem anderen Stall und fand ihn am anderen Ende des Dorfes.

Der Stall gehörte Christoph, einem Typen mit ergrautem, dünnem Pferdeschwanz. Er trug Jeans und Stiefel und hatte den Hof Ende der Neunzigerjahre gekauft. Natürlich hätte er nie Hof gesagt, er sprach von der Blue Horse Ranch, weil er Westernpferde besaß. Die meisten von ihnen waren Blue Roans, Blauschimmel: Sie hatten einen bläulich-grauen Farbton und waren sonst fast weiß.

Unser Deal war: Ich versorgte Christophs Pferde täglich und durfte dafür reiten, wann ich wollte. Er wurde eine Art Ziehvater, der mich aus dem Pubertätsstress rettete. Ab und an nannte er mich sogar seine Adoptivtochter, auch vor anderen Leuten. Warum nicht?! Immerhin verbrachte ich die meiste Zeit neben der Schule auf seinem Hof. Meine Eltern bekamen davon kaum etwas mit. Weil wir so wenig miteinander sprachen, wussten sie nicht, dass ich mich dort jeden Tag um sechs Pferde kümmerte.

Die Tiere kamen meinem Drang nach Freiheit sehr entgegen, denn sie glichen den öden Schulalltag aus. Jeden Tag lief ich nach der Schule den Weg bergauf durchs Dorf und überquerte am Ende eine Wiese, um zu Christophs Ranch zu gelangen. Seine Hunde rannten mir schon entgegen, sobald ich über einen kleinen Bach sprang, der dort entlangfloss. Die Pferde waren oft draußen, so konnte ich ungestört den Stall ausmisten und Futter in die Raufen füllen.

Es gab einen Roundpen, eine runde Einzäunung, in der ich frei mit den Pferden arbeiten konnte – nicht nur reitend. Ich entdeckte, dass die Tiere ganz unterschiedlich reagierten, je nachdem, wie ich ihnen entgegentrat. Ich musste dazu nicht einmal meine Stimme einsetzen. Es reichte, sich ihnen auf eine bestimmte Weise zu nähern, wenn ich wollte, dass sie stoppten oder in eine neue Richtung gehen sollten. Schwenkte ich die Arme in einer bestimmten Weise, änderten sie ihre Geschwindigkeit. Es beeindruckte mich, dass die Pferde meine Körpersprache verstanden und dass ich mit ihnen intuitiv umgehen konnte. Und natürlich übte ich das Westernreiten. Zweimal in der Woche trainierte mich Christoph auf dem Reitplatz im Dorf. Sonst ritt ich allein durch die angrenzenden Felder und Wälder. Besonders schön war es im Winter: Ohne Sattel auf dem blanken Pferderücken über die verschneiten Äcker zu galoppieren, das befreite meine Seele.

2004, kurz vor dem Abi, kam es für mich jedoch zur Katastrophe: Christoph zog nach Bayern, weil er dort mit seinen Westernpferden mehr Geld verdienen konnte. Er wusste, wie sehr mich das traf, und bot mir an, mein Lieblingspferd dazulassen, wenn meine Eltern den Unterhalt zahlen würden. Doch das war ihnen zu heikel. Warum, weiß ich bis heute nicht. Vielleicht wollten sie es einfach nicht, vielleicht konnten sie es sich nicht leisten. Oder sie nahmen an, ich würde mich nicht richtig um das Pferd kümmern. Wie gesagt, Reden steht bei uns in der Familie nicht so hoch im Kurs. Ich hatte keine Idee, wie ich das Problem lösen sollte. Und so fiel ich in ein tiefes Loch, als Christoph fort war. Es wirkte sich sogar körperlich aus: In der elften Klasse fing ich plötzlich an zu stottern. Es war richtig krass. Gewöhnlich redete ich extrem schnell. Aber nun bekam ich oft kein Wort mehr heraus. Es ging mir schon mal als kleines Kind so. Meine Eltern wollten dann, dass ich in solchen Momenten das Wort »Zitrone« sagte. Mich nervte das total, weil Zitrone ja nicht das Wort war, an dem ich mich gerade abrackerte. Die elterliche Taktik zielte lediglich darauf ab, mich von meinem »äh ... äh ... äh« abzulenken.

Dass das Stottern gerade in der elften Klasse mit so großer Wucht zurückkehrte, war sicher nicht allein dem Weggang von Christoph geschuldet. Hinzu kam, dass genau zu dieser Zeit auch die Kurse in der Oberstufe anders eingeteilt wurden. Die neuen Mitschüler waren ein Problem für mich. Zumindest dann, wenn ich etwas sagen musste. Auch die Lehrer taten sich schwer, mit dem Stottern umzugehen. Vor allem im Mathe-Leistungskurs setzte mich der Lehrer unter Druck: »Was willst du denn jetzt sagen? Was ist denn nun? Du hast dich doch gemeldet! Sag mal jetzt!«, drängte er mich. Da wurde es erst recht schlimm. Die anderen lachten, und ich konnte gar nichts mehr herausbringen. Es ging schnell bergab mit mir: Ich verstummte regelrecht, zog mich zurück. Auch daheim fehlte mir ein Ventil. Meine Eltern schickten mich zur Logopädin, aber die konnte mir nicht weiterhelfen: Bei ihr stotterte ich ja nicht, weil der psychische Druck durch die Mitschüler fehlte.

3

Pferdetussi-Trauma

Der Abi-Sommer stand bevor. Nach den Prüfungen wollte ich weg, das schweigende Zuhause verlassen, die Welt erkunden. Nur: wohin? Und wie? In die großen Städte drängte es mich nicht, ich wollte ländlich leben. Ich entschloss mich, ein Freiwilliges Ökologisches Jahr (FÖJ) zu machen. Die Grüne Liga in Sachsen, ein Netzwerk ökologischer Bewegungen, vermittelte entsprechende Plätze.

Ich schaute mir einen Hof an, auf dem ich arbeiten konnte. Wollte wissen, was mich dort erwartete. Es wurden gerade die Johannisbeersträucher ausgedünnt. Die abgeschnittenen Triebe wurden als Setzlinge für neue Sträucher gepflanzt. Ich fühlte mich wohl, aber solche Aufgaben schienen mir doch etwas langweilig. In dem Moment wusste ich, was ich vorher schon geahnt hatte. Ich brauchte Tiere um mich herum. Doch in Sachsen war es nicht vorgesehen, dass sich junge Mädchen im Rahmen eines Freiwilligen Ökologischen Jahrs für Pferde interessierten. Jedenfalls wurden keine Einsatzstellen auf Pferdehöfen angeboten.

Die wurden gestrichen, weil die Ökologie und der Einsatz für die Natur dort eine eher untergeordnete Rolle spielten. Ich war ratlos. Wo sollte ich einen für mich passenden Umweltdienst finden? Damals ging ein Freund von mir in eine größere Stadt nach Norddeutschland. Eines Abends rief er mich an:

»Ich hab was für dich.«

»Wirklich? Und wo?«, fragte ich.

»Auf einem Kinder- und Erlebnishof. Pferde versorgen und Reitstunden geben. Genau das, was du gesucht hast.«

»Das klingt gut. Ich schau mal, was ich im Internet dazu finde.«

Nach dem Gespräch setzte ich mich sofort an den Rechner. Der Hof, las ich im Internet, wolle Kindern Tiere näherbringen. Sie könnten dort den Umgang mit Pferden, Schafen und Hühnern lernen. Das interessierte mich, ich wollte es mir unbedingt ansehen. Schon wenige Tage später saß ich in einer Mitfahrgelegenheit nach Norddeutschland. Ich hatte mir zwar alles genau auf Karten angeschaut, doch es dauerte trotzdem ein bisschen, bis ich die Straßenbahn fand, die mich vom Bahnhof in den richtigen Stadtteil brachte. Ich kam durch eine unscheinbare, bisweilen triste Gegend: Hier ein Autohaus, da die Arbeiterwohlfahrt, ein paar Super- und Drogeriemärkte – so ging es über einige Kilometer. Doch allmählich wurde es etwas grüner. Ich näherte mich dem Stadtrand, dort lag der Hof. Ich stieg aus der Bahn, nahm noch drei Stationen mit einem Bus und lief durch ein paar Straßen. Als ich mich dem Hof näherte, fiel mir zunächst eine mehrere Meter hohe, sehr lange und graue Mauer ins Auge, die oben viel Stacheldraht trug. Dahinter lagen Gebäude, von denen ich nur die fabrikähnlichen Dächer erkennen konnte. Hinweisschilder machten deutlich, dass es keine Fabrik war, sondern ein Gefängnis.

Als ich das Hofgelände betrat, sah ich einige Besucher, Pferde standen auf der Weide und überall liefen Hühner herum. Ich suchte jemanden, der mir etwas über diese Farm erzählen konnte. In einem großen blauen, nach vorn hin offenen Haus mit vielen Fenstern wurde ich fündig. Dort traf ich einen älteren Mann. Ihm erklärte ich, dass ich eine Stelle für ein Freiwilliges Ökologisches Jahr suchte.

»Ja, gut«, sagte er. »Jeden Tag kommen hier viele Besucher vorbei. Sie füttern die Tiere, reiten oder bauen auch selbst Gemüse und Obst an.«

»Es sieht alles noch so neu aus?«

»Richtig. All das wurde buchstäblich auf die grüne Wiese gebaut. Der Stadtteil kämpft mit vielen Problemen. Die Arbeitslosigkeit ist hoch, für Kinder gibt es wenig Freizeitangebote, und die Armut ist überall präsent. Wenn du willst, führe ich dich ein bisschen herum.«

Sofort war ich damit einverstanden.

Neben dem blauen Haus lag ein Gebäude, auf das der ältere Mann zeigte. »Da stehen die Pferde«, sagte er. »Gleich daneben sind Koppel und Reitplatz.«

Wir gingen in den Stall. Er war sehr modern.

»Sieben Pferde sind hier. Sie können frei herumlaufen, fressen aber für sich. Das kleine Shetlandpony braucht eine andere Heuportion als der Haflinger.«

»Wie geht das?«

»Jedes Tier hat eine eigene Box, die sich vorübergehend schließen lässt.«

Er führte mich weiter über den Hof, und am Ende unseres Rundgangs war ich mir sicher, dass ich mich hier bewerben wollte. Zumal diese Stadt fast 500 Kilometer von meinem Zuhause entfernt lag. Das war so ziemlich die weiteste Strecke, die in Deutschland vom Erzgebirge aus möglich ist. Das gefiel mir.

Außerdem: Für jemanden wie mich, dem das Geld für Reisen fehlte, waren die Alternativen überschaubar: Hochschule, also Lernen, oder ein Freiwilliges Soziales Jahr. Aber etwas Soziales? Auf der Blue Horse Ranch bei Christoph hatte ich gemerkt: Ich kann besser mit Tieren als mit Menschen.

Im September 2005 war es so weit: Ich verstaute meine Sachen in dem alten Corsa des Freundes, der mir den Tipp mit dem Erlebnishof gegeben hatte, und zusammen fuhren wir nach Norddeutschland. Es war ein eigenartiges Gefühl, als ich das Auto packte. Mir wurde in dem Moment bewusst, dass dies der große Abschied war: Ich verließ mein Zuhause. Würde ich je wieder zurückkehren? Kurz bevor ich losfuhr, kamen meine Oma und mein Opa aus dem Haus. Meine Oma war gerührt, hatte viele Tränen in den Augen, und mein Opa drückte mich so fest, dass er mich fast zerquetschte.

Dann tauchte meine Mutter auf, kam mir näher als je zuvor. Sie umarmte mich das erste Mal, seit ich mich erinnern konnte. Eilig versuchte ich, mich zu lösen, weil ich damit überhaupt nicht umgehen konnte. Es war mir in dem Moment zu viel. Sie stotterte: »Mein großes Mädel ...« und weinte. Ich konnte es gar nicht glauben. So etwas hatte sie noch nie gemacht.

Aber es war gut, alles hinter mir zu lassen. Ich musste raus aus dieser Enge, dieser Familie, die mich nicht verstand, die ein ganz anderes Leben lebte, als ich leben wollte. Ich wollte in diese Fußstapfen nicht treten, sondern neue Wege gehen.

In den nächsten Monaten verbrachte ich viel Zeit mit den Pferden. Sie mussten jeden Tag bewegt werden – das war mein Job. Auf die Weide durften sie nur selten, was mich irritierte. Ich erklärte es mir zunächst damit, dass es bereits Herbst war und die Grasnarbe nicht überstrapaziert werden sollte. Erst später erfuhr ich, dass die Verantwortliche für die Pferde, Irene, Sorge hatte, die Tiere bekämen eine Kolik, wenn sie zu viel frisches Gras fressen würden.

Oft betreute ich auch die Reitgruppen. Kinder und Jugendliche lernten, die Ponys und Pferde zu putzen und zu satteln. Die Stunden auf dem Hof waren wie eine Auszeit in diesem eher ruppigen Stadtteil. Zumindest wirkten die Kinder auf mich sehr glücklich und waren ganz bei der Sache. Eines Nachmittags trat eine Mutter unmittelbar vor Beginn der Reitstunde auf mich zu und sagte: »Anja, meine Tochter kann in der nächsten Woche nicht vorbeikommen.«

»Warum denn nicht? Ist irgendetwas passiert?«

»Uns fehlt das Geld.«

Diese Antwort war mir nicht fremd, dennoch hatte ich sie nicht erwartet. Ich fühlte mit ihrer Tochter Rieke, da sie gut mit den Tieren umging.

»Aber es sind doch nur fünf Euro«, sagte ich. »Und Rieke macht so gerne mit.«

»Es geht aufs Monatsende zu, da wird es bei uns immer knapp.«

Ich konnte nichts mehr erwidern, weil die Kinder schon auf den Beginn der Reitstunde warteten. Die Mutter blieb am Rand des Reitplatzes stehen und schaute zu. Sie zündete sich eine Zigarette an. Jedes Mal, wenn die Ponys an ihr vorbeiliefen, sah ich sie. Wenn mich ihre Aussage nicht so betroffen gemacht hätte, wäre es mir sicher nicht aufgefallen. Doch jetzt bemerkte ich, dass sie alle paar Runden eine neue

Zigarette in der Hand hatte. Meine anfängliche Betroffenheit verwandelte sich in Ärger. Die Mutter rauchte hier auf dem Hof wahrscheinlich eine Packung weg. Und eine Zigarettenschachtel kostete etwa so viel wie eine Reitstunde für die Kinder. Wie konnte das sein, dass die Kippen wichtiger waren als das Reiten? Für mich war es das erste Erlebnis dieser Art, ähnliche folgten. Am liebsten hätte ich die Kinder trotzdem mitmachen lassen, weil sie nichts dafürkonnten. Und bei der Arbeit mit den sanften, wenngleich auch manchmal störrischen Ponys spürten die Kinder vielleicht zum ersten Mal, dass sie etwas bewirken konnten. Dass sie Führungspersonen waren und sie die Tiere lenken und leiten konnten. Manche machten erstaunliche Fortschritte. Ein anfangs überängstliches Mädchen traute sich nach wenigen Wochen sogar, mit dem Pferd über eine kleine Hürde zu springen.

So sehr mich das begeisterte, so geriet ich allerdings nach einigen Monaten in eine merkwürdige Situation. Das hing mit Irene zusammen. Ihr eigenes Pferd stand ebenfalls auf der Farm, und sie liebte es über alles. Beide sahen sich sogar ein bisschen ähnlich: Irene hatte eine blonde Mähne, das Pferd ebenfalls. Das Pferd war total brav, aber Irene traute sich nicht, mit ihm auszureiten. Tagaus, tagein drehten sie auf dem Reitplatz ihre Runden. Eigentlich hätte mich das nicht weiter beschäftigen müssen, doch Irene verbot auch mir auszureiten – aus Sicherheitsgründen. Für mich begann die Freiheit, die das Reiten mit sich brachte, erst außerhalb der Einzäunung. Stück für Stück eroberte ich mir zwar kleine Freiheiten, aber die galten lediglich für die schmalen Wege rund um das Gelände. Am Wochenende war ich manchmal allein auf der Farm und ritt dann zu einem See, aber das ging nur, weil es keiner merkte.

Eines Morgens kam Irene zu mir in den Stall und meckerte herum. »Die Sättel sind nicht ordentlich geputzt«, sagte sie unfreundlich. »Und die Pferde genauso wenig. Außerdem ist der gepflasterte Auslauf nicht ordentlich gefegt.« Verwundert schaute ich sie an. »Komisch. Ich habe alles wie immer gemacht, und ich bin eigentlich sehr gründlich.« Aber sie ließ sich nicht beruhigen. »Außerdem hast du ein Pferd geschlagen.«

Erst jetzt wurde mir klar, dass es hier um etwas ganz anderes ging. Die Putzgeschichten waren nur Vorgeplänkel gewesen.

»Wovon redest du?« Ich hatte tatsächlich keine Ahnung, was sie meinte.

»Du warst doch gestern Vormittag mit den Pferden und der Schulverweigerin unterwegs.«

Das stimmte. Marie gehörte zu den Mädchen, die keine Lust hatten, zur Schule zu gehen. Ihr Aufenthalt auf dem Hof galt darum als eine »Maßnahme für Schulverweigerer«, wie es offiziell hieß.

»Ja, ich habe sie geführt«, bestätigte ich.

»Das Mädchen war danach bei mir und erzählte, du hättest das Pferd mit dem Strick geschlagen.«

»Willst du meine Version der Geschichte hören?«

»Ich bitte darum.«

»Also gut. Elke ist ja schon etwas älter, aber ich dachte, sie könnte mal eine Abwechslung gebrauchen. Wir waren schon eine Weile unterwegs. Da wollte sie nicht mehr weitergehen. Ich sagte zu ihr: ›Komm schon, ein paar Schritte gehen wir noch weiter, du musst beweglich bleiben.‹ Meiner Erfahrung nach ist es wie mit älteren Menschen, die auch dann noch gerne kleine Runde drehen, wenn sie vielleicht schon in einem Altenheim wohnen.«

»Und was hast du dann gemacht?«

»Ich trieb das Pferd an, wie ich es gewohnt bin. Wenn man an ihrem Halfter zerrt, bringt es ja nichts. Ich ließ zunächst den Strick schwingen, an dem ich es führte. Aber auch das war erfolglos. Darum ließ ich den Strick so schwingen, dass er Elke manchmal am Hintern traf. Als sie weiterging, habe ich damit aufgehört.«

Doch Irene hörte gar nicht richtig zu. »Ich habe einen Gesprächstermin ausgemacht. Jetzt gleich, in zehn Minuten. Es nehmen mehrere Leute teil.«

In mir stieg Angst auf. Es solches Treffen hatte sicher nichts Gutes zu bedeuten. Ich ging kurz nach draußen, Irene verschwand. Als ich ein paar Minuten später den Raum betrat, saßen da bereits der Chef des Hofs, die Einsatzleiterin für FÖJ-Stellen in der Region und Irene. Ich musste mich setzen, und der Chef ergriff das Wort. Wir haben gehört, dass du unsere Pferde schlägst. »Warum tust du das?«

Ich war starr vor Schreck. So wie sie es jetzt formulierten, hörte es sich an, als würde ich Tiere quälen. Ich versuchte zu erklären, wie ich Pferde trainieren würde: »Erst gebe ich ein kleines Kommando, dann ...«

Weiter kam ich nicht. Der Chef unterbrach mich: »Was meinst du mit Kommando?«

»Ich schnalze kurz mit der Zunge.« Ich machte das Geräusch vor, aber sie wussten natürlich, was ich meine. »Danach zupfe ich am Führstrick, und wenn sie dann immer noch nicht losgehen, lasse ich das Ende des Stricks kreisen. Ich habe es Irene vorhin schon beschrieben. Irgendwann trifft er dann das Pferd, aber das ist kein Schlagen, sondern nur ein Signal.«

»Ein Signal für was?«

»Dass es nicht folgenlos bleibt, wenn das Pferd nicht weitergeht. Es muss ja irgendwann auch eine Konsequenz geben, wenn es meinen Willen nicht beachtet.«

»Aber das ist ein altes Pferd. Als du merktest, dass es nicht mehr weitergehen wollte, hättest du umdrehen müssen.«

Keiner sagte, dass es besser gewesen wäre, vor den Augen einer Schulverweigerin behutsamer vorzugehen, da Kinder wie Marie oft aus schwierigen Verhältnissen stammten und solche Signale missdeuten konnte. Es offensichtlich auch getan hatte. Doch darum ging es hier überhaupt nicht, sondern allein um das Pferd. Da fanden wir nicht zusammen. Ich war überzeugt, dass es nicht gut sein könne, wenn ein Pferd der Meinung war, tun zu können, was es wollte. Das galt besonders für Pferde, mit denen Kinder umgehen. Doch meine Überzeugung spielte keine Rolle. Ich kam gegen die drei Verhörer nicht an – auch wenn fast nur der Chef redete.

Am Ende des Treffens bekam ich Auflagen, was ich noch durfte und was nicht: Das alte Pferd war für mich nun tabu – ich sollte es nicht mehr führen. Das traf mich sehr. Genauso ärgerte es mich aber auch, dass auf meine Argumente nicht eingegangen und auch sonst meine Arbeit nicht gewürdigt wurde.

Ich war überzeugt davon, dass ich richtig lag. Aber stimmte das wirklich? Ich begann, mich sehr bewusst damit auseinanderzusetzen, wollte wissen, wie ich einem Tier vermitteln kann, was ich von ihm will. Und zwar so, dass es kooperiert. Es sollte noch eine Weile dauern, bis ich genügend Antworten fand, um ein großes Ganzes daraus zu formen.

Auf dem Hof war mein Handlungsspielraum jetzt sehr eingeschränkt. Ich versuchte, an den Stellen etwas zu bewegen, wo ich es noch durfte – vor allem in der Arbeit mit den

Kindern. Leicht war es nicht, weil ich akzeptieren musste, dass andere Macht über mich hatten: Irene verstand sich blendend mit dem Chef und hatte das Sagen. Die Einsatzleiterin, die ich später noch einmal sprach, ermutigte mich zwar, durchzuhalten und zu schauen, wie sich alles entwickeln würde. Doch das fiel mir schwer, und ich zog mich immer weiter zurück.

Trotzdem gab es noch einen ganz besonderen Moment. An einem Wochenende konnte ich zusammen mit anderen FÖJlern aus der Gegend eine Art Seminar besuchen. Es fand auf einem Biobauernhof im Norden der Stadt statt, ein einsam gelegener Betrieb, in dem Rinder gehalten wurden. Neben den Ställen gab es noch ein Gästehaus und einen Hofladen. Der Bauer war noch ziemlich jung, vielleicht vierzig. Er trug einen großen Overall und eine schwarze Wollmütze.

»Ja«, sagte er zur Begrüßung und machte danach eine lange Pause, bevor er fortfuhr. »Herzlich willkommen hier auf unserem Biohof.« Er war ruhig und überlegt, ein angenehmer Typ. »Ihr seht hier auf den Weiden ringsum unsere Rinder. Wir züchten sie und verkaufen gesundes Biofleisch. Vor allem Rinder, aber auch Schweine und Geflügel. Wir haben auch viele Gäste hier, und obwohl wir etwas einsamer liegen, ist das Interesse groß. Manchmal werden wir des Andrangs kaum Herr.«

»Wird es euch neben der ganzen Arbeit nicht zu viel?«, fragte jemand aus der Gruppe.

»Für uns spielt Transparenz eine wesentliche Rolle. Wir finden, dass man sehen muss, woher das Fleisch kommt, das man isst. Erst dann kann man es würdigen. Darum ist es ein wichtiger Bestandteil unserer Arbeit, euch zu empfangen. Ihr könnt euch frei bewegen – schaut euch an, was ihr wollt.«

Mir gefiel dieser Wille zur Offenheit. Am meisten aber beindruckte mich der Bauer selbst. Er war so besonnen. »Bleiben die Rinder das ganze Jahr über draußen?«, fragte ihn eine Teilnehmerin.

»Zumindest den ganzen Sommer über«, erwiderte der Bauer. »Aber im Winter sind sie im Stall. Nicht der Kälte wegen, sondern die Wiesen sind hier zu feucht.«

Nach dem Gespräch verteilte sich die Gruppe über das Gelände. Ich schaute mir zunächst die Ställe an. Als ich später an einer Weide vorbeikam, sah ich den Bauern bei einem Unterstand. Er befand sich mitten in einer kleinen Herde. Es waren nicht viele Rinder, vielleicht acht. Obwohl er nur dort stand, schien er eine enge Verbindung zu den Tieren zu haben. Hätte er einen Heiligenschein gehabt, hätte das auch gepasst, so sehr glich die Szenerie einem Bildnis vom heiligen Franz von Assisi. Das Bild verankerte sich tief in meinem Kopf. Ich dachte in den nächsten Tagen noch oft daran. Erst wusste ich gar nicht recht, warum. Erst später wurde mir klar, dass es viel mit dem zu tun hatte, wie ich selbst mit Tieren umgehen wollte. Der Bauer, der so selbstverständlich und unangestrengt zwischen den Kühen stand – so wollte ich sein.

4

Ab nach Eberswalde

Der Sommer näherte sich dem Ende – und damit auch die Zeit als Freiwillige in meinem ökologischen Jahr. Und auch das Stottern sollte schon sehr bald er Vergangenheit angehören. Ich blätterte in einem Buch zur Studien- und Berufswahl. Beunruhigende zehn Zentimeter dick. Meine vagen Vorstellungen von einer Zukunft mit Tieren brauchten eine Struktur. Als ich die möglichen Fächer durchging, blieb ich am Studiengang Umweltwissenschaften in Lüneburg hängen. Auch in Oldenburg gab es einen. Doch dann fiel mir ein, dass mir jemand mal erzählt hatte, dass Umweltwissenschaften sehr naturwissenschaftlich orientiert und gerade am Anfang entsprechend trocken seien. Das war das Letzte, worauf ich Lust hatte: ein stark verschultes Studienfach. Aber was dann? Agrarwissenschaften? Nein, das wollte ich auch nicht. Ich sah aber auf derselben Seite einen Verweis auf ein weiteres mögliches Fach: Ökolandbau. Viel konnte ich mir zwar nicht darunter vorstellen, aber es sprach mich an. Tiere, Natur – das schien mir praxisbezogener zu sein

– 33 –

als Umweltwissenschaften. In Witzenhausen bei Kassel konnte ich das studieren – oder in Eberswalde. Eberswalde war etwas dichter an meiner Heimat. Mittlerweile hatte ich gemerkt, dass sie mir doch wichtiger war, als ich angenommen hatte. Außerdem lag Eberswalde nicht weit von Berlin entfernt. Ich brauchte gar nicht weiter darüber nachdenken, meine Entscheidung war gefallen.

Anschließend ging alles sehr schnell: Auf der Webseite der Hochschule entdeckte ich eine Einladung zum Tag der offenen Tür. Es gab sogar die Möglichkeit, bei Studenten zu übernachten. Das war nicht nur günstiger als eine Pension, die Studis würden mir auch sagen können, wie das Studium so lief. Da die Hochschule zudem Mitfahrgelegenheiten vermittelte, bekam ich Kontakt zu zwei Mädels in Hamburg, Kerstin und Tabea. Ich fuhr zu ihnen, gemeinsam tuckerten wir dann über die A24 Richtung Eberswalde. Da sich die Fahrt in die Länge zog, hatten wir viel Zeit, uns kennenzulernen.

»Habt ihr schon mal auf einem Öko-Hof gearbeitet?«, fragte ich die beiden.

Beide schüttelten den Kopf.

»Ich habe nur mal auf einem Markt Gemüse verkauft«, sagte Tabea. »Mehr habe ich nicht zu bieten.«

»Meine Erfahrungen im vergangenen Jahr werden mir auch nichts nutzen«, erwiderte ich.

Wir kamen überein, dass es einerseits schade war, dass wir so wenig über den Ökolandbau wussten, andererseits auch beruhigend, dass wir alle bei null anfangen würden.

Wir fuhren von der Autobahn ab. Nach Eberswalde führte eine sich schier endlos hinziehende Straße, und langsam ahnten wir, wie der Ortsname zustande gekommen sein musste: Eber und Wald. Eber sahen wir zwar nicht, dafür

- 34 -

aber viel Wald. Als wir uns der Stadt näherten, wurde der Wald von alter DDR-Tristesse mit grauen, verfallenen Bürogebäuden und einer Industriebrache abgelöst. Einmal leuchtete etwas bunt auf, aber es war dann doch nur das Sparkassenemblem, das am Gebäude der Kranbauwerke baumelte. Ich kramte den Zettel mit der Adresse von der Studenten-WG hervor. Gemeinsam suchten wir die angegebene Straße auf der Karte. Sie lag in der Altstadt, und wir fanden sie rasch. Die Wohnung liege im vierten Stock, war mir bei einem Anruf vor ein paar Tagen gesagt worden. Es musste also ein höheres Gebäude sein. Wir bogen in die Straße ein. Die Hausnummer gehörte zu einem großen, grauen Gründerzeitbau, an dem schon lange nichts mehr gemacht worden war.

Wir parkten an der Straße und gingen zum Haus. Die Eingangstür stand offen. Im vierten Stock war es ziemlich laut. Die Tür war angelehnt. Wir klopften und drückten gleichzeitig die Tür auf.»Hier hört uns eh keiner.« Innen waren die Wände mit alten Demo-Plakaten behängt. Die Stimmen kamen aus einem der Räume. Es war die Küche. Sechs Leute saßen drin, zwei hatten Dreads, andere waren barfuß, und zwischendrin lagen zwei Hunde, die sich allerdings nicht die Mühe machten aufzustehen. Offensichtlich waren Besucher hier keine Seltenheit.»Hallo, ich bin Anja«, sagte ich in die Runde.»Und das sind Kerstin und Tabea. Wir schlafen heute Nacht bei euch.«

»Wir haben euch erwartet«, sagte eine der WG-Bewohnerinnen. Sie lächelte uns an und sprang auf.»Ich bin Hannah.« Sie reichte uns die Hand. Die anderen begrüßten uns mit kurzem Winken und Nicken.»Wir haben gerade gegessen. Bevor wir jetzt alle gleich ermatten, zeige ich euch, wo ihr eure Taschen lassen könnt.«

Wir gingen in den Flur.

»Das ist eine große Wohnung«, stellte Tabea fest, als wir durch den Flur liefen. Alle Türen standen offen, die Zimmer waren riesig. »Wie viele Leute wohnen hier?«

»Im Moment sind wir acht. Ja, die Wohnung ist toll. Aber wir wissen nicht, wie lange wir hier noch bleiben können.«

»Warum nicht?«

»Unser Status ist unklar. Es ist nicht sicher, wem das Haus überhaupt gehört. Doch bis das geklärt ist, nehmen wir die Wohnung in Beschlag.«

Wir stellten unsere Taschen in eines der Zimmer und setzten uns wieder zu den anderen in die Küche. Einige der Anwesenden waren in unserem Studiengang, und es klang gut, wenn sie von Exkursionen erzählten, von Fahrten zu Bauernhöfen, die lockere Atmosphäre im Studium lobten. Wow, dachte ich. Das ist es. Hier waren alle wie ich. Nicht nur, weil viele barfuß herumliefen, auch ihr engagiertes Auftreten und Reden gefielen mir. Irgendwann fragte mich jemand, warum ich ökologischen Landbau studieren wollte. Ich erzählte viel, von meinen ersten Reiterfahrungen und den unschönen Erlebnissen im ökologischen Jahr. Erst im Nachhinein fiel mir auf, dass ich gar nicht gestottert hatte, obwohl hier alles für mich aufregend war und ich außer Tabea und Kerstin keinen kannte. Doch ich fühlte mich angenommen. Ich war am richtigen Ort angekommen.

Am nächsten Tag gingen wir gemeinsam zum Campus, Hannah zeigte uns den Weg. Er führte durch einen Park mit einem Wasserlauf, der geräuschvoll gluckerte. Die Hochschule lag direkt neben dem Park. Eines der Gebäude war aus rotem Backstein gebaut, ein anderes hatte die graue DDR-Block-Optik, ein drittes war gelb gestrichen. In der

Mitte der bunten Gebäudetruppe gab es ein Biotop, einen angelegten Teich mit Fröschen und Enten. »In den Pausen sitzen dort die Studenten und lüften ihre Gehirne«, sagte Hannah.

Sie brachte uns zu dem Hörsaal, in dem die Probevorlesungen stattfinden sollten. Das Interesse an einem Studium in Eberswalde war groß: Der Hörsaal war gut besucht. Ich setzte mich in die Nähe eines Fensters. Es war geöffnet, und als es in dem Raum ruhiger wurde, konnte ich das Gluckern des Bachs hören. Vielleicht würde es mich später bei Klausuren beruhigen.

Ein junger Typ betrat den Hörsaal, ging schnurstracks nach vorne und stellte sich kurz vor. Seinen Namen konnte ich nicht verstehen. Der Gegenstand der Probevorlesung war: der Regenwurm. Bereits nach wenigen Minuten wurde mir klar, dass ich das Thema bislang unterschätzt hatte: Ich wusste nicht, dass es so viele Arten gab. »Sie leben in unterschiedlichen Bodenschichten. Die müssen Sie sich vorstellen wie die Stockwerke eines Hochhauses«, erklärte der Dozent. »Die Regenwürmer sind wichtig für die Humusbildung. Wenn dann aber ein Bauer mit seinem Trecker kommt und den Pflug zu tief ansetzt, wälzt er alle Bodenschichten und damit auch die Regenwürmer um.«

Ich stellte mir vor, wie die Stockwerke von den Pflugschaufeln verschoben wurden. Die armen Keller-Regenwürmer fanden sich dann auf dem Dach wieder und kamen dort nicht mehr klar. Die Bewohner der oberen Stockwerke steckten hingegen auf einmal tief unter der Erde und waren dort mit Problemen konfrontiert. Ich lernte auch: Wer Mist auf seine Felder streut, braucht die Regenwürmer zur Umsetzung des Bodens. Wer hingegen Kunstdünger favorisiert, konnte auf sie verzichten und musste sich nicht um den

Erhalt der Würmer bemühen. »Setzen Landwirte Pestizide ein«, hörte ich den Dozenten sagen, »sterben die Würmer mit der Zeit ab.«

Ich fand es spannend, in dieses Erdige einzutauchen, und so eine neue Form der Bodenhaftung zu gewinnen. Am Ende der Vorlesung war mir klar, dass ich in Eberswalde studieren wollte. Trotzdem besuchte ich noch die übrigen Probevorlesungen. Einer der Dozenten erwähnte, dass der Studiengang erst im dritten Jahr angeboten wurde. »Für euch bedeutet das, dass ihr den Studiengang noch mitgestalten könnt. Das ist anders als an den etablierten Hochschulen.« Das wollte ich gerne glauben.

Wenige Wochen später war ich immatrikulierte Studentin in Eberswalde – und mit mir Kerstin und Tabea. Kerstin holte mich dieses Mal mit dem Auto ab. Meine wenigen Sachen waren schnell verstaut, und wir fuhren zu zweit an unseren neuen Wohnort. Tabea würden wir dort wiedersehen – wir hatten eine WG gefunden, in der wir alle unterkamen. Eine WG, die nur aus Erstsemestern bestand.

Ich war zunächst sehr damit beschäftigt, mich in meinem neuen Leben einzurichten und ganz Studentin zu sein. Ich tauchte in eine andere Welt ein, und ich fragte mich manchmal, was mir mehr gefiel: der Lernstoff oder das Leben mit den anderen Studis.

Doch irgendetwas stimmte nicht. Einige Zeit nach meiner Ankunft in Eberswalde fiel es mir auf. Ich stand vor einem Regal bei einem Discounter und wollte gerade ein Glas mit Tomatensoße in den Einkaufswagen legen. Plötzlich hielt ich inne. Was machte ich hier? Es war ja genau wie bei meinen Eltern. Ich stand im Discounter jener Kette, bei der auch meine Eltern immer einkauften. Es sah aus wie daheim. Die gleichen

Gänge, die gleichen Regale, die gleichen Produkte. Mühelos fand ich das, was ich kannte. Meine Geschmacksnerven wollten genauso gefüttert werden, wie sie es gewohnt waren. Sie hatten Appetit auf das, was es seit jeher gab. Es hatte mich gar nicht gestört. Ich verspürte gar keinen Antrieb, etwas anderes auszuprobieren. Ich war so damit beschäftigt gewesen, mich in dem neuen Leben einzurichten, dass ich nicht gemerkt hatte, wie mich das alte wieder einholte.

Ich beschloss, mit den anderen aus der WG darüber zu sprechen. Als ich in die Wohnung zurückkehrte, saßen Tabea und Kerstin in der Küche. Beide wirkten unglücklich. Ich setzte mich zu ihnen.

»Stimmt etwas nicht?«, fragte ich

»Wir gehen zurück nach Hamburg«, sagte Kerstin.

Ich war irritiert. »Warum das denn?«

»Mir ist das zu krass hier. Vor allem der Zeitdruck bei den Arbeiten. Wir sollen hochwissenschaftliche Texte abliefern, aber man lässt uns kaum Zeit dafür. Und ständig gibt es eine Prüfung.«

»Und du?« Ich wandte mich nun an Tabea.

»Mir ist klar geworden, dass ich keine Ökobäuerin werden möchte.«

»Was willst du dann machen?«

»Ich werde auf Lehramt wechseln.«

Zuletzt hatten wir wenig gemeinsam unternommen. Jede von uns war den eigenen Interessen nachgegangen und hatte neue Freunde gefunden. Trotzdem war ich bedrückt, dass sich die WG, die sich gerade erst gefunden hatte, schon wieder auflöste.

Auch ich zog bald darauf aus – ein paar Straßen weiter in eine neue Wohnung, die in einem sehr heruntergekommenen Altbau lag. Vieles war anders hier als in der vorherigen WG.

Die Heizung wurde nicht richtig warm, dafür tauchte ich in eine neue, geradezu geheimnisvolle Welt ein. Schon das Zimmer war speziell, weil meine Vormieterin viele kuriose Dinge hinterlassen hatte: Bücher, die sich mit dem Gefühlsleben von Tieren auseinandersetzten, oder die beschrieben, wie Pflanzen über ihre Wurzeln kommunizierten und sich gegenseitig übrig gebliebene Nährstoffe anboten. Ich fragte mich, ob die Menschen, die so etwas verfassten, magische Pilze gegessen und dann lustige Vorstellungen bekommen hatten. Zum ersten Mal in meinem Leben wurde für mich in dieser WG die Küche ein besonderer Ort. Viele der Mitbewohner waren weit gereist. Das spiegelte sich in manchmal originellen, manchmal auch kühnen Gerichten aus anderen Ländern wider. Unbestrittene Meisterin in der Küche war aber Lena. An einem Samstag, an dem wir abends auf eine Party gehen wollten, sah ich sie in der Küche arbeiten. Sie stand an einem Tisch und ließ gerade eine gewaltige Menge an getrockneten Kichererbsen in einen Topf rieseln.

»Wird das Hummus?«, fragte ich.

Es roch intensiv nach Kräutern. Lena stellte manchmal Brotaufstriche her. Nicht Marmeladen, sondern das, was Vegetarier essen, wenn sie dem Geschmack von Fleisch nachtrauern. Bislang kannte ich solche Aufstriche nur aus Gläschen, und sie schmeckten ziemlich ähnlich, weil in allen das Gleiche enthalten war: Hefen und Pflanzenöl. Mit Lena wurde das anders.

»Genau, für die Party«, sagte sie und ließ Wasser über die Kichererbsen laufen. »Das muss jetzt erst mal zwei Stunden kochen.«

»Scheint ja aufwendig, selbst Hummus herzustellen ...«

»Nee«, erwiderte Lena. »Es kommen nur noch Sesampaste hinzu und Petersilie. Das war es dann.«

Lena produzierte mitunter enorme Mengen Hummus und versorgte damit zahllose Studentenpartys in Eberswalde. Sollte ich gerade etwas gelernt haben, was meine Geschmacksnerven verändern würde?

Die Mischung aus Hörsaal und Feiern, die ich in den nächsten Monaten erlebte, gefiel mir gut. Doch etwas fehlte. Ich wollte mehr draußen sein – und endlich einen eigenen Hund haben. Wie oft hatte ich mir das früher gewünscht. Ich machte mich im Internet auf die Suche. Schon bald entdeckte ich eine Anzeige: In der Uckermark wurden junge Mischlingswelpen angeboten. In der Nähe von Prenzlau, also gar nicht so weit entfernt von Eberswalde.

Ich rief an, eine Frau meldete sich.

Ich sagte:»Hallo, ich bin Anja. Ich habe Ihre Anzeige gesehen. Ich interessiere mich für Ihre Mischlingswelpen. Wie groß werden die?«Ich wollte auf jeden Fall einen größeren Hund haben, darum war das für mich ein wichtiges Kriterium.

»Etwa kniehoch. Der Vater war ein Schäferhund-Mischling. Sie haben Schlappohren, ein kurzes, mal schwarzes, mal braunes Fell und einen recht buschigen Schwanz.«

»Klingt gut. Könnte ich in den nächsten Tagen bei Ihnen vorbeikommen?«

»Auch gleich morgen, wenn Sie wollen«, antwortete die Frau.»Ich bringe erst die Kinder zur Schule und könnte Sie danach in Prenzlau vom Bahnhof abholen, falls Sie kein Auto haben.«

»Das wäre toll«, erwiderte ich,»dann bin ich morgen da.« Ich konnte es gar nicht erwarten.

»Sie erkennen mich an einem alten Volvo. Ich werde vor dem Gebäude auf Sie warten.«

Am nächsten Tag fuhr ich zeitig los. Den Volvo entdeckte ich sofort. Als ich auf das Auto zuging, stieg die Frau aus. Sie hatte eine wuschelige Frisur und stellte sich als Juliane vor. Während der Fahrt erzählte ich ihr, dass ich Ökolandbau studieren würde.

»Spannend. Einer meiner Söhne studiert auch Landwirtschaft, aber in Stettin, also Szczecin.«

»Warum in Polen?«

»Ich hatte mit dem Vater der Kinder in Polen einen Hof aufgebaut. und zwei unserer Söhne wuchsen dort auf. Wir leben mittlerweile getrennt.«

Ich vertiefte das Thema nicht weiter, ich war ja nicht wegen ihrer Söhne da, sondern wegen der Welpen.

Im Garten sprangen sieben kleine plüschige Tierchen ausgelassen herum. Sie fanden es fantastisch, dass ich zu ihnen kam. Aufgeregt umkreisten sie mich und hüpften an meinen Beinen hoch. Ihre Freude wurde noch größer, als ich mich zu ihnen hockte, während Juliane ins Haus ging. Ungestüm riss mir einer der Welpen die Brille von der Nase. Ohne sie sah ich denkbar schlecht. Auf allen vieren machte ich mich auf die Suche im Gras, fortwährend angeschlabbert. Ich brauchte eine Weile, bis ich die Brille fand und setzte mich dann ins Gras. Nach und nach ließen die Welpen von mir ab. Doch einer der kleinen Hunde setzte sich erst neben mich und kletterte dann auf meinen Schoß. Es war eine Hündin, nicht so wild wie die anderen, sie strahlte eine charmante Ruhe aus. Ihr Rücken war schwarz, und ein brauner Strich reichte von den Seiten über die Ohren bis zu den Augen. Ich verliebte mich sofort in sie.

Juliane trat aus dem Haus und mit ihr die Mutter der Welpen. Sie sah aus wie ein klein gebliebener Hovawart: schwarz-braun-wuschelig.

»Die Mutter braucht manchmal Ruhe vor den Welpen«, sagte Juliane. »Die müssen ja auch nicht mehr gesäugt werden.«

»Die hier gefällt mir«, sagte ich und streichelte die kleine Hündin auf meinem Schoß.

»Ja, die ist wirklich süß.«

»Sind es Jagdhunde?«

»Schwer zu sagen. Die Mutter begleitet mich oft beim Reiten. Manchmal setzt sie dann schon einem Reh nach. Der Vater hingegen hat wohl keinen starken Jagdtrieb.

»Wo ist der?«

»Der lebt hier im Ort, liegt aber meist an der Kette. Sie muss ihn direkt an seiner Hundehütte aufgesucht haben. Eine kurze Affäre.«

Es gab noch einen weiteren Welpen, der fast so aussah wie die kleine Hündin. Aber ich musste nicht lange vergleichen, meine Entscheidung war längst gefallen: Die ruhige kleine Hündin sollte es sein.

»Mir fällt gerade auf – ich habe gar nichts dabei, um sie mitzunehmen. Weder Halsband noch Leine.«

»Nicht schlimm, wir basteln einfach etwas.«

Sie fand im Schuppen einige Heuballen-Schnüre und flocht daraus einen Strick. Ein altes Halsband kramte sie auch noch hervor. Draußen legten wir das Halsband dem Welpen an. Ich musste es doppelt um den Hals schlingen, damit es passte. Erst versuchte die kleine Hündin, mit den Pfoten das Halsband abzustreifen, dann akzeptierte sie es aber.

Juliane fuhr uns beide zum Zug und verabschiedete mich freundlich.

In der WG schlossen alle die neue Mitbewohnerin in ihre Herzen, niemand störte sich an diesem süßen Fratz. Mein Leben erhielt eine neue Qualität. Manchmal fragte ich mich, was ich vorher mit meiner ganzen Zeit angestellt hatte. Jetzt widmete ich sie dem Hund. Ich nannte sie Raya. In der Schule hatte ich in Spanisch die Vokabel *rayo de esperanza* gemocht: »Hoffnungsstrahl«.

5

Hündisch lernen

Raya war eine angenehme Begleiterin. Ich musste mich gar nicht groß um sie kümmern, wenn ich mit ihr durch den nahen Buchwald streifte. Sie folgte mir einfach. In Ruhe konnte ich meinen Gedanken nachhängen. Aber wollte ich wild sein, machte sie sofort mit. Wir rannten herum, sprangen über die am Boden liegenden Bäume und stürmten im Zickzack durchs Gebüsch.

Im Wald traf ich viele andere Hundefreunde, und wir kamen leicht ins Gespräch. So lernte ich auch Ruth kennen. Sie war mir sofort sympathisch mit ihren Dreads. Fast einen Kopf war sie kleiner als ich und trug meistens ein Röckchen über der Jeans. Sie lächelte oft und war sehr locker drauf. An ihrer Seite trottete eine schwarze Labradorhündin namens Djerna. Wir gingen viel zusammen spazieren, und uns ging nie der Gesprächsstoff aus, da sie ebenfalls Ökolandbau studierte, wenn auch in einem höheren Semester. Sie interessierte sich dafür, weil ihr Vater einen Gemüseanbaubetrieb hatte und biologisch-dynamisch wirtschaftete.

- 45 -

Irgendwann fragte sie mich: »Magst du nicht zu mir ziehen? Bei mir in der WG wird ein Zimmer frei.«

»Wann?«

»Ende des Monats. Wir könnten dann eine Art Hunde-WG gründen. Du, ich, Raya und Djerna.«

»Hat was«, erwiderte ich. »Zumal du so nahe am Wald wohnst.«

Ich überlegte kurz, was einem Umzug entgegenstehen könnte. Für das andere Zimmer würde sich ein Nachmieter finden lassen, ohne groß doppelt Miete zahlen zu müssen. Wäre also kein Problem. Und weil ich noch immer nicht viele Sachen hatte, war ein Umzug schnell gemacht.

Ruth jubelte, als ich wenige Wochen später bei ihr einzog. Die Wohnung befand sich in einem ziemlich vornehm aussehenden Altstadthaus. Die Stuckarbeiten waren in Gelb und Orange hervorgehoben. Hinter der Wohnungstür offenbarte sich der nicht renovierte Charme, zum Teil ohne Tapete, mit einer DDR-Forsterheizung und Kachelöfen in zwei Zimmern. Mein neues Zimmer hatte ein Hochbett, mein Schreibtisch passte genau darunter. Womöglich war das ein Zeichen, dass ich hier richtig war. Und weil ich von Ruth so viel lernte, bekam ich bald das Gefühl, als sei ich in die nächste Schulklasse vorgerückt.

Ruth fuhr oft nach Hause und half bei ihrem Vater aus. Im Gegenzug bekam sie Gemüse, das nicht großhandelskompatibel war. Weil die Gurken eine matschige Stelle hatten, die Möhren zu klein geblieben waren oder die Kartoffeln schon keimten. Darum stapelten sich in der Ecke unserer Küche nun die Gemüsekisten wie in meiner ersten WG das Geschirr. Doch der Inhalt der Kisten war viel spannender: Ich lernte Pastinaken kennen, Schwarzwurzel und Hokkaido-Kürbis. Absolut neu war für mich aber der persönliche Bezug zu den Lebensmitteln, weil sie selbst oder zumindest von Ruths Eltern angebaut worden waren. Neu war auch, dass ich unter Kochzwang stand: Wir mussten das Gemüse zügig verwerten, damit es nicht vergammelte. Hinter dem Haus lag ein Garten, in dem Ruth Gemüse anbaute, vor allem Tomaten. Eines Tages fragte sie mich, ob ich ein paar probieren wolle. Gemeinsam machten wir uns auf den Weg zu den Sträuchern. Manche Tomaten waren schon fast reif, andere noch klein und grün. Sie glichen denen in den Geschäften, waren höchstens etwas unregelmäßiger gewachsen. Manche hatten kleine schwarze Punkte.

»Pflück dir ein paar und sag mir, wie sie dir schmecken«, sagte Ruth und schaute mich auffordernd an.

»Nun, ich bin gespannt«, erwiderte ich und pflückte mir eine Tomate. Sonnenwarm war sie. Ich rieb sie an meiner Hose ab und biss hinein. In diesem Augenblick hatte ich das Gefühl, etwas Unbekanntes zu entdecken. Obst? Gemüse? Ich konnte es nicht verorten. Die Aromen explodierten förmlich in meinem Mund. Sie waren so vielschichtig, dass meine Geschmacksnerven eine Art Hyperaktivitätsanfall bekamen. Jedes Partikel dieser roten Frucht, das sich in den Krypten des Gaumens verfing, schienen sie erkunden zu wollen. Und sie verlangten nach mehr.

»Die sind ja fantastisch«, rief ich. »Ich habe noch nie so etwas Leckeres gegessen.«

Ruth sah glücklich aus. »Das freut mich«, sagte sie. »Dann hat sich der ganze Aufwand gelohnt.«

»Ja, das hat er. In der Paprika-, Brokkoli- und Wassertomatenwelt meiner Eltern kommt so etwas wie diese Frucht nicht vor.«

Ein paar Tage später nahm Ruth mich mit in einen Bioladen. Er befand sich in einem Hinterhof. Der Eingang war mit Efeu fast zugewachsen. Ein hölzerner Vorbau ermöglichte ein wenig Platz für Gemüse. Drinnen war alles voller Bio-Lebensmittel.

»Mensch Ruth, ich hätte nie gedacht, was es alles ohne Pestizide zu essen gibt«, staunte ich.

»Komm, wir nehmen nur eine Packung Reis und Feta. Das ist nicht teuer, und wir kochen mein Leibgericht«, unterbrach Ruth meine Erkundungstour. Daheim hatte sie noch Fenchel.

Ruth kannte zahllose Gerichte, die sich nur mit Gemüse schnell zubereiten ließen und super schmeckten, wenn sie mit einer Soße ergänzt wurden. Ihr Lieblingsgericht wurde auch meines, besonders weil ich danach nur einen Topf abwaschen musste: Klein geschnittener Fenchel wurde zusammen mit Reis gekocht. War der Reis gequollen, gab man etwas Feta-Käse dazu, der je nach Sorte sogar etwas schmolz. Ein bisschen salzig, fruchtig – es schmeckte toll.

Nicht nur in der Küche wurden wir ein gutes Team – auch draußen. Das lag an unserer sogenannten Hunderunde, die zeitweise auf zwölf Personen und entsprechend viele Hunde wuchs. Wir hatten ein richtiges Rudel. Für die Hunde war es natürlich etwas Neues, wenn sie sich mit Artgenossen austauschen durften – und mussten. Viele von ihnen waren bislang nur allein mit einem Menschen durch den Wald gestreift. Unterwegs im Rudel schnüffelte dann eben der eine Hund am nächsten. Wem das nicht gefiel, machte das sehr knurrend deutlich. Daraufhin beschwerte sich natürlich wieder der erste, weil der andere ihm so grob Bescheid gesagt hatte. Aber die Hunde zankten nicht nur, sie spielten auch miteinander, und wenn einer etwas Auffälliges bemerkte, wussten es sofort alle anderen.

Auf unseren Runden bekam ich den Eindruck, dass ich bei Tieren schneller als bei Menschen verstand, wie sie untereinander funktionierten. Zumindest war ich diejenige in der Gruppe, die als Erste sagte: »Schaut mal, wie unsere Hunde gerade miteinander kommunizieren. Vielleicht sollten wir jetzt mal einschreiten.« Die nonverbale Sprache bei Menschen war für mich weit schwerer zu deuten. Klar, die Menschen haben keine Rute, keine gespitzten Ohren und keine Lefzen, die gefletscht werden können. Das machte die Sache kompliziert. Umgekehrt verstanden die Hunde übrigens auch die Körpersprache des Menschen, zumindest, sofern sie eindeutig war. So konnte ich mit Raya fast immer ohne Leine unterwegs sein. Ich wusste ihr zu verdeutlichen, dass ich es ernst meinte, wenn ich sie gerufen hatte. Falls sie sich an einer besonders interessanten Spur festgeschnüffelt hatte, flitzte ich hin und unterbrach ihr Tun, indem ich mich ihr in den Weg stellte. Anschließend machte ich sie auf einen besonders tollen Stock aufmerksam, den ich für sie versteckte. So konnte sie meiner Spur folgen, und wir gingen gemeinsam auf die Jagd. Es entwickelte sich ein intensives Band zwischen uns, das viel flexibler war als jede Leine und meinem Verständnis von Freiheit entsprach.

Hörsaal-Fieber

Im Hörsaal herrschte reges Getuschel. Manche blickten irritiert zu Boden. Klar, die Bilder, die vorne aufploppten, waren unerfreulich. Zumindest für die Studenten, nicht aber für den Professor, der vergnügt die Geschlechtskrankheiten von Kühen beschrieb.

Ich saß in der Mitte des Raums. Wie so oft. Diese Krankheiten interessierten mich eigentlich nicht so sehr. Ich blickte mich um. Der Kerl, der sonst so oft hinter mir saß – er war nicht da. Wenn er da war, starrte er mich häufig an. Zumindest hatte ich das Gefühl. Im Grunde war er ein ganz adretter Typ mit Dreads. Wahrscheinlich war er mir wegen seiner Haare aufgefallen. Oder weil er nicht selten vor sich hin träumte. Wenn er das nicht tat, quatschte er. Allerdings nicht mit mir. Heute blieb es ruhig hinter mir, obwohl er zu diesen Krankheiten sicher eine Menge mit seinen Sitznachbarn zu besprechen gehabt hätte.

Irgendwann schweiften wir ab und landeten bei Hochleistungskühen. Ich lernte, dass die am häufigsten gehaltene

Rasse Holstein-Friesian hieß, die Turbo-Kuh für jedermann. In den Fünfzigern gab sie 2000 Liter Milch im Jahr, heute waren es schon 8000 bis 9000 Liter. »In ein paar Jahren«, prophezeite der Professor, »werden es 12 000 bis 16 000 Liter sein.« Super Zuchtfortschritt. Super eklig. So einen Riesenbeutel würde ich nicht melken wollen.

Ein Student meldete sich. Der Professor rief ihn auf. »Wie kann denn der Leistungszuwachs so beschleunigt werden?«, fragte der Student.

»In der Zucht ist es wie in der Modeindustrie«, antwortete der Professor. »Früher gab es zweimal im Jahr eine neue Kollektion, heute alle zwei Wochen. So ähnlich ist es mit der Reproduktion der Kühe. Verstehen Sie, was ich meine?«

Der Student schüttelte den Kopf.

»Gut, ich gebe Ihnen ein Beispiel. Früher, sagen wir in den Fünfzigern, ging das unter den Bauern so: ›Moin Heinrich. Du, ich hab ein Problem. Das Euter meiner Kuh ist total ausgeleiert, obwohl sie noch so jung ist.‹ Heinrich antwortete dann vielleicht: ›Die Mutter von meinem Bullen, die Frieda, die hatte einen Top-Euter, wie am Bauch festgenagelt.‹ Na ja, dann ließ man den Bullen an die Kuh mit dem ausgeleierten Euter ran und hoffte, dass sich dessen Erbmerkmale durchsetzen.«

Die Studenten hörten gespannt zu.

»Mittlerweile kann es sein«, fuhr der Professor fort, »dass fünfzig Bullen in einer Zuchtstation leben, denen laufend Sperma abgenommen wird und die entsprechend oft Nachkommen haben. Dann werden etwa zwanzig weibliche Nachkommen von einem Bullen nebeneinander aufgestellt und bewertet. Anschließend wird entschieden, welcher dieser fünfzig Bullen dauerhaft für die Zucht eingesetzt wird.«

Ein Student rief dazwischen: »Werden solche Entscheidungen nicht längst schon anhand von Genom-Auswertungen ...?«

Der Professor ließ ihn gar nicht ausreden. »Sicher«, sagte er. »Die Zucht entwickelt sich laufend weiter. Das, was ich Ihnen beschrieben habe, ist eine der gebräuchlichsten Methoden. Klar, andere versuchen, das Genom selbst zu analysieren. Aber was ist das Problem dabei?« Auffordernd blickte der Professor in die Runde.

Keiner sagte etwas.

»Was fehlt, ist der ganzheitliche Blick auf das Tier.«

»Was heißt das?«, wollte eine Studentin wissen.

»Es gab mal den Fall, dass diese Gen-Akrobaten zwar sorgsam darauf achteten, dass die Euter größer und größer wurden. Dummerweise übersahen sie, dass sich die Zitzen zugleich verkürzten. Irgendwann ließ sich kein Melkzeug mehr dranhängen.«

»Aber ist die genomische Methode nicht trotzdem sehr effizient?«, fragte die Studentin weiter.

»Die anderen Varianten sind es auch. Das können Sie auf jeder Leistungsschau sehen. Die gleichen Horrorshows.«

Hinter mir gab es Bewegung. Ich drehte mich um und sah, dass sich der Typ mit den Dreads reichlich verspätet irgendwo hinter mir platzierte. Du hast heute eine ganze Menge verpasst, dachte ich.

»Haben Sie schon mal eine Top-Milchkuh gesehen?«, fuhr der Professor fort. »Die sehen aus wie Models, weil alles, was die Kuh frisst, in das Euter wandert. Das ist dann perfekt, aber der Rest ist so dünn, dass man denkt: Die Kuh fällt gleich um. Nach zwei Säugezyklen, in der Fachsprache Laktation genannt, sind solche Kühe aus Sicht der

Agrarindustrie eh nur noch Müll. Da ist es natürlich praktisch, wenn man nicht mehr so viel hat.«

Seine sarkastische Art gefiel mir. Er hatte recht.

Der Typ hinter mir hatte angefangen zu tuscheln. Und aus dem Augenwinkel sah ich, dass er mich wieder beobachtete. Dieses Mal war ich mir sicher. Ich drehte mich um und zischte ihn halb genervt, halb belustigt an: »Warum glotzt du mich immer so an? Der Professor ist vorne, nicht in der Reihe vor dir.«

Ohne eine Spur von Verlegenheit flüsterte er zurück: »Ich finde dich ganz spannend.«

Ich wandte mich wieder nach vorn, aber auf den Rest der Vorlesung konnte ich mich nicht mehr konzentrieren.

Als sie vorbei war, kam er zu mir. »Ich heiße Julian«, stellte er sich vor.

»Und ich Anja«, erwiderte ich.

Er plauderte gleich los. »Ich wohne in Berlin und pendele nach Eberswalde. Aber irgendwann suche ich mir hier eine Wohnung.«

Weil er so viel redete, musste ich kaum etwas sagen. Seine ungezwungene Art war mir sympathisch. Als ich mich von ihm verabschieden wollte, fragte er: »Willst du mir nicht mal einen Besuch abstatten?«

7

Großstadtliebe

Ich tat kurz so, als müsste ich mir das überlegen mit dem Besuch in Berlin, tatsächlich hatte ich aber große Lust. Und bald darauf saß ich mit Raya im Zug nach Berlin. Julian holte mich vom Bahnhof ab und teilte mir mit, dass wir abends mit seinem Vater essen gehen würden. Das verwunderte mich.

»Mit deinem Vater? Können wir nicht alleine losziehen?«, fragte ich.

»Nein. Er lädt uns ein. Das wird lecker. Und er ist wirklich sehr nett.«

Er ließ sich nicht davon abbringen und machte mir begreiflich, dass er oft mit seinen Eltern essen ging – so wie wir zu Hause halt mit laufendem Fernseher zu Abend aßen.

Wenige Stunden später saßen wir in einem High-End-Restaurant. Mit meinen Springerstiefeln kam ich mir deplatziert vor. Oder dachte zumindest, dass ich anderen seltsam erscheinen müsste. Oben herum trug ich einen Kartoffelsack, den ich formell als Hippie-Pullover im Secondhandladen gekauft hatte. Darum war ich fast überrascht, dass mir

-54-

der Kellner trotzdem Wein einschenkte. Julians Vater hatte einen rundlichen Kopf und sah in seinem Hemd sehr lässig aus. An seiner ungezwungenen Art merkte ich, dass er wohl öfter Leute zum Essen einlud. Ich wurde nicht gelöchert, genoss einfach den Abend. Man legte mir Dinge auf den Teller, von denen ich nicht wusste, was sie waren. Zu fragen traute ich mich allerdings auch nicht.

Es wurde ein lustiger Abend, und am Ende des Tages wusste ich: Julians Familie leistet sich Genuss in allen Dimensionen. Das gute Essen hier war nur eine davon. Auch die Wohnung war nobel und trotzdem sehr gemütlich, die Kleidung todschick, aber nicht zu dick aufgetragen. Sie waren so ganz anders als meine Eltern, die sparten, wo sie nur konnten, und bei denen im Zweifelsfall der Preis vor Qualität ging. Hier diese Ruhe, bei ihnen ein Getriebensein. Wäre das eigentlich auch anders gegangen? Sicher, meine Eltern mussten die Raten fürs Haus bezahlen. Aber das Geld hätte für mehr gereicht. Ich konnte mir nur sagen, dass ich verstanden hatte, wie man mit wenig Geld auskommt.

Julian wohnte im sehr hippen Stadtteil Mitte, von seinem Zimmer aus konnte man direkt auf den Fernsehturm schauen. Der Blick aus seinem Fenster war schon fast symbolisch für das bemerkenswert legere Leben, das er führte. Es war das von meinem Leben, das ich manchmal als Kampf empfand. Er lebte ohne Skrupel und Sorgen in den Tag hinein und ließ sich buchstäblich die Sonne ins Gesicht scheinen. Wir waren in den nächsten Tagen viel unterwegs, besuchten seine Freunde und hingen zusammen im Park ab. An Geld mangelte es nie. Wenn wir etwas kochen wollten, gingen wir in den Bioladen, der in Julians Haus im Erdgeschoss war. Er hatte die Vorliebe seiner Familie für gutes Essen auch zu seiner Passion gemacht. Mit ihm zusammen kochte ich die leckersten Sachen. Julian wurde für mich zu einer Art männlicher Ruth: Mit ihr war ich zum ersten Mal in einem Bioladen gewesen, Julian hingegen überzog die Biowelt noch mit etwas Glanz. In den Bioläden strebte er in Ecken, die ich bislang ausgelassen hatte. »Komm, ich zeige dir noch was«, sagte er und zog mich zu einem Regal. »Hier, die Mandeln. Davon nehmen wir noch ein paar mit.« Und schon ging es weiter zu den Süßwaren. »Diese Schokolade ist fantastisch. Handgeschöpft. Damit überziehe ich die Mandeln. Kakao brauchen wir auch noch. Du wirst sehen, wie lecker das ist.« Nie hätte ich mir solche Dinge ohne ihn gekauft.

Ähnlich war es in anderen Geschäften. Ich war ja nicht nur Aldi-Kind, sondern auch Takko-gestört. Einmal stand ich mit ihm in einem Outlet von Mammut, einer Marke für Outdoor-Klamotten. Ich war es gewohnt, dass ein Rucksack vielleicht zehn Euro kostete und Jacken kaum mehr. Aber da hing ein Rucksack für 50 Euro und eine Regenjacke für 80 Euro. Es war ein Viertel des regulären Preises, und die Sachen sahen verdammt schick aus.

Ich stand da und sagte zweifelnd zu Julian: »So viel Geld habe ich noch nie für eine Jacke ausgegeben.«

Julian antwortete: »Du wirst so viel draußen sein, nimm sie. Sie ist es wert.«

Am Ende kaufte ich beides und freute mich in den nächsten Tagen daran, die Unterschiede zwischen den neuen Sachen und ihren Vorgängern zu entdecken. War man nur Materialien für wenige Euro gewohnt, war ein widerstandsfähiger Reißverschluss etwas ganz Besonderes!

Die Einzige, für die das Leben in Berlin nicht so problemlos lief, war Raya: Sie fand inmitten der vielen Hundehaufen kaum noch einen Platz für ihren eigenen. Und wenn es ihr dann doch gelang, fragte ich mich, ob ich ihren nun aufsammeln müsste, wenn nebenan noch acht weitere lagen.

Nach den Tagen mit Julian war unser Zusammensein so selbstverständlich geworden, dass ich auch in den nächsten Monaten viel Zeit in Berlin verbrachte. Es war wunderbar, doch das schöne Leben hatte auch seine öden Seiten. Ich wollte mich austoben, konnte es aber nicht. Action hieß hier: Party. Die waren auf eine eigene Art anstrengend, denn jedes Mal musste man ziemlich lange wach bleiben, bis es losging. Vor halb eins brauchten wir das Haus nicht zu verlassen. Immerhin war es lustig, denn alle kifften und waren entsprechend tiefenentspannt. Zum Toben blieb mir nur das Tanzen. Und weil ich das doppelt so schnell machte wie die anderen, dachten viele, ich nähme Drogen. Aber die brauchte ich gar nicht. Mein Körper produzierte offenbar selbst ausreichend Substanzen, die ähnlich wirkten.

Das Leben in Berlin-Mitte war anders als das, was ich bisher gekannt hatte, eine Parallelwelt zu dem Dorf- und Landleben, das ich bisher geführt hatte. Eberswalde war eine Kleinstadt mit netten Studentenpartys. Aber in einem Underground-Club zu sein, war etwas anderes – schon wegen der Musik, die ich noch nie zuvor gehört hatte. Als Julian später nach Eberswalde zog, freute ich mich auf das, was wir nun hier zusammen erleben würden. Doch nach seinem Umzug waren wir fast nie an meinem Lieblingsort – also im Wald. Mit Raya. Bei ihm war Zocken am Computer und Abhängen angesagt. Ich lernte viel, er wenig. Ich war zielstrebig, er ließ sich treiben. Ich konnte mir das Gelernte gut merken und mögliche Fragen der Dozenten vorwegnehmen. Er ließ alles auf sich zukommen. Mir fielen die

Prüfungen leicht, Julian feierte das knappe Bestehen. Dafür durchdrang er die Dinge, die ihn interessierten, mehr als ich. Je enger wir zusammenkamen, desto mehr versuchte ich mir vorzustellen, wie ein Leben mit ihm wäre. Ein Cowboy war er nicht, dafür ein Meister des Steaks. Aber gab's da einen gemeinsamen Lebensansatz? Eine tiefere Verbindung neben dem ganzen alltäglichen Sein?

Praktikumsorakel

Der Meister des Steaks schlief gerade in meinem Zimmer in Eberswalde, als ich mich an den Schreibtisch setzte. Es war halb neun. Schon im Bett hatte ich darüber nachgedacht, wie alles weitergehen sollte. Im Studium standen für mich die ersten Praktika an, eines im März und April, ein weiteres im Sommer. Ich drückte den Einschaltknopf des Rechners, der sirrend anlief, und starrte auf den Bildschirm, der flackernd zum Leben erwachte. Verborgen in dem Kasten lag irgendwo meine Zukunft. Gleich würde ich ein paar Worte in ein Feld eintippen und die Suchmaschine in einem Sekundenbruchteil Abertausende Ergebnisse anzeigen. Die ersten zwanzig davon würde ich mir wahrscheinlich genauer ansehen und dann entscheiden, wie es mit meinem Leben weiterging. Immerhin hatte ich diffuse Vorstellungen von dem, was ich gerne mal machen wollte. Zum Beispiel wieder reiten. Westernreiten, so wie früher in meinem Heimatdorf.

Vielleicht könnte ich auf einem Pferd sogar Rinderherden umkreisen? Wo ich doch neuerdings so viel über diese

Tiere wusste. Ich könnte Cowgirl sein. Irgendwo in der Prärie. Aber nein, ich musste irgendetwas in Deutschland finden. Und hier gab es keine Cowgirls und erst recht keine Prärie. Hier gab es die norddeutsche Tiefebene. Und Bäuerinnen. Ich tippte »Westernreiten« ein. Und nach kurzem Zögern noch »Rinder treiben Deutschland«. Die Liste, die einen Moment später auf dem Bildschirm stand, zeigte, dass das Thema gar nicht so ungewöhnlich war. Zumindest landete ich nach wenigen Klicks auf den Seiten eines Hofs im Bayerischen Wald. Der Besitzer war auch abgebildet: Paul Mayr. Er saß auf einem gescheckten Pferd. Ein Mann mittleren Alters, der einen Cowboyhut trug.

Eine Telefonnummer stand ebenfalls dabei. Ich hatte viele Fragen. Aber kam das jetzt hier nicht zu schnell? Ich musste das alles doch erst mal überdenken. Vielleicht auch mit dem schlafenden Herrn reden, bevor ich eine Entscheidung traf. Andererseits waren die Fotos mit Westernpferden und grünen Hügeln einladend. Zudem musste ich mich ja gar nicht jetzt entscheiden, mahnte ich mich selbst. Mein Anruf war völlig unverbindlich. Ich nahm das Telefon und wählte die angegebene Nummer. Es klingelte lange, dann meldete sich eine Frauenstimme.

»Ja bitte?«

»Hier ist Anja. Ich würde gerne ein Praktikum bei Ihnen machen.«

»Da müssen Sie mit dem Chef reden. Aber der ist gerade nicht da. Vielleicht in einer halben Stunde.«

»Alles klar«, erwiderte ich. »Dann probiere ich es später noch mal.«

Ich legte auf und ging in die Küche. Vielleicht war es ganz gut, dass ich kurz überlegen konnte. Die große Entfernung nach Bayern machte mir schon zu schaffen, wenn ich nur daran dachte, selbst wenn die Berge lockten. Was würde dann aus mir und Julian werden? Der schlief immer noch. Sollte ich ihn wachrütteln? Nein. Ich ließ ihn schlafen. Ich musste meine Entscheidung allein treffen. Ich setzte mich wieder an den Rechner und klickte mich durch die Seiten des Mayr-Hofs. Die Bilder, die Texte – alles wirkte sympathisch. Ungeduldig wartete ich darauf, dass ich erneut anrufen könnte. Als die halbe Stunde vorbei war, griff ich zum Telefon. Wählte. Wieder musste ich es endlos klingen lassen. Dann ging tatsächlich ein Mann an den Apparat.

»Ja?«

»Spreche ich mit Herrn Mayr?«

»Ja. Grüß Gott.«

Ich stellte mich kurz vor, erzählte, dass ich ein Praxissemester vor mir habe und es gerne auf seinem Hof machen würde.

»Warum nicht. Kein Problem.«

Ich konnte es kaum glauben, dass es so einfach war. Ich nannte ihm die Zeiten, wann ich zu ihm kommen könnte, in den Monaten Juli und August 2008.

Und wieder hörte ich: »Ja, warum nicht.«

»Und kann ich auch irgendwo schlafen?«

»Da findet sich schon was.«

Ich geriet aus dem Konzept, weil er so kurz angebunden war und ich unvorbereitet binnen kürzester Zeit offenbar über meine Zukunft richten musste.

So hatte ich nur noch eine Frage parat: »Kann ich meinen Hund mitbringen?«

»Ja, kein Problem.«

Er bot mir an, dass er mich vom Bahnhof abholen lassen könnte.

»Toll. Ich denke, das passt. Ich muss mir das noch mal überlegen«, sagte ich. »Das war jetzt alles so schnell.«

»Dann höre ich von Ihnen.«

Das Gespräch mit Herrn Kein-Problem war vorbei. Puh. Ich freute mich und war besorgt zugleich. Das war mir gerade wirklich fast zu einfach gegangen. Aber dieser deutsche Cowboy schien das Leben zu nehmen, wie es kam. War ja eigentlich eine gute Einstellung. Sollte ich auch machen. Nun hatte ich überraschenderweise schon den Teil der Praktika geregelt, der noch gar nicht so eilig war. Wie füllte ich jedoch die Zeit von Mai bis Juni? Ich hatte eine vage Idee: Ich wollte in einer Gemeinschaft leben, die es schafft, sich selbst zu versorgen – ein bisschen so, wie es meine Uroma gemacht hatte.

Ich könnte etwas über Gartenbau lernen, vor allem über den Anbau von Gemüse, so wie es Ruths Vater tat. Andererseits sehnte ich mich nach dem ganzen Trubel an der Uni, wo ich mittlerweile Semestersprecherin war, nach Ruhe. Ich wollte mich sammeln, um weiter Pläne fassen zu können. Darum interessierte mich ein klösterliches oder zumindest annähernd klösterliches Leben. Ein gemischtes allerdings – nur mit Nonnen zusammen zu sein, das konnte ich mir selbst für zwei Monate nicht vorstellen.

Ich erhob mich von meinem Stuhl. Die letzten anderthalb Stunden vor dem Rechner waren anstrengend gewesen. Julian lag noch immer reglos da. War er gestorben? Nein. Er atmete. Ich versuchte hier mein Leben zu sortieren und er pennte. Unfassbar. Etwas ratlos legte ich mich wieder zu ihm. Einschlafen konnte ich aber nicht mehr. Zu viele Gedanken. Sollte ich nicht besser gleich beide Praktika klarmachen? Dann hätte ich es hinter mir. Ich schob die Bettdecke weg, stand wieder auf und setzte mich erneut an den Computer. Welche Suchbegriffe sollte ich nun eingeben?

Ich versuchte es mit »Gemeinschaft«, »Selbstversorger« und »Brandenburg« und landete bei einer Gruppe, die experimentelle Gesellschaftsmodelle ausprobieren wollte und sich der freien Liebe hingab. Nein, das wollte ich nicht. Ich brauchte ein besseres Suchwort. Ich wählte ein altmodisches Wort, das mir aber gut gefiel:»Einkehr«. Wieder warf die Suchmaschine eine neue Liste aus. Weit oben fand ich die Gemeinschaft Fredenwalde. Eine Lebensgemeinschaft im Barnim. Erstaunlich, gar nicht weit von hier. Ich klickte auf den Link. Bilder von einer Art Hof tauchten auf. Darunter stand, dass es sich bei dem Gelände um eine ehemalige Försterei handelte. Es schienen ganz normale Leute dort zu leben. Sie fühlten sich inspiriert von Dietrich Bonhoeffer, jenem Theologen, der den Nazis widerstanden hatte und von ihnen ermordet worden war. Morgens und abends gab es eine Andacht – das war offenbar der christliche Teil. Und sie versorgten sich selbst. Aufregend klang es nicht, aber genau darum war es womöglich das Richtige für mich. War ich wieder zu schnell? Müsste ich mehr Ergebnisse vergleichen? Aber warum weitersuchen? Die Suchmaschine war mein Orakel. Dieses Mal schien sie die Gemeinschaft geradewegs für mich ausgewählt zu haben.

Auch auf dieser Seite war eine Nummer angegeben. Ein Mann meldete sich, der Stimme nach etwas älter. Wahrscheinlich war er in der Gemeinschaft eine Art Chef, jedenfalls fühlte er sich für mich zuständig. Ich schilderte mein Anliegen. Er antwortete freundlich, wollte aber doch deutlich mehr von mir wissen als der Cowboy aus Bayern. Ich erzähle von meinem Studium und warum es mir wichtig war, in der Gemeinschaft ein Praktikum zu machen. Irgendwann unterbrach er mich und sagte, dass wir zwar noch über die Einzelheiten sprechen müssten, aber ich könnte kommen.

Zu verlieren hatte niemand etwas, und Julian würde schon einverstanden sein.

Lederhosenhund

Ein paar Wochen später saß ich in einem Zug, unterwegs zur Uckerwelle, einem Jugendgästehaus und Tagungszentrum in Prenzlau. Dort fand ein mehrtägiger deutsch-polnischer Austausch über erneuerbare Energien statt. Das Thema interessierte mich, aber ich vermutete, dass es eine eher kleine Veranstaltung werden würde. Irgendwo in der Hochschule hatte ein Zettel für Interessenten gehangen, irgendwann nahm ich ihn wahr und meldete mich an.

Das Tagungszentrum hieß Uckerwelle, weil es ein Dach in Wellenform hat. Dort angekommen, versammelten wir uns auf dem Vorplatz des Gebäudes. Raya sprang herum und beschnüffelte aufgeregt sämtliche Anwesenden. Es war ihre Art, allen einen guten Tag zu wünschen. So machte sie es immer. Plötzlich aber flippte sie aus: An einem der polnischen Studenten schnüffelte sie so aufgeregt, als wittere sie das Paradies. Hüpfte an ihm hoch, wedelte wild mit dem Schwanz und jaulte. Ich konnte mir das nicht erklären. Er trug eine Hose aus Leder. War deren riechbare Lebensgeschichte so spektakulär, dass Raya sich in diesen Typen verliebt hatte? Wenn dem so wäre, hätte sie Geschmack bewiesen. Ich hatte bereits bei früheren Gelegenheiten gemerkt: Wir standen auf den gleichen Typ Mann. Weit mysteriöser aber war, dass mir dieser Student bekannt vorkam. Dabei hatte ich ihn noch nie gesehen, zumindest nicht bewusst. Hatte ich ihn vielleicht mal auf einer Party wahrgenommen? Hatte mein Gehirn ihn anschließend in einer verborgenen Schublade abgelegt? Aber er war doch aus Polen. Warum sollte er die Mühe auf sich genommen haben, auf eine Party in Eberswalde zu gehen?

Dass Raya sich jetzt derart aufführte – ich fand dafür einfach keine Erklärung. Schlimmer noch: Sie wich nicht mehr von seiner Seite. Völlig vernarrt war sie in ihn. Er schien das zu akzeptieren, zumindest verscheuchte er sie nicht. Er streichelte sie und klopfte ihr zärtlich die Seite. Und ich war plötzlich meinen Hund los. Wir gingen ins Gebäude und nahmen in einem größeren Raum Platz. Es gab eine kurze Vorstellungsrunde. Irgendwann war der Typ an der Reihe, an den sich Raya rangemacht hatte.

»Ich heiße Janusz und komme aus Polen«, erzählte er.

Mir fiel auf, dass er ohne jeden Akzent Deutsch sprach. Anderen war das auch nicht entgangen. »Wie ist es möglich, dass du so perfekt Deutsch sprichst?«, fragte gleich darauf jemand.

»Als ich klein war, wanderten meine Eltern von Deutschland nach Polen aus. Ich bin zweisprachig aufgewachsen«, antwortete Janusz.

Das hörte man auch nicht alle Tage, dass jemand nach Polen auswanderte. Aber hatte nicht auch Juliane etwas Ähnliches gewagt, jene Frau, von der ich Raya hatte? Janusz schätzte ich auf Anfang zwanzig. Die Eltern waren vielleicht schon vor der Wende nach Polen gezogen. Erstaunlich. Seine Rolle bei dieser Veranstaltung war jetzt natürlich klar: Er übersetzte und vermittelte fortan zwischen den Studenten aus beiden Ländern. Und es gab einiges zu übersetzen, weil viele Fachbegriffe fielen: So manches berichtete man uns über Windkraftmodule, Solarmodule und Geothermie. Vor allem die Geothermie faszinierte mich. Ich hatte nicht gewusst, was für eine gewaltige Energiequelle die Wärme im Boden war.»In Regionen wie Island mag das offensichtlich sein, weil dort Geysire heißes Wasser aus der Erde stoßen«, sagte einer der Vortragenden.»Aber hier in Deutschland? Da denkt jeder, dass es höchstens ein paar kleine warme Quellen gibt. Trotzdem: Um Wärme aus dem Boden zu gewinnen, reicht es im Grunde, eine Erdleitung zu bohren.« Das war beeindruckend.

An den Abenden gab es gewöhnlich ein Seminarprogramm, doch einmal konnten wir selbst bestimmen, was wir machen wollten. Janusz machte einen Vorschlag:»Ich kann einen Film von meinem Bruder ausleihen, in dem es um den nachwachsenden Rohstoff Hanf geht. Den könnte ich holen.«

»Du willst jetzt nach Polen aufbrechen, um eine DVD zu holen?«, fragte ungläubig eine der Tagungsteilnehmerinnen. »Soll das ein Mitternachtsfilm werden?«

Erwartungsvoll blickten alle Janusz an. Auch mir schien seine Idee etwas übermütig zu sein.

»Nein, mein Bruder wohnt bei meiner Mutter, hier in der Nähe«, stellte Janusz klar. In dem Moment machte es bei mir klick. Irre. Plötzlich ahnte ich, warum mir dieser Typ so bekannt erschienen war. Die Teilnehmerin murmelte ein »Ach so«, und ich ging auf Janusz zu.»Heißt deine Mutter Juliane?«, fragte ich ihn.

Auf seinem Gesicht zeigte sich Verwirrung. »Ja. Woher weißt du das?«

»Weil ich meinen Hund von ihr habe. Vor einigen Monaten habe ich Raya bei ihr abgeholt. Deine Mutter erzählte damals, einer ihrer Söhne würde Landwirtschaft in Szczecin studieren. Jetzt verstehe ich auch, warum Raya dir nicht mehr von der Seite weicht. Das hat mich schon die ganze Zeit gewundert. Sie hat dich am Geruch wiedererkannt.«

»Das ist ja verrückt.« Janusz lächelte. »Aber letztlich ist die Erklärung einfach. Meine Eltern haben sich getrennt, als ich acht war. Darum lebe ich bei meinem Vater in Polen.«

So genau hatte mir das Juliane natürlich nicht erklärt. Aber deswegen hatte ich das Gefühl gehabt, Janusz schon einmal gesehen zu haben.

»Darf ich mitkommen, wenn du die DVD holst«, fragte ich. »Ich möchte unbedingt herausfinden, ob Raya noch alles wiedererkennt. Sie war ja noch sehr klein, als ich sie abholte.«

»Klar. Meine Mutter wird sich sicher auch freuen, dich und Raya zu sehen.«

Raya hüpfte in einen klapprigen roten Volvo – ein anderer als der seiner Mutter – und wir fuhren los.

»Wie weit ist es?«

»Wir brauchen vielleicht zwanzig Minuten.«

»Wie oft besuchst du deine Mutter?«

»Im Moment eher selten. Eine Zeit lang habe ich bei ihr gewohnt, ein Jahr vielleicht, aber dann bin ich wieder zurück zu meinem Vater nach Polen gezogen.«

»Warum?«

»Der Hof. Er ist meine Welt, und mein Vater braucht Hilfe.«

Als wir bei seiner Mutter Juliane eintrafen, sprang Raya aufgeregt aus dem Auto. Es schien, als witterte sie ihre alte Heimat. Ich erkannte das Haus und den Garten wieder, in dem die Welpen gespielt hatten. Diese waren alle fort. Nur Rayas Mutter war noch dort. Beide flippten aus vor Freude, als wir in den Garten gingen. Raya warf sich sofort auf den Boden und quietschte, als wäre sie ein kleiner Welpe. Sie kannte die Regeln: Die Mama war die Ältere und Ranghöhere, aus diesem Grund musste Raya sich unterordnen.

Juliane trat aus dem Haus. Überrascht schaute sie uns beide an. Sie verstand nicht, warum ihr Sohn da war. Und noch weniger, warum ich nun vor ihr stand.

»Ist irgendetwas passiert?«, fragte sie verwirrt.

»Nein, alles ist gut«, versicherte Janusz. »Ich bin nur gerade im Tagungszentrum, in der Uckerwelle. Dort haben wir eine Art Seminar.«

»Und jetzt besuchst du mich?«

»Nicht so richtig. Eigentlich will ich nur eine DVD holen, weil wir uns heute Abend einen Film anschauen wollen. Ich habe Anja mitgebracht – sie hat mir vorhin erzählt, dass ihr euch kennt. Sie nimmt auch an dem Seminar teil.«

»Ich habe dich gleich wiedererkannt«, sagte Juliane und lächelte. »Habt ihr noch Zeit, etwas zu essen, oder müsst ihr gleich wieder zurück?«

»Wir können kurz mit Abendbrot essen, oder?«, fragte Janusz und ging hinein, ohne eine Antwort abzuwarten.

Drei Geschwister von Janusz lernte ich an diesem frühen Abend kennen, neben Marwin waren noch Celina und Finn da. Dazu kamen Freunde von ihnen. Überdies ein Freund der Mutter. Zehn Leute waren es insgesamt. Juliane hatte einen riesigen Esstisch – sie schien oft Besuch zu haben. Alle lachten und plauderten durcheinander. Es herrschte eine sehr angenehme Atmosphäre, so richtig heimelig. Fast schien es, als wäre das hier auf einmal meine Familie. Dabei saßen wir noch gar nicht lange um den Tisch herum. Wir blieben vielleicht zwei Stunden, dann machten wir uns wieder auf den Weg.

Auf dem Rückweg sagte ich zu Janusz: »Das war eben irgendwie besonders. Ich habe mich ...« Ich machte eine Pause, musste nach den richtigen Worten suchen, »... fast wie zu Hause gefühlt. Oder besser: wie angekommen ...« Eigentlich war ich in bester Stimmung, doch plötzlich konnte ich nicht weiterreden. In mir krampfte sich etwas zusammen. Ich wusste nicht einmal genau, warum. War es das Glück, etwas gefunden zu haben? Aber dann hätte ich nicht auf diese Art mit den Tränen kämpfen müssen. War es nicht eher so, dass sich mein Glücksempfinden mit dem Wissen paarte, dass mir etwas fehlte, etwas, das durch einen einzigen heiteren Abend nicht zu ersetzen war? Es war gut, dass Janusz auf die Straße schauen musste und nicht sehen konnte, wie mir dann doch Tränen übers Gesicht liefen. Aber wahrscheinlich hatte er es ohnehin an dem Klang meiner Stimme gehört. Ich musste ein paarmal tief Luft holen, bevor ich wieder sprechen konnte: »Es war ein besonderes Gefühl für mich. Bei uns daheim habe ich so ein fröhliches Zusammensein fast nie gehabt.«

»Es war auch bei uns nicht immer so«, erwiderte Janusz. »Meine Eltern haben sich einen ordentlichen Scheidungskrieg geliefert. Ich kann gut nachvollziehen, was du sagst.«

Es war gut, dass er das sagte. Schweigend kurvten wir weiter durch Prenzlau. So konnte ich mich wieder beruhigen. Ich spürte, dass es eine Verbindung zwischen uns gab. Und dass unsere Geschichte noch weitergehen würde. Das nahm ich jedenfalls an diesem Abend an.

Wüste Kirche

In den nächsten Wochen traf ich mich öfter mit Janusz. Wir waren noch nicht zusammen, denn da war ja auch noch Julian. Der allerdings war auch im Praktikum. Ich wusste einfach nicht, wie ich mit dieser Situation umgehen sollte. Erstmal gab es ja Abstand, denn die Zeit in der Gemeinschaft Fredenwalde begann. Janusz hatte angeboten, mich dorthin zu bringen. Da es von Eberswalde nicht weit dahin war, beschlossen wir, diese Strecke mit dem Rad zu machen. Raya hätte dann ein perfektes Work-out. Mehr als anderthalb Stunden sollten wir nicht brauchen.

Es war noch früh am Morgen und einer jener Märztage, die schon warm zu werden versprachen. Ich verschloss die Haustür und ging zu meinem mit Gepäcktaschen beladenen Rad. Neben meinem Tagebuch hatte ich nur die nötigsten Sachen mitgenommen: Ich wollte mich nicht ablenken lassen von Dingen, die ich dort kennenlernen könnte.

Es war schön, mit Janusz durch die noch leeren Straßen von Eberswalde zu radeln. Nirgendwo anders wollte ich in dem Moment sein – wie öfter, wenn ich ihn traf. Und war er nicht da, rief er meist so passend an, dass ich das Gefühl bekam, ich könne mir diese Anrufe herbeiwünschen.

Während der Fahrt entdeckte ich, dass wir fast die gleichen Räder hatten.

»Schau mal«, sagte ich. »Unsere Fahrräder scheinen Geschwister zu sein. Beides sind blaue Mountainbike-Trekking-Pseudoteile aus dem Supermarkt. Sogar die Aufschrift ist gleich. Nur ist meines etwas königsblauer als deines.«

Janusz guckte und lächelte. Sagte aber nichts. Um den Weg hatten wir uns nicht weiter gekümmert. Janusz meinte, dass wir das schon irgendwie im Gefühl haben würden. Wir fuhren einfach Richtung Nord-Nordwest. Mal ging es durch kleine Dörfer über Kopfsteinpflaster, mal über Waldwege. Nach einiger Zeit sah ich weiter vorne etwas Blaues durch die Bäume blitzen.

»Siehst du das?«, rief ich. »Ist das ein See?«

Er versuchte zu erspähen, was ich meinte. »Es sieht jedenfalls einladend aus«, antwortete er dann.

Je näher wir kamen, desto schöner glitzerte es. Ein herrlich blau schimmernder See, von Bäumen umrandet und in der Mitte eine kleine Insel. Nirgendwo war ein Mensch zu sehen. Wir hatten den See ganz für uns allein.

Ich schwitzte von der Fahrt. »Da würde ich jetzt gerne hineinspringen«, sagte ich. Dann fiel mir aber ein, dass das jetzt schwierig werden würde mit den Badesachen. Ich hatte zwar einen Bikini, aber wie sollte ich den hier anziehen? Verlegen verstummte ich. So gut kannte ich Janusz ja noch nicht.

»Super Idee.« Er schien ganz begeistert zu sein.

»Aber du hast doch nichts dabei, also keine Badesachen.«

»Macht doch nichts!«

Dicht beim See fuhren wir langsamer. »Hier?«, fragte ich. Es war ein sonniger, einladender Platz, direkt am Ufer. Außerdem standen da, was ich gerade nicht ganz unwichtig fand, ein paar Büsche, hinter denen ich mich umziehen konnte.

»Ja, das ist gut«, nickte Janusz meine Entscheidung ab. Er ging ein paar Schritt zum Wasser und steckte die Hand kurz rein. »Kühl«, sagte er nur und kam zurück.

Ich machte mich auf die Suche nach dem Bikini. Ich musste ziemlich in den Satteltaschen graben. Als ich wieder aufschaute, war Janusz bereits hinter einem Busch verschwunden, ich sah nur noch seinen Kopf. Ich wählte einen Strauch, der möglichst weit entfernt von seinem lag. Hinter dem Gestrüpp wechselte ich rasch meine Kleidung. Kurz überlegte ich, ob ich die Brille auflassen sollte, weil ich sonst nichts sehen würde. Aber ich ließ sie weg. Zu riskant. Auf keinen Fall wollte ich sie noch vor Beginn des Praktikums verlieren. Janusz war offenbar schon fertig – ich hörte am Geräusch brechender Äste, dass er in Richtung See lief. Ich lugte hinter dem Strauch hervor. Ja, er war fast schon im Wasser. Ich rannte ihm hinterher. Wie er das Badehosenproblem gelöst hatte, konnte ich ohne Brille nicht richtig erkennen, aber es war auch egal. Jubelnd ließ ich mich ins Wasser fallen. Es war derart kalt, dass ich einige Momente lang keinen klaren Gedanken fassen konnte. Als ich mich an die Temperatur gewöhnt hatte, schwamm ich zu Janusz. Gemeinsam glitten wir wie zwei Schwäne durch das Wasser.

»Schaffen wir es bis zur Insel?«, fragte Janusz und deutete auf das recht weit entfernte Eiland. Ohne meinen Kommentar abzuwarten, antwortete er sich selbst: »Vielleicht ist es keine gute Idee. Das ist zu weit.«

Während er noch zur Insel blickte, tauchte ich unter und schwamm schnell unter Wasser einige Züge. Als mir die Luft ausging, kam ich fast lautlos an die Oberfläche. Soweit ich das ohne Brille erkennen konnte, schien Janusz mich zu suchen. Ich pirschte mich schwimmend an ihn heran. Er drehte sich um, lachte und glitt selbst unter Wasser wie ein Haubentaucher. Weg war er. Stille. Ich wartete. Er musste schon eine halbe Minute unter Wasser sein. Kein Janusz. Eine Minute. Ich begann mir Sorgen zu machen. Hatte er im kalten Wasser einen Herzschlag bekommen? Wo war er? Ich drehte mich im Kreis. Zweimal. Dreimal. Jäh schoss Janusz neben mir wie eine Rakete aus dem Wasser. Endlich. Wir setzten das Spiel des unvermuteten Auftauchens noch kurz fort, doch dann wurde es mir zu kalt.

»Lass uns rausgehen«, rief ich Janusz zu.

Er nickte. Seine Lippen waren blau angelaufen.

Was man nicht alles erträgt, wenn einem der andere wichtig ist, dachte ich.

Gemeinsam schwammen wir ans Ufer zurück. Als es flach wurde, musste ich mir vorsichtig einen Weg zwischen den Steinen suchen. Immerhin war das Wasser unglaublich klar. Mühsam stakste ich an Land. Kaum war ich aus dem Wasser, bemerkte ich ein neues Problem: Mein Handtuch lag noch in der Satteltasche. Und Janusz hatte keines dabei.

»Ich lass mich an der Sonne trocknen«, sagte ich. Nebeneinander setzten wir uns ans Ufer. Das Wasser glitzerte, die warmen Strahlen trockneten mich rasch ab. Wir redeten kaum ein Wort.

Es hätte noch lange so bleiben können. Aber ich musste weiter, um nicht zu spät zu kommen. Ich drehte mich zu Janusz: »Ich zieh mich jetzt um.« Wieder fühlte ich diese seltsame Schüchternheit.

»Okay«, erwiderte er und sprang auf.

Wir zogen uns wieder um und radelten weiter.

Als wir an eine Weggabelung kamen, rief Janusz: »Warte mal kurz.«

»Warum?«

»Wir haben nun zwei Wege vor uns. Irgendwo in dieser Gegend müssen wir demnächst über die Autobahn. Also führt wahrscheinlich nur einer ans Ziel. Beim anderen stehen wir, wenn wir Pech haben, irgendwann vor einem Zaun, der das Wild kurz vor der Straße ausbremst. Und uns damit auch.«

»Und wenn wir Glück haben?«

»Finden wir die kleine Brücke, die über die Autobahn gehen soll.«

»Woher weißt du das?«

»Hat mir ein Kommilitone erzählt, der sich in der Gegend auskennt«.

»Und welchen Weg nehmen wir jetzt?«

»Tja. Wenn ich das wüsste. Links?«

»Links«, echote ich.

Es begann ein langes Stück Weg, und ich hoffte, dass ich es nicht wieder zurückfahren müsste.

Nach einiger Zeit rief Janusz: »Wir sind richtig! Da hinten ist die Brücke. Das ist ein gutes Zeichen!«

»Ein gute Zeichen wofür?«

»Das wir den Weg gefunden haben. Für uns also!«

»Warum?«

»Weiß nicht! Einfach so!«, sagte Janusz.

Seine Antwort arbeitete in mir weiter. Es war, als hätte er gerade meine eigenen Gedanken kopiert und damit legitimiert. Ich sah es ganz genauso. Es war ein gutes Zeichen. Warum stießen wir auf so viele Gemeinsamkeiten, ohne danach zu suchen?

Wir überquerten die Autobahn, bald danach wurde der Sandweg zu einer Teerstraße. Wir kamen zu einem Ort namens Gerswalde.

»Schau mal, was ist das denn?«, rief Janusz.

Er hielt an. Ich stoppte auch. Er zeigte auf eine Ruine. Zwei Wände des Was-immer-es-gewesen-war standen da noch. Es waren die Giebelseiten eines Gebäudes. Überall lagen Steine herum, das Gestrüpp wuchs im früheren Innenraum. Ein Schild sagte uns, dass die Ruine die Wüste Kirche Berkenlatten war. Erbaut im 13. Jahrhundert, dem Augenschein nach ganz aus Feldsteinen. Vielleicht war es mal eine schöne Dorfkirche gewesen. Daneben lag ein Friedhof, dem Zustand der Gräber nach wurde er noch immer genutzt.

Wir gingen in den Innenraum. In der Mitte hielt ich an und drehte mich zum Giebel. Janusz tat es mir gleich. Für einen Moment füllte sich in meiner Vorstellung die Ruine mit Leben. Die Mauern waren wieder da, Bänke standen im Raum und der Giebel hatte Fenster. Es saßen Menschen darin – unsere Gäste. Vor uns der Altar. Ob Janusz das Gleiche dachte? Konnte es überhaupt anders sein? Ich schritt zu den Umrissen eines alten Tors im hinteren Giebel. Janusz war immer noch neben mir, hinter dem Giebel aber trennten sich unsere Wege: Mich zog es nach rechts, Janusz nach links. Dort lagen die Gräber. Die interessierten mich gerade nicht so, Janusz offensichtlich schon. Ich wollte die rechte Seite erkunden, die etwas grüner und verwilderter war. Ich achtete nicht darauf, was Janusz bei den Gräbern machte, sondern betrachtete nur aufmerksam, was ich sah: Steinhaufen, Bäume und die ersten Frühjahrsblumen.

So mit mir selbst und meinen Gedanken beschäftigt, ging ich zur anderen Giebelwand. Genau in dem Augenblick, in dem ich um die Ecke bog, tat auf der anderen Seite

Janusz das Gleiche. Wir waren offenbar gleichzeitig mit uns selbst fertig geworden. Wir betraten noch einmal den Innenraum der Kirche und konnten gar nicht anders, als uns in der Mitte zu umarmen. Wir küssten uns nicht, aber wir konnten uns auch nicht mehr so leicht loslassen.

Als wir es dann doch taten, war da wieder diese seltsame Schüchternheit. Für einen Moment standen wir etwas ratlos da, bis wir den gewaltigen Findling vor der Kirche aufsuchten. Für mich war er etwas zu hoch. Janusz schwang sich hinauf und half mir nach oben. Nebeneinander saßen wir da. Ich brach das Schweigen: »Das war ja fast wie ...« Ich geriet ins Stocken. »... fast wie heiraten.«

Janusz sagte: »Mhm, schon komisch. So ging es mir auch. Ich habe sogar die Gäste gesehen. Aber warum haben wir dann nicht am Altar angehalten?«

»Es gab keinen. Auch keinen Pfarrer, der uns traute.«

»Und warum bist du nach dem Giebel nicht mit mir gekommen?«, fragte Janusz.

»Ich wollte herausfinden, wie auf dieser Seite die Aussicht ist.«

»Deine Seite war sicher spannender als meine. Aber wir haben uns ja trotzdem wiedergetroffen«, sagte Janusz.

»Und das war gut.«

Wir saßen noch eine Weile auf dem Stein, dann setzten unseren Weg nach Fredenwalde fort.

Vor ein paar Wochen war ich das erste Mal kurz dort gewesen, um mich persönlich vorzustellen. Als wir uns der Anlage näherten, sah ich wieder das große, aprikosenrosafarbene Gebäude. Durch ein Holztor radelten wir auf das Grundstück und stellten die Räder ab. Kein Mensch war zu sehen. Es war Nachmittag, unsere kleinen Zwischenaufenthalte hatten die Fahrt deutlicher länger dauern lassen als gedacht. Alle Türen standen offen. Ich ging durch die Hintertür nach drinnen und landete im Keller. Eine dunkle Steintreppe schlängelte sich nach oben. Der dortige Eingangsbereich war hell und holzvertäfelt. Flyer lagen auf einem Tisch aus. Ich scannte sie kurz. Es ging viel um Hilfe in Entwicklungsländern und Gott. Na, die konnte ich später noch näher anschauen. War hier jemand? Ich rief laut: »Karl?« Aus einem der Zimmer kam ein »Ja, hallo!« zurück. Karl, grauer Haarkranz, offenes Gesicht, kariertes Hemd und lockere beigefarbene Stoffhose, tauchte auf.

»Ich bin's, Anja, und ich habe einen Freund aus Eberswalde dabei, Janusz. Wir sind auf dem Fahrrad hierhergefahren«.

»Das trifft sich gut, dass ihr genau jetzt kommt«, bemerkte Karl. »Gleich gibt's Kaffee und Kuchen. Da lernst du fast alle kennen.« Und zu Janusz gewandt sagte er: »Und Janusz weiß, bei wem er dich lässt.«

11

Gott zwischen Möhrchenpflanzen

Karl zeigte uns das Haus. Es war ziemlich geräumig, viele Türen, die Holzvertäfelung setzte sich fort. Er stoppte dort, wo ich wohnen würde.

»Hier ist dein Zimmer«, bemerkte er. Ich ging ein paar Schritte hinein und stellte das Gepäck ab. Alles war sehr schlicht – mit Bett und Schreibtisch und Fenster.

»Schön«, sagte ich, und das war ernst gemeint. Das Zimmer hatte etwas Klösterliches, genau das hatte ich gesucht.

»Neben dir wohnt Thomas, der für dein Praktikum zuständig sein wird«, fuhr Karl fort.

Danach gingen wir zum Gemeinschaftsraum, in dem sich schon ein paar Leute eingefunden hatten. An den Wänden hingen einige abstrakte Gemälde, die Fensterseite begrünten Zimmerpflanzen, und um einen großen Tisch mit grüner Tischdecke standen Holzstühle. Karl stellte mir seine Frau Marianne vor. Sie hatte kurze braune Haare, ein schmales, lächelndes Gesicht und trug ein geblümtes Kleid. Und natürlich seinen Hund, der unbedingt Teil der Kaffee-

runde sein wollte. Es war ein kastrierter, wuschelig gescheckter Rüde mit Stehohren. Raya und er machten kein
großes Aufsehen umeinander. Ich erfuhr, dass Marianne
Pfarrerin in einer Nachbargemeinde war. Ein älteres Pärchen kam hinzu – und Thomas, der sehr nett war und sehr
blonde Haare hatte.

Als wir am Tisch saßen und der Kuchen verteilt wurde,
begann Karl zu erzählen:»Die Gemeinschaft wurde von Absolventen des Predigerseminars in Berlin gegründet. Eher
aus einer Not heraus. Die Absolventen hatten gemerkt, dass
die Landeskirche Berlin-Brandenburg ihnen nicht allen einen Arbeitsplatz als Vikar bieten konnte. Darum startete
die Gemeinschaft als eine Art Selbsthilfegruppe.«

»Bei was mussten sie sich selbst helfen?«, fragte ich.

»Eigentlich war vor allem die Idee ausschlaggebend, gemeinsam zu leben. So ähnlich, wie es Dietrich Bonhoeffer
gemacht hatte, der Theologe, der im Zweiten Weltkrieg hin-
gerichtet worden war.«

»Und jeder konnte mitmachen?«

»Genau. Sie stand nicht nur den Absolventen offen, sondern allen Interessierten.«

»Auch für Leute, die nicht evangelisch waren?«

«Die Gemeinschaft war von Anfang an ökumenisch ausge-
richtet. Eine Aufnahme hing nicht an der Glaubensrichtung.«

»Wie viele Leute wohnen jetzt hier?«

»Sieben. Die finden auch alle Platz in diesem großen
Haus. Jeder hat ein eigenes Zimmer, die Ehepaare leben in
Wohnungen.«

Janusz schien langsam ungeduldig zu werden. Klar, er
musste ja noch die gesamte Strecke zurückradeln.

»Ich würde mit Janusz noch gerne durch den Garten laufen«, sagte ich deshalb zu Karl.

Der nickte. »Gute Idee. Es gibt viel zu entdecken, wir haben sogar eine Pflanzenkläranlage. Thomas wird dir alles in den nächsten Tagen zeigen. Er ist auch für den Selbstversorgerbereich zuständig.«

Janusz und ich standen auf und nahmen Kurs auf den großen Garten. An manchen Stellen war er in kleine Parzellen unterteilt, teils hinter Hecken verbogen. Etwa in der Mitte lag ein kleiner eingezäunter Bereich mit großem Beet und überdachtem Segment. Eine Art Gewächshaus. In einem der Beete schienen kleine Möhrenpflänzchen zu wachsen.

»Wo ist wohl die Pflanzenkläranlage?«, fragte ich Janusz.

Er blickte umher: »Vielleicht dort, wo das Schilf wächst.« Er zeigte auf ein leicht abfallendes Beet.

»Wie reinigt die Anlage überhaupt das Wasser?«

»Ich schätze, dass unter dem Beet eine Art Kiesbett ist, in das unterirdisch Abwasser aus dem Haus geleitet wird. Die Pflanzen klären das Wasser mithilfe von Bakterien, die sich an den Kieselsteinen anlagern.«

»Und funktioniert das?«

»Ich denke schon. Am unteren Ende des Beets können wir das gereinigte Wasser vielleicht irgendwo sehen.«

Wir spazierten um das Beet: Tatsächlich – dort trat Wasser aus. Es sah ganz klar aus und schien geruchlos zu sein.

»Trinken möchte man das aber nicht«, sagte ich.

»Dafür ist es auch nicht gedacht. Eher zum Duschen oder für die Toilettenspülung.«

»Aber lohnt sich das dann?«

»Vielleicht gibt es hier keine Klärgrube in der Nähe. Außerdem muss man nicht immer den Güllelaster bestellen, der einem die Sickergrube auspumpt. Aber ich muss jetzt wirklich los«, drängelte Janusz.

-80-

Wir gingen vor das Haus, wo unsere beiden blauen Supermarkt-Bikes standen.

»Nun«, sagte Janusz zum Abschied. »Ich hoffe, wir sehen uns bald wieder.«

Ich nickte.

Wir umarmten uns. Anschließend stieg Janusz auf sein Rad und fuhr davon. Ich schaute ihm nach und drehte mich dann zum Haus. Kommunität, Garten, Pflanzenkläranlage – ja, hier würde ich wirklich zur Ruhe kommen.

12

Skorpion

Mein nächster Programmpunkt nach dem Auspacken meiner Sachen war eine Andacht am Abend. Dazu trafen wir uns erneut im Gemeinschaftsraum. Ich kam als eine der Ersten und war gespannt, was passieren würde. Nach einer Weile ergriff Thomas das Wort und zündete eine Kerze an. Es wurden Lieder gesungen, dann sagte Thomas: »Jeder, der will, kann sich eine Kerze nehmen und sie in die große Schüssel mit Sand stellen. Er kann sie anzünden und ein Gebet sprechen.« Danach war es zunächst sehr still. Nach einer Weile stand jemand auf und machte es so, wie Thomas es vorgeschlagen hatte. Andere folgten. Sie beteten für erkrankte Bekannte, erzählten, was sie in den Nachrichten gehört hatten und legten ihre Sorgen damit vor Gott, dankten für die erledigte Arbeit.

Ich zündete keine Kerze an, dachte aber, dass nun zwei sehr besondere Monate vor mir liegen würden. Besonders, weil mein Leben, das gewöhnlich im Zeitraffer abzulaufen schien, auf eine angenehme Art verlangsamt wurde. Ich freute mich darauf, weil ich nicht wusste, wann ich etwas in dieser Form über einen längeren Zeitraum je wieder erleben würde.

Nach der Andacht unterhielt ich mich noch ein wenig mit Thomas.

»Warum bist du hier?«, fragte ich.

»Eigentlich wollte ich Priester werden. Aber das funktionierte leider nicht so, wie ich mir das vorgestellt hatte. Ich habe mich gefragt, was ich stattdessen machen könnte. Irgendjemand erzählte mir dann von dieser Kommunität. So bin ich hier gelandet.«

»Und was machst du hier?«

»Karl sagte es ja schon, vor allem bin ich für die Selbstversorgung zuständig, für den Anbau von Obst und Gemüse.«

»Ihr lebt hier wirklich autark?«

»Na ja, im Sommer geht es ganz gut. Mit den Kartoffeln kommen wir meist auch über den Winter, und Kohl und Möhren sind auch noch eingelagert. Eine Menge Obst wird eingeweckt. Nur Milch, Käse, Fleisch, Nudeln und Reis kaufen wir im Supermarkt. Damit wir bald Salate ernten können, kannst du mir bei den Jungpflanzen helfen.«

Das klang spannend. »Dann sehen wir uns also morgen früh im Garten?«

»Oder vorher, beim Frühstück.«

Der Tag war lang gewesen, ich war sehr müde und ging auf mein Zimmer. Erst mal ankommen. Ich schaute aus dem Fenster und konnte schemenhaft die Äste der Linde wackeln sehen.

Am nächsten Morgen war ich zeitig auf. Thomas zeigte mir den Garten und erklärte mir, wie die Pflanzenkläranlage funktionierte. Es war so, wie Janusz es vermutet hatte.

»Könnte das jeder Haushalt mit Garten machen?«, fragte ich.

»Schon. Aber man muss dafür einiges beachten. Es dürfen keine chlorhaltigen Reiniger in den Abfluss gekippt werden. Auch Medikamente wie Antibiotika sind problematisch. Oder die Hormone der Antibabypille, die mit dem Urin ausgeschieden werden. Solange sich das aber in Maßen hält, kann die Natur damit fertig werden.«

Der Bereich, den wir bearbeiten wollten, lag hinter einem Zaun und war in Beete eingeteilt.

»Wir haben schon umgegraben und mit dem Rechen eingeebnet«, erklärte Thomas. »Im Schuppen sind die kleinen Setzlinge. Auch haben wir noch Möhrensamen zum Aussäen. Die kommen direkt in die Erde.«

Winzige schwarze Kügelchen schüttete ich auf meine Hand und verteilte sie in einer Linie. Als wir das erledigt hatten, bat er:

»Könntest du die Schalen dort noch mit vorgemischtem Kompost füllen und das säen?« Thomas gab mir nun etwas größere Samen.

»Was ist das?«

»Irgendwann wird hoffentlich mal ein stattlicher Mangold daraus.«.

»Warum streust du die Mangoldsamen nicht direkt in die Erde wie bei den Möhren?«

»Wir lassen sie erst keimen. Die Keimlinge kommen dann in kleine Töpfe, erst danach werden sie in die Erde gesetzt. So ist die Chance größer, dass die Pflanzen widerstandsfähiger werden.«

Die Arbeit fühlte sich gut an. Nicht nur nach einfacher Gartenarbeit. Ich musste dran denken, dass das, was ich jetzt säte und setzte, in einigen Wochen und Monaten geerntet werden konnte. Ich stellte mir vor, wie die Saat unter der Erde aufbrach, wie die Keimlinge nach oben zum Licht drängten. Irgendwann würde der Mangold auf den Tellern der Kommunitätsmitglieder liegen. Nur weil hier alle mit anpackten, konnte die Kommunität überleben.

Thomas war ausgesprochen ruhig, das war mir schon am Vorabend aufgefallen. Wahrscheinlich bemerkte ich es deshalb, weil ich mich selbst oft als sprunghaft und flatterig empfand. Trotz seiner besonnenen Art arbeitete er schnell und konzentriert. Sein Einfach-da-Sein steckte mich an.

»Warum konntest du nicht Priester werden?«, fragte ich nach einigen Tagen. »Werden Priester nicht gesucht?«

»Schon, aber ich bin schwul. Das hat der katholischen Kirche nicht gefallen. Für mich war das eine sehr verletzende Erfahrung.«

»Und hier ist das anders?«

»Ja. Hier darf jeder so sein, wie er ist.«

Eines Abends saß ich am Fenster meines Zimmers und schaute in den Garten. Überlegte, wo ich meine Kraft gut einsetzen konnte, ohne sie in wildem Aktivismus und beim Engagement mit den Studenten zu verpulvern. Ich liebte mein Studium und wollte das, was ich dort lernte, weitergeben. Ich wusste nur noch nicht, auf welche Art ich das machen konnte. Ich bräuchte auf jeden Fall immer wieder Ruheinseln, Inseln zum Ausatmen, Mich-fallen-Lassen und Zurücklehnen. Vielleicht könnte ich so Verhaltensmuster durchbrechen, die mich an mir störten. Zum Beispiel meine Ruhelosigkeit. In Fredenwalde durfte ich meine Zeit selbst einteilen, zur Arbeit gehen, wann ich es wollte. Die Dinge mussten natürlich erledigt werden, aber ich war nicht nur Getriebene. Es machte Spaß, mit Thomas zu arbeiten, wir waren ein gutes Team. Wir konnten aber auch über vieles sprechen, sogar über Sachen, die ich sonst anderen gegenüber verschwieg.

Wie weit das ging, wurde an einem Morgen deutlich, als ich es kaum erwarten konnte, Thomas im Garten eine Geschichte aus der Nacht zu erzählen: »Du, heute habe ich wirklich etwas Seltsames geträumt.«

»Was denn?«, fragte er, während er unerbetene Gewächsnachbarn rund um die schon ordentlich gewachsenen Mangoldpflanzen entfernte.

»Von einem Skorpion!«

»Von einem Skorpion?« Thomas blickte auf. Sein Interesse war geweckt.

»Ja, der saß heute Nacht unterhalb meines linken Knies. Er wackelte mit den Beinen wie eine Zecke.«

»Aber er fiel nicht runter?«

»Nein, er konnte sich auf seinen wackelnden Beinen gut halten. Ich fand ihn ausgesprochen eklig und wollte ihn unbedingt loswerden.«

»Konntest du ihn nicht einfach vom Bein schlagen?«

»Das traute ich mich nicht. Ich wusste nicht, ob er stechen würde. Sein Schwanz mit dem Stachel am Ende wölbte sich wie eine Bogenlampe über den Hinterleib. Es sah gefährlich aus.«

»Hast du gehofft, dass er sich allein davonmachen würde?«

»Nein. Ich dachte, ich müsste nur genügend Schwung holen und ihn wahnsinnig schnell treffen, damit er keine Zeit hatte, mich zu attackieren. Ich holte weit aus, doch bevor meine Hand den Skorpion erwischte, flog er davon. Vor Schreck wachte ich auf. Danach konnte ich lange nicht wieder einschlafen.«

Thomas sagte zunächst gar nichts. Dann: »Das wird nicht leicht, eine gute Interpretation zu finden. Fliegende Skorpione, mmh ...«

»Du hast keine Idee?«

»Vielleicht steht der Traum für deine Standhaftigkeit. Du willst etwas erreichen, wirst dann aber plötzlich von etwas unterbrochen, mit dem du überhaupt nicht gerechnet hast – von dem Skorpion eben.«

»Aber warum gerade ein Skorpion?«

»Ein Skorpion hat etwas Unheimliches an sich, vor allem, weil der Stachel so gut sichtbar ist. Er symbolisiert das Giftige, das dich von deinem Vorhaben abbringen könnte.«

»Hm, das hilft mir jetzt nicht so recht weiter. Schon weil ich nicht weiß, um welches Vorhaben es gehen könnte. Um den Ökolandbau? Oder Janusz? Sein Sternzeichen ist Skorpion.«

»Warte einfach ab, zu gegebener Zeit wirst du dich vielleicht an diesen Traum erinnern.«

Da auch ich mit dem Traum nichts anzufangen wusste, beschloss ich, ihn aufzubewahren wie eine Tablette im Medizinschrank, von der man nicht weiß, ob man sie irgendwann nicht doch noch einmal brauchen könnte.

Mich beschlich das Gefühl, dass ich irgendetwas ändern musste.

13

Mit dem Zug
ins Abenteuerland

An einem Wochenende wollte ich Janusz in Polen besuchen. Das Frühjahr war fortgeschritten und sein Vater brauchte Hilfe auf dem Hof. Drei Tage, so war es geplant, würde ich bei ihm sein.

In aller Frühe machte ich mich mit Raya auf den Weg zum Bahnhof. Die Tour würde mich zunächst nach Eberswalde führen, dann nach Szczecin. Dort müsste ich in einen Zug nach Świdwin umsteigen, hatte Janusz gesagt.

Die Regionalbahn kam pünktlich. In mir wuchs die Zuversicht, dass ich so die Kette von Anschlusszügen würde einhalten können. Die Fahrt sollte um die fünf Stunden dauern. Ich war ein bisschen aufgeregt. Lag das an Janusz? Oder daran, auf polnischen Bahnhöfen auf mich allein gestellt zu sein? Ich wusste es selbst nicht genau.

Nur wenige Leute saßen im Zug. Wir fuhren los. Auf also nach Eberswalde und zu Janusz. Seltsam – jetzt war auch er plötzlich in meinem Leben. Zwei Männer im Kopf: Julian und Janusz. Die Fahrradtour hatte uns einander nähergebracht.

Waren wir Partner? Oder nur Freunde? Janusz, der gut Organisierte, der Wilde mit den langen Haaren und den Lederklamotten. Bei meiner Ankunft würde er wahrscheinlich sofort etwas unternehmen wollen. Auf der anderen Seite Julian. Die lebende Auszeit. War ich mit ihm zusammen, musste ich nichts machen und denken. Konnte einfach sehen, was kam.

Unsanft durchbrach eine Ansage meine Gedanken, die die Haltestelle Eberswalde ankündigte. Ich raffte meine Sachen zusammen und begab mich in die Nähe der Tür, um schnell zum anderen Gleis zu kommen.

Bald darauf fuhr ich über die Grenze. Viel änderte sich dadurch nicht. Der Zug war wieder leer, die Landschaft blieb gleich, die Häuser sahen mitunter ein wenig erschöpfter aus. Die älteren Gebäude glichen denen in Brandenburg, die neueren hatten zuweilen mit Erkern und einigen Säulen einen Stil, den Janusz mal als polnisch-modern bezeichnet hatte.

In Szczecin hieß es nun, ein Ticket nach Świdwin zu kaufen. Eine etwas komplizierte Angelegenheit, weil man meine Aussprache am Ticketschalter anscheinend nicht verstand. Doch schließlich hielt ich es in der Hand. Nun musste ich schnell los. In zwei Minuten fuhr der Zug! Raya flitzte erfreut neben mir her. Wir sprangen mit dem Pfiff in den Waggon. Aufgabe zwei war meisterlich, aber sehr knapp absolviert.

Der Zug auf dieser Strecke war alt und rumpelte und schaukelte öfter übers Gleis. Noch mal rund hundert Kilometer Fahrt. Ob Janusz am Bahnsteig auf mich warten würde? Wie war wohl sein Vater? Ihn hatte ich noch nicht kennengelernt. Seitdem seine Frau Juliane nach Deutschland zurückgekehrt war, lebte er allein auf dem Hof, wo Janusz aufgewachsen war.

- 89 -

Inwieweit die Trennung wohl Janusz geprägt hatte? Julian hatte eine gesunde Kindheit und wahrscheinlich viel Liebe von seinen Eltern mitbekommen. »Darum kann er dich bedingungslos lieben«, sagte mal eine Freundin zu mir. Vielleicht ging er mir deswegen nicht aus dem Kopf.

Eine Entscheidung zu treffen würde mir wohl viel leichter fallen, überlegte ich, wenn sie nicht so unterschiedlich wären. So schön es war, mit Julian nicht an Pläne denken zu müssen, so angenehm war es, sie mit Janusz zu machen. Vor allem deswegen, weil ich unsicher war, was meine Zukunft betraf. In solchen Momenten wollte ich mich verankern. Am liebsten gleich heiraten, ein Haus haben und Kinder kriegen. Nicht kämpfen müssen, lieber den leichten Weg gehen.

Sollte ich mich jetzt auf einen von beiden festlegen? Oder sollte ich die Beziehungen nur als Abenteuer sehen und ansonsten das Leben genießen? Mit Anfang zwanzig war das doch normal, oder?

Der Schaffner riss mich aus meinen Gedanken. Ich zeigte mein Ticket. Er stutzte zunächst, dann fing er zu reden an. Ich verstand kein Wort. Er deutete grimmig auf den Hund. Okay, Raya war das Problem. Aber was war verkehrt? Die Mitfahrenden gaben mir verstehen, dass Hunde im Zug nicht erlaubt seien. Wurden wir nun rausgeworfen? Ich geriet ins Schwitzen und versuchte dem Schaffner zu erklären, dass in Deutschland Hunde mitfahren dürften. Raya lag unauffällig unter der Bank, sie wusste, dass es um sie ging. Der Kontrolleur zückte ein Papier und begann zu schreiben. Musste ich jetzt eine Strafe zahlen? Er drückte mir den Zettel in die Hand. Darauf stand: »23 Złoty«. Puh, nicht mal sechs Euro. Die hatte ich dabei. Ich gab ihm das Geld, und wir durften weiterfahren.

Am frühen Nachmittag kam ich endlich in Świdwin an. Bei den Gleisen konnte ich Janusz nicht sehen und ging nach draußen auf den Bahnhofsvorplatz. Auch dort wartete kein Janusz. Gerade als ich überlegte, was ich jetzt machen sollte, sah ich, wie Janusz mit seinem alten roten Volvo in die Straße einbog.

»Wie war deine Reise?«, fragte er, als wir uns gegenüberstanden.

»Hat alles geklappt, aber Hunde dürfen wohl nicht mitfahren. Wusstest du das nicht?«

»Oh nein, mit einem Hund war ich noch nie im Zug unterwegs gewesen.«

»Na ja«, sagte ich, »wir haben es geschafft, kein Problem.«

Wir stiegen in den Volvo und fuhren los. Kaum waren wir aus dem Ort heraus, wurde die Gegend wunderschön. Große Bäume standen am Straßenrand, und wenn die Hügel den Blick in die weitere Entfernung freigaben, sah ich eine endlos lange Allee. Ein Dorf reihte sich an das nächste, fast alle hatten irgendwo einen größeren, grauen Wohnblock stehen, immer gab es einen kleinen Supermarkt und manche hatten noch uraltes Kopfsteinpflaster.

»Es dauert nicht mehr lang«, sagte Janusz nach einer Dreiviertelstunde. Zu einigen Gebäuden konnte er schon etwas erzählen. »Hier hat sich ein Deutscher einen Hof gekauft«, sagte Janusz und zeigte nach rechts.

»Warum ist er hierhergezogen?«

»Es gibt hier die Chance für einen Neuanfang. Der Mann wohnte früher in Norddeutschland – jetzt züchtet er hier Pilze. Was er vorher machte, weiß ich nicht.«

»Wie sind deine Eltern nach Polen gekommen?«

»Die haben sich im Odenwald kennengelernt. Auf einem Gemeinschaftshof.«

»Eine Kommune?«

»Genau. Mit großer Überzeugung waren sie dabei.«

»Hatten sie selbst Tiere?«

»Meine Mama hatte schon immer ein Pferd. Mein Vater kaufte sich dann auch eins. Von einem Lottogewinn.«

»Wie bitte?«

»Na ja, er gewann etwas Geld im Lotto und hat sich davon ein Pferd gekauft. Später kamen ein Bauwagen und ein Traktor hinzu. Dann sind sie einfach losgezogen.«

»Ein Bauwagen? Konnten die darin leben?«

»Glaube schon. Ich habe mit ihnen über diese Zeit nicht so viel gesprochen.«

»Und hatten sie einen Plan gehabt?«

»Nur den, dass sie ein naturverbundenes Leben führen wollten. Ein ungarischer Hufschmied hatte ihnen gesagt, dass es in Polen wunderschön sei. Aber ein konkretes Ziel hatten sie nicht. Sie waren mal hier, mal dort. Bis sie unseren Hof hier in Bienowo fanden und blieben.«

»War das noch vor der Wende gewesen?«

»Ja, im Frühjahr 1989. Sie mussten über Tschechien fahren. Ich war noch klein und erinnere mich nicht mehr.«

Wir bogen in einen Feldweg, der beidseitig von hohen alten Eichen gesäumt war.

»Dass es hier so viele kleine Felder gibt ... in der DDR damals wurden die kleineren Grundstücke alle in LPGs zusammengefasst.«

»Bienowo war schon immer ein kleines Bauerndorf. Hier hat sich die sozialistische Kollektivierung nicht wirklich bemerkbar gemacht. Insofern hat sich hier auch nicht viel verändert. Das ist schon eine Besonderheit.«

»Und euer Hof? Wie sieht er aus?«

»Ursprünglich war er mal ein alter Fachwerkhof gewesen. Jetzt ist nur noch die Scheune im Fachwerkstil gebaut. Du siehst es gleich. Wir sind fast da.«

Kurz darauf fuhr Janusz durch ein altes Brettertor, rechts und links davon verlief ein Maschendrahtzaun. Als Erstes fiel mir die Scheune ins Auge. Sie hatte ein großes Holztor, daneben befanden sich zwei kleinere Eingänge. Die Seiten des Gebäudes waren von dunklen Fachwerkbalken durchzogen. Auf dem Giebel war ein rundes Brett angebracht – eine Nisthilfe für Störche.

Neben der Scheune stand ein niedriges Stallgebäude, daneben das zweistöckige gelbe Wohngebäude.

»Es gefällt mir hier«, sagte ich.

»Ich weiß nicht. Mir ist der Hof nicht gepflegt genug. Alles ist so alt, die Maschinen sind schon so rostig.«

Zwei große Hunde stürmten bellend auf das Auto zu. »Das sind Falballa und Obelix, Berner Sennenhunde«, erklärte Janusz. »Die beiden sind unzertrennlich.«

Als wir die Türen öffneten, waren sie unendlich begeistert. Sprangen an uns hoch, schmiegten sich an uns, jaulten und bellten vor Freude. Alles gleichzeitig. Als ich zum Heck des Wagens ging und Raya rausließ, stutzten beide kurz. Ein fremder Hund in ihrem Revier? Aber Obelix erkannte sofort, dass Raya ein Weibchen war und sagte ihr dann überaus freundlich auf seine Art Hallo.

Vor dem Haus saß Janusz' Vater. Als er uns entdeckte, stand er auf, ein recht großer und stämmig gebauter Mann. Er trug Jeans und Pullover. Mit seinen langen Haaren und dem zauseligen Bart wirkte er ein bisschen so wie Jesus – wenn Zeichner und Filmer Gottes Sohn darstellten.

»Das ist Anja«, sagte Janusz. »Ich will auf dem Acker am Teich Kleegras säen, dabei wird sie mir helfen.«

»Hallo«, sagte Janusz' Vater freundlich und schüttelte mir die Hand.

»Schön haben Sie es hier.« Ich schaute in die Runde.

»Wir können uns ruhig duzen. Ich bin Andreas. Bist du eine Kommilitonin von meinem Sohn?«

»Genau, seit er von Stettin nach Eberswalde gewechselt ist, sind wir in einem Semester. Janusz hatte mich für das Wochenende eingeladen, weil er einen Acker bearbeiten wollte. Alleine würde er das nicht schaffen, meinte er.«

»Ja, er lädt öfter Leute zum Helfen ein.«

»Ich zeige Anja kurz das Haus«, unterbrach Janusz das Gespräch.

Innen schloss sich an einen kleinen Flur die Küche an, eigentlich eine Art Wohnküche, weil die Wand zum Wohnzimmer teils durchbrochen war. In der Küche stand ein Ofen, neben dem sich Holz stapelte.

»Die Möbel, die du hier siehst, sind recycelt.«

»Recycelt?«

»War mein Vater bei seinen Eltern in Hamburg zu Besuch, hat er manchmal den Sperrmüll durchsucht. Kennst du das? Sperrmüll?«

»Ja, schon.«

»Heute muss man meist einen Termin ausmachen. Damals konnten die Leute aber an bestimmten Tagen nicht mehr benötigten Hausrat an der Straße abstellen. Er wurde dann von der Müllabfuhr abgeholt. Doch vorher haben sich viele Menschen noch Sachen herausgesucht, die sie verwenden konnten. So hat es auch mein Vater gemacht und auf diese Weise das Haus möbliert.«

»Sieht aber ganz gut aus. Es passt zusammen.«

»Das Beste ist der Ofen.«

»Warum?«

»Meine Eltern haben ihn selbst gebaut. Er kann nicht nur warmes Wasser machen, sondern heizt das ganze Haus. Siehst du hier die Rohre?« Janusz wies auf ein Rohr, das nicht wie sonst direkt in den Schornstein führte, sondern sich in das Wohnzimmer schlängelte. »Der heiße Rauch wird durch mehrere Räume geführt.«

»Und das haben deine Eltern selbst gebaut?«

»Meine Mama, um genau zu sein.«

»Und woher wusste sie, wie das geht? Hat sie sich das selbst ausgedacht? Oder haben diese Öfen hier in Polen Tradition?«

»Nein, sie hatte damals eine Heftreihe abonniert, in der erklärt wurde, wie man aus Naturstoffen und recycelten Materialien etwas bauen kann. So auch einen solchen Ofen.«

»Das klingt ziemlich modern.«

»Gab es aber schon in den Sechziger- oder Siebzigerjahren. Meinen Eltern war es wichtig, die Wärme des Ofens besser zu nutzen und das Haus mit möglichst wenig Holz zu beheizen.«

Janusz zeigte mir noch die restlichen Zimmer, dann gingen wir wieder nach draußen.

»Und nun?«, fragte ich.

»Wir könnten spazieren gehen. Das würde den Hunden gefallen.«

Das glaubte ich gern. Obelix hatte nur noch Augen für Raya, und die beiden tollten umher. Falballa war zwar auch dabei, schien für Obelix aber keine Rolle mehr zu spielen.

Auf den Weiden standen große rotbraune, zottelige Tiere. Sie hatten mächtige Hörner, die zunächst waagerecht beidseits des Kopfes wegstanden und sich dann in einer scharfen Kurve nach oben wanden.

»Was sind das für Rinder?«, fragte ich.

»Highland Cattle. Schottische Hochlandrinder. Eindrucksvoll, was?«
»Und warum hält dein Vater gerade diese Rasse?«
»Meine Eltern haben mit drei normalen Kühen angefangen. Haben sie gemolken und eigenen Käse gemacht. Später haben sie dann die Highland Cattle eingekreuzt.«
»Warum das?«
»Weil sie ganzjährig draußen bleiben können. Es sind robuste, gutmütige und anspruchslose Tiere, die keinen Stall brauchen.«
Raya hatte sich unterdessen auf die Weide begeben, um die zotteligen Wesen näher in Augenschein zu nehmen.
»Du solltest sie vielleicht besser zurückru...« Janusz konnte nicht mehr zu Ende sprechen. Eine Kuh, die zuvor schon etwas nervös geschaut hatte, machte einen Satz auf Raya zu. Ich schrie auf, und Raya rannte zu mir.
Es brauchte einen Moment, bis sich alle wieder beruhigt hatten. Anschließend spazierten wir weiter durch die Wiesen. Es war angenehm draußen, sehr frühlingshaft. Am Ende einer Weide sahen wir einige Kraniche. Eindrucksvolle stolze Vögel, die uns kritisch beäugten. Sie trompeteten ihre typischen Rufe. Irgendwann wurde es ihnen zu viel und sie breiteten ihre mächtigen Schwingen aus. Mit einem majestätischen Flügelschlag flogen sie davon.

14

Trecker unter Wasser

Am nächsten Tag machten wir uns früh an die Arbeit. Erste Aufgabe: Die Kälber brauchen Ohrmarken.

»Das wird nicht leicht«, sagte Janusz. »Eigentlich versuchen wir immer, die Kälber innerhalb der ersten drei Tage zu marken, weil sie danach scheu werden. Bis dahin sind sie eher neugierig und vor allem noch nicht so schnell. Da kann man sie noch gut fangen.«

»Aber die sind doch teilweise schon ziemlich groß, nicht gerade erst drei Tage alt.«

»Leider. Wir hatten noch keine Zeit, das zu erledigen. Bislang gab es in Polen keine zwingende Kennzeichnung für die Tiere. Aber die EU will das nun so.«

»Und wie gehen wir vor?«

»Ich versuche das Kalb zu fangen, dann kommst du mit den Ohrmarken und achtest auf die Kuh. Okay?«

Ich nickte.

Wir gingen zur Weide. Janusz schlenderte in die Nähe des einen Kalbs, rannte los und fasste das überraschte Tier.

Wie verabredet brachte ich die Ohrmarke. Klipp, klapp – schon war sie im linken Ohr. Eine zweite kam in das rechte. Das ging schnell. Musste es auch, denn das Muttertier fand die ganze Angelegenheit nicht so schön. Ihr Vertrauen war eher gering, auch wenn der Zweibeiner bei ihrem Kalb kein Wolf war. Sie hatte aber auch Angst, weshalb sie auf Abstand blieb. Ungefährlich war die Situation trotzdem nicht.

Als wir uns dem zweiten Kalb näherten, rannte es davon. Ziemlich flott sogar. Janusz sprintete hinterher. Dreimal rannten die beiden um einen Hügel herum, doch er bekam das Jungtier nicht zu fassen. Nach wenigen Minuten kehrte er schwer atmend zurück. Nur mühsam brachte er die Worte heraus:»Es ist schon ... etwas älter. Ich mache die Jagden ungern, weil ... die Tiere merken sich vielleicht so etwas. Aber es ... geht nicht anders.«

»Was meinst du damit?«

»Es prägt das Tier, wenn es von einem Menschen auf diese Weise verfolgt wird, und wie du siehst, wird die ganze Herde wild.« Es stimmte. Die Kühe waren total aufgebracht, muhten alle nach ihren Kälbern und schotteten sie ab.

»Und nun?«

»Für diese Fälle habe ich eine andere Methode.«

»Verrätst du mir auch welche?«

»Ich nehme das Motorrad. Warte kurz – ich bin gleich wieder da.«

Janusz machte sich auf den Weg zum Hof. Bald darauf hörte ich das Knattern seiner Motocross-Maschine. Er bretterte in einem recht hohen Tempo heran, bremste dann ab und rollte auf die Stelle im Zaun zu, durch die er auf die Weide fahren konnte. Dort stand ich. Mit der Hand deutete er auf die noch mit Drähten verschlossene Öffnung. Ich hakte die Drähte aus, Janusz gab etwas Gas, hielt aber neben

- 98 -

mir an und sagte: »Wenn ich das Kalb habe, musst du schnell mit Zange und Ohrmarke zu mir laufen.«

Janusz fuhr los, bevor ich ihm hatte antworten können. Die Tiere musterten erstaunt das laute Gerät, das ihnen entgegenkam. Behutsam lenkte er die Maschine zu einem Kalb. Es wusste nicht, was das zu bedeuten hatte, und nahm Reißaus. Janusz beschleunigte. Obwohl das Kalb erst kurz auf der Welt war, erreichte es eine ordentliche Geschwindigkeit. Janusz allerdings auch. Bald holte er das Tier ein. Als er mit dem Kalb auf gleicher Höhe war, fuhr er ganz dicht neben es heran, streckte ein Bein über den Rücken des Tiers, bremste es ab und stürzte sich dann auf das Jungrind. Im Fallen drückte er das Kalb auf die Seite und stieß die Maschine mit dem Fuß weg. Unmittelbar darauf sah ich beide am Boden liegen. Unten das Tier, darauf Janusz, der es mit seinem gesamten Körpergewicht zu Boden drückte. Ich rannte zu ihnen, um die Ohrmarke zu setzen. Auch die Herde näherte sich rasch, angelockt durch die Klagelaute des Kalbs. Wir, die Rinder und ich, waren fast gleichzeitig bei Janusz und seiner Beute. Die Mutter kam ganz dicht heran. Langsam kreisten die anderen Rinder uns ein, was auf mich angesichts der langen Hörner und massigen Leiber sehr bedrohlich wirkte. Manche Tiere riefen mit einem grölenden Laut nach dem Kalb.

»Greifen die uns jetzt an?«, fragte ich panisch.

»Nein. Noch nicht.«

Ich gab ihm die Zange für Markieren. Klipp, klapp – und die Marken waren ein weiteres Mal drin. Janusz ließ das Kalb los, es stand schnell auf und lief etwas irritiert davon.

»Machst du das öfter so?«, fragte ich.

»Die Alternative wäre, die ganze Herde durch eine Fanganlage zu treiben. Die Kälber würden allein dort nicht hineingehen. Und das könnte schon mal einen halben Tag dauern.«

Nun waren wir fertig. Ich stieg zu Janusz aufs Motorrad, und wir kehrten zum Hof zurück. Unser erster Arbeitsauftrag war erfüllt.

»Was machen wir nun?«, fragte ich, während wir ins Haus gingen und Janusz einen Kaffee aufsetzte.

»Jetzt müssen wir uns um den Acker am Teich kümmern. Dort will ich Kleegras säen. Ich hatte ja mit meinem Vater darüber gesprochen. Das habe ich bislang nicht geschafft.«

»Warum Kleegras?«

»Das hilft, das Land fruchtbarer zu machen.«

»Mit einem der Trecker?« Ich hatte mehrere gesehen.

»Genau.«

»Wie viele Traktoren hat dein Vater?«

»Fünf. Darunter drei alte Case International aus den Siebzigerjahren.« »Sind das die roten, die ich draußen gesehen habe?«

»Richtig, sie haben ein Verdeck über dem Sitz. Und dann gibt es noch zwei MAN-Maschinen. Das sind wahre Oldtimer. Stammen von 1965.«

»Warum hat dein Vater eigentlich so viele Trecker?«

»Konnte er einen Schlepper günstig kaufen, tat er es. Damit immer ein Ersatztrecker vorhanden ist, sollten die anderen kaputt sein. Und sie gehen oft kaputt. Und: Nicht jeder Trecker kann alles.« Nach einer kurzen Pause fragte Janusz: »Bist du schon mal Schlepper gefahren?«

»Nein.«

»Ist nicht schwer. Zumindest nicht schwerer als Autofahren.«

Klang nach »leicht«. Immerhin durften schon Fünfzehnjährige einen Führerschein fürs Treckerfahren machen.

»Welches Gerät hängen wir an?«

»Zunächst den Grubber, um den Boden aufzulockern.«
Nach der Kaffeepause ging es nach draußen zu einem
der Traktoren.

»Du kannst dich gleich auf den Fahrersitz setzen«, sagte Janusz. Er selbst nahm auf dem Schutzblech an der Seite
Platz, wo er rechts und links Griffe zum Festhalten hatte.

»Also, alles ist wie beim Autofahren«, erklärte er. »Anlassen, Gang einlegen, Kupplung kommen lassen. Ist ein Diesel, hat also Standgas. Nach Belieben Gas geben.«

Genauso machte ich es: Anlassen, Gang einlegen, Gas geben. Ich fuhr ein paar Meter. Das war tatsächlich ganz einfach.

»Okay, und jetzt müssen wir den Grubber anhängen. Er
steht da hinten auf dem Hof. Ich steige jetzt ab, du fährst
rückwärts heran. Ich mache ihn dann fest. Schaffst du das?«

»Ich versuche es.«

Ich legte den Rückwärtsgang ein und setzte vorsichtig
zurück, bis ich bei dem Gerät war. Janusz erklärte mir jeden
Schritt, schließlich war der Trecker in der richtigen Positi-
on. Als der Grubber drangehängt war, kletterte er wieder auf
den Trecker und zeigte mir, mit welchem Hebel ich das Gerät anheben konnte. Schon ging es los.

Bis zum Feld waren es ein paar hundert Meter. Es sah alles
so malerisch aus. Leicht hügelig, mittendrin ein kleiner Teich
und auf einer Anhöhe eine Baumgruppe. Ich positionierte
den Trecker am Feldrand. Vorsichtig senkte ich den Grubber
ab und blickte nach hinten, um zu sehen, ob sich die Zinken
wie vorgesehen in den Boden gruben. Alles hatte geklappt.

Als ich das Ende der Spur erreichte, schlug ich das Lenkrad ein, um nach rechts zu fahren und die nächste Spur zu
grubbern. Doch so weit kam ich nicht. Plötzlich gab es einen Knacks.

- 101 -

»Du musst anhalten«, sagte Janusz.

»Was ist passiert?«

»Der Bolzen an der Aufhängung des Grubbers ist abgebrochen.«

»Wieso das?«

»Man muss das Arbeitsgerät vor der Kurve anheben und dann erneut einsetzen.«

»Ist das jetzt sehr schlimm?«

»Halb so wild«, beruhigte mich Janusz. »Das passiert schon mal.«

»Und nun?«

»Wir fahren wieder zurück und hängen die Kreiselegge dran. Die funktioniert genauso gut.«

Ich wusste immer noch nicht, welcher Bolzen genau gebrochen, mithin, welches Teil nicht mehr einsatzfähig war. Der Kupplungsbolzen?

Bald darauf war ich abermals auf dem Feld, mit einem neuem Anbaugerät und ohne Janusz. Bei jeder Kurve war ich nun sorgfältig darauf bedacht, meinen Fehler nicht zu wiederholen. Kam ich an das Ende einer Reihe, hob ich die Egge aus dem Acker. Bevor ich das Gerät dann absenkte, musste ich zunächst ein Stück zurücksetzen, damit der Randbereich nicht unbearbeitet blieb. Alles ging gut.

Schließlich kam ich zur kleinen Baumgruppe. Noch waren die Äste kahl, aber in wenigen Wochen, wenn sie ihre neuen Blätter hatten, dürfte es hier sehr hübsch aussehen. Als ich unter einem der Bäume entlangfuhr, knirschte es plötzlich sehr hässlich. Ich sah, wie ein Ast das Auspuffrohr, das vorne am Motor senkrecht nach oben ragte, in meine Richtung gebogen hatte. Gleich darauf wurde ein Schwall von Abgasen fast direkt in mein Gesicht geblasen. Sofort nahm ich den Fuß vom Gas und stoppte. Es war natürlich zu spät. Der Auspuff hing nun halb verbogen, halb gebrochen am Trecker, und die Abgase wurden nicht weniger. Ich stellte den Motor ab. Fassungslos betrachtete ich den abgeknickten Auspuff. Ich hatte den Ast nicht gesehen. Er war natürlich stärker gewesen als dieses schon angerostete Ding. Ich traute mich nicht, es anzufassen. Wahrscheinlich war es heiß. Was würde Janusz sagen? Er war ja noch damit beschäftigt, meinen ersten Schaden zu reparieren.

Ich hebelte mit dem Ast das Auspuffrohr in eine andere Richtung, denn warten, bis es so kalt geworden war, dass ich es wegdrücken konnte, wollte ich nicht. Zum Glück brach der Auspuff dabei nicht völlig ab. In einem etwas jämmerlichen Zustand hing er nun über der Motorhaube.

Ich startete den Trecker, der jetzt sehr laut knatterte, und hob die Egge an. Wohin nun? Am besten zum Hof.

Janusz hörte mich schon von Weitem und blickte verwundert auf.

»Was ist passiert?«, rief er besorgt, als ich bei ihm ankam.

»Es tut mir leid. Unter einem Baum hat ein Ast den Auspuff erwischt und abgebrochen.«

»Oben an der Baumgruppe, oder? Das ist eine problematische Stelle, das hätte ich dir sagen müssen. Aber mach dir keine Sorgen. Das kann ich leicht wieder anschweißen.«

»Und jetzt? Soll ich trotzdem noch weitermachen?«

»Unbedingt. Es wäre toll, wenn wir den Acker an diesem Wochenende noch fertigbekommen.«

»Dann sollte ich also einen anderen Trecker nehmen?«

»Stimmt.«

Wir begaben uns zum nächsten roten Traktor und brachten die Egge an ihm an. Anschließend ging es wieder in Richtung Feld. Dort nahm ich mir nun den kleinen Hang unterhalb der Baumgruppe vor. Besonders steil war er nicht.

Ich fuhr nach oben und musste an einer Stelle zurücksetzen. Als ich die Kupplung trat, glitt mir plötzlich das Pedal weg. Durch die Hanglage war ich im Sitz so weit nach hinten gerutscht, dass ich nicht mehr richtig an die Pedale kam. Weder an die Kupplung, noch an die Bremse. Meine Beine waren zu kurz. Ich versuchte, mich am Lenkrad nach vorne zu ziehen, aber es reichte nicht.

Der Trecker rollte im Leerlauf rückwärts. Erst langsam, dann immer schneller. Vor Schreck wusste ich gar nicht, wo ich zuerst hinschauen sollte. Nach vorne, nach hinten? Ich wusste nur, dass am Ende des Hangs der kleine Teich lag. Fest umklammerte ich das Lenkrad. Panik stieg in mir auf. War das jetzt das Ende? Überschlug ich mich jetzt? Ersoff ich eingequetscht unter einem Treckerrad in dem Tümpel? Ich krümmte mich auf dem Sitz zusammen. Ungestüm rumpelte der rote Traktor über den Boden. Plötzlich wurde ich in den Sitz gepresst. Abrupt bremste der Trecker ab. Hinter mir rauschte etwas auf und prasselte wie Starkregen aufs Wasser. Eine Fontäne. Dann stand der Trecker. Ich traute mich kaum, mich auf dem Fahrersitz aufzurichten. Überall war Wasser. Es reichte mir bis zu den Füßen. Nur die Kabine mit dem hellblauen Verdeck ragte aus dem Wasser. Ein Teil der Motorhaube war auch noch zu sehen. Ich spürte, wie der Trecker langsam einsank.

Ich schrie aus voller Kehle. Vielleicht eine Minute lang. Irgendwann merkte ich: Hier kommt keiner! Ich musste allein wieder raus. Erst jetzt fiel mir auf, dass der Motor noch tuckerte. Wie konnte das sein? Ich wollte ihn ausschalten, fand aber in meiner Panik den Ausschalter nicht. Ich musste an Land. Das Ufer war aber zu weit weg, als dass ich es mit einem Sprung von der Motorhaube noch hätte erreichen können. Vom Fahrersitz kletterte ich auf das Vor-

derrad und sprang von dort. Ich landete im kalten Wasser,
es ging mir bis über den Bauch. Der Tümpel war wirklich
tiefer, als ich dachte. Der Schreck saß mir in den Knochen,
und ich zitterte. Ich spürte, wie meine Füße langsam im
Schlamm versanken. Blasen stiegen unter mir auf, die an die
Wasseroberfläche trieben. Ich machte einen Schritt nach
vorne, aber Pflanzen am Grund umschlangen meine Beine.
Mühsam tat ich den nächsten Schritt, dann wieder einen.
Es war ziemlich steil. Langsam watete ich ans Ufer. Ich
überlegte kurz, was ich nun tun sollte. Ich musste schnell
etwas machen. Sicher war es nicht gut, dass der Trecker im
Wasser noch lief.

Mir fiel ein, dass auf dem Feld nebenan vorhin noch jemand die Wiese geschleppt hatte. Es war etwas weiter weg.
Vielleicht war derjenige noch dort. Ich machte mich auf den
Weg dorthin, rannte und taumelte dabei wegen der nassen
Klamotten. Von ferne sah ich, dass er noch da war. Gott sei
Dank! Es war ein junger Mann, der recht verdutzt schaute,
als ich auf ihn zu rannte. Als ich bei ihm war, fragte ich ihn
auf Deutsch, ob er mir helfen könne. Zum Glück verstand
er mich. Er nickte jedenfalls. Aber ich konnte vor Anstrengung, Kälte und Aufregung kaum erklären, was passiert war:
»Wir ... müssen ... da ... hin!« Ich zeigte in die Richtung, aus
der ich gekommen war. »Zum Wasser. Der Traktor versinkt.«

»Sollen wir dorthin fahren?«, fragte er.

Ich bejahte, und er half mir auf seinen Trecker. Danach
tuckerten wir zum Tümpel. Als er sah, was passiert war, sagte
er fassungslos: »Oohhhh!«

»Der Trecker gehört Janusz' Vater«, erklärte ich.

»Ich weiß«, antwortete er. »Wir müssen sofort zu ihm.«

Als wir zwei Drittel der Strecke geschafften hatten, entdeckte ich Janusz, der uns auf dem Motorrad entgegenkam.

- 105 -

»Bitte, halt an«, sagte ich zu dem Fahrer. Ich sprang herunter. Janusz sah mich auf der Straße und bremste abrupt ab.
»Was ist los? Ich war gerade auf dem Weg zu dir.«
»Dein Trecker ... steht im Wasser und versinkt«, sagte ich stockend. »Aber er läuft noch.« Er schaute mich etwas seltsam an. »Es tut mir so leid, dass schon wieder etwas passiert ist.«
»Jetzt schau ich erst mal, was genau los ist«, antwortete Janusz, der mich wegen meines Zustands sehr besorgt anschaute. »Setz dich hinten aufs Motorrad.« Er sprach noch kurz mit dem Mann auf dem Trecker, dann fuhren wir gemeinsam zum Acker.
»Das macht was her!«, sagte Janusz anerkennend, als er sah, was passiert war. Links war der Trecker noch tiefer eingesackt und stand nun entsprechend schief. Aber der Motor lief weiterhin.
»Ich bin rückwärts reingerollt. Ich kam einfach nicht mehr an die Pedale. Darum konnte ich nicht mehr bremsen.«
»Vielleicht ist es sogar ganz gut, dass du nicht ans Bremspedal gekommen bist. Die Bremse funktioniert nur noch auf einer Seite. Beim Rückwärtsrollen hättest du dich überschlagen können. Und das hätte noch übler enden können.« Ich schluckte. »Aber dass der Motor noch läuft, ist mir ein Rätsel. Ich muss schnell die Batterie abklemmen«, sagte er. »Damit es keinen Kurzschluss gibt.«
Ohne zu zögern, watete Janusz ins Wasser. Zunächst kletterte er in die Fahrerkabine, um den Motor auszustellen. Dann machte er sich am Batterieanschluss zu schaffen. Es dauerte etwas, bis er die Batterie abgeklemmt hatte, denn auch die war unter Wasser.
»Jetzt müssen wir den Trecker aus dem Wasser ziehen«, erklärte er, als er wieder an Land war. »Ich frage meinen Bruder

Anton, ob er herkommen kann. Und Florian, der dich gerade auf dem Trecker gefahren hatte. Allein schaffen wir das nicht.« Janusz telefonierte. Als er aufgelegt hatte, sagte er: »Wir treffen uns gleich auf dem Hof.«

Anton war schon da, als wir eintrafen. Ich erkannte ihn, weil er ein bisschen so aussah wie Janusz mit kurzen Haaren. Viel Zeit für Erklärungen blieb nicht, denn Janusz wollte so schnell wie möglich wieder zurück zum Teich.

»Wir brauchen wahrscheinlich drei Schlepper, um den Trecker aus dem Wasser zu bekommen«, sagte er.

Es war ein bizarres Bild, was sich uns am Tümpel bot. Der Schlepper war noch tiefer eingesunken, einzig der Fahrersitz und der obere Teil der Motorhaube ragten noch aus dem Wasser.

Janusz, Anton und Florian begannen, ihre Trecker am Hang aufzureihen, sodass sie den roten Trecker aus dem Wasser ziehen konnten. Janusz verband alle mit Seilen. Drei Maschinen, überlegte ich, sollten meinen badenden Trecker hoffentlich wieder aus dem Wasser holen können.

Meine Aufgabe war es, auf den versunkenen Trecker zu klettern und ihn zu steuern, wenn die anderen zogen. Da meine Kleidung mittlerweile etwas angetrocknet war und ich diesen Zustand bewahren wollte, zog ich mich bis auf die Unterwäsche aus. Ich watete in den kalten Tümpel.

»Komm, noch ein Bild«, rief Janusz vom Ufer.

Vorsichtig bewegte ich mich ein wenig wie ein Pin-up-Girl auf der Motorhaube. Es gab Gejohle, Janusz machte ein paar Fotos mit seiner Kamera, die er am Gürtel trug, dann wurde es wieder ernst.

Gemeinsam wurden die Trecker gestartet, nach und nach spannten sich die Seile. Nichts bewegte sich.

»Etwas stärker«, rief Janusz.

Auf einmal ruckelte es unter mir. Juhu, mein Trecker bewegte sich. Zentimeter für Zentimeter ging es vorwärts. Die drei Jungs zogen weiter, so klug und dosiert, als müssten sie eine absonderliche Wette in einer Fernsehshow gewinnen. Irgendwann waren die Vorderräder meines Treckers am Ufer, dann die Hinterräder. An der Abschleppleine brachten wir ihn zum Hof zurück.

Dort erwartete uns Janusz' Vater, der gerade unterwegs gewesen war. Janusz erzählte ihm kurz, was passiert war. Anschließend inspizierten wir den Trecker genauer. »Schauen wir doch mal, wie viel Wasser nun im Motor ist«, sagte Janusz.

Er holte eine alte Schüssel und einen Schraubenschlüssel, platzierte die Schüssel unter dem Trecker und öffnete die Schraube für den Ölablass. Noch während er an ihr drehte, schoss eine schmutzige Brühe heraus, viel zu dünnflüssig für normales Öl. »Unglaublich, dass er noch so lange lief«, sagte Janusz. Nachdem alles herausgelaufen war, füllte er Öl nach, schloss die Batterie wieder an und versuchte zu starten. Nichts passierte. »Wahrscheinlich ist die Batterie entladen.«

Sein Bruder startete den anderen Schlepper und zog. Und tatsächlich: Nach ein paar Rucklern lief der rote Traktor, als wäre nichts gewesen. »Unglaublich«, wiederholte Janusz.

Abends machten wir in sauberen und trockenen Klamotten ein Lagerfeuer – Anton, Florian, Janusz, Andreas und ich.

»Warum kamst du uns eigentlich auf dem Motorrad entgegen?«, fragte ich Janusz.

»Ich wollte nur nach dir schauen. Der Auspuff ließ sich nicht anschweißen, weil der Bruch doch komplizierter war als gedacht.«

»Auspuff?«, fragte Janusz' Vater. »Welcher Auspuff? Wovon redet ihr?«

15

Lernen mit Leo

Meine letzten Tage in der Gemeinschaft waren angebrochen, als das Telefon klingelte. Janusz war dran. Er war mal wieder auf dem Hof seines Vaters in Polen. »Wie läuft's?«, fragte ich. Unser Verhältnis hatte sich in letzter Zeit abgekühlt, ohne dass ich hätte sagen können, woran genau das lag. Janusz erzählte, dass er vor allem Heu mache. Beiläufig erwähnte er eine Praktikantin, die gerade mit aushalf. Die Art, wie er von ihr berichtete, beunruhigte mich. Auf meine Nachfrage hin antwortete er kaum Konkretes. Irgendeine polnische Studentin der Tiermedizin ...

Nach diesem Gespräch ritten die Gedanken in meinem Kopf Rodeo. Was war da los? Da kam einfach ein anderes Mädchen auf den Hof und – ja, was machte sie dort eigentlich? War er verzaubert von ihrer Anmut und testete jetzt aus, wie weit das gehen könnte? War ihm völlig egal, was ich sagte, weil er einzig und allein sie sah? Oder bildete ich mir das alles nur ein?

Ich war so unruhig, dass ich Merle anrief, die ich auf einer meiner Hunderunden in Eberswalde kennengelernt hatte. Zum Glück ging sie sofort ans Telefon. »Hey, hier ist Anja.«

»Anja! Was gibt's?«, fragte sie. »Du hörst dich so seltsam an.«

Wie konnte sie nach vier Worten wissen, dass es mir nicht gut ging?

»Ich habe gerade mit Janusz telefoniert. Irgendwie macht mich das traurig.«

»Traurig? Ihr versteht euch doch so gut. Was hat er denn gesagt?«

»Er hat da eine neue Praktikantin auf dem Hof. Und er redet betont beiläufig von ihr. Da stimmt etwas nicht. Die verdreht ihm gerade den Kopf.«

»Woher willst du das wissen? Nur weil Janusz besonders beiläufig von ihr geredet hat?«

»Es erinnert mich an etwas. Kürzlich war ich doch mit Raya in Polen gewesen. Janusz hat zwei Hunde, die normalerweise immer zusammenhängen, Obelix und Falballa. Aber als Raya aus dem Auto sprang, hatte Obelix nur noch Augen für Raya. Falballa spielte überhaupt keine Rolle mehr. Die war total abgeschrieben. Genauso fühle ich mich.«

»Hattest du nicht letztes Mal gesagt, Janusz müsse aufpassen, dass er dich nicht wieder an Julian verliert?«

»Wie man das halt so sagt – und jetzt habe ich ihn verloren.«

»Das ist doch Unsinn.«

»Ich verstehe es ja selbst nicht. Die Zeit mit Janusz war so idyllisch gewesen.«

»Idyllisch?«

»Ja, wirklich! In Polen schliefen wir unter einem verglasten Giebel und wachten zur gleichen Zeit auf. Hört sich banal an. Aber für mich war das etwas Besonderes.«

»Und was ist aus Julian geworden?«

»Ich habe ihm von Janusz erzählt. Da hat er noch nicht viel gesagt. Hinterher schrieb er mir, dass er sich so fühlte, als habe er versagt. Und dass es vorbei sei, weil ich ihn schon so lange nicht mehr lieben würde.«

»Hatte er recht?«

»Keine Ahnung. Wir haben in letzter Zeit so wenig zusammen unternommen. Vielleicht waren deshalb keine Gefühle mehr da. Ich hätte ihm sagen können, dass ich noch Zeit brauche und mir nicht sicher bin. Stattdessen renne ich einfach zu ihm hin, erzähl ihm, wie frei und glücklich ich mich in Polen fühlte. Idiotisch.«

»Aber irgendwann muss man sich ja mal entscheiden. Das hast du in dem Moment gemacht.«

»Aber ich bin gar nicht in der Lage, mich zu entscheiden, und jetzt habe ich beide verloren. Vielleicht ist es ganz gut, dass ich bald mein Praktikum bei dem Cowboy beginne. Bloß weg von diesen Männern.«

Ich brach nach Bayern auf, ohne Janusz noch einmal wiedergesehen zu haben. Es war eine lange Fahrt, nur unterbrochen von einem kurzen Aufenthalt bei meinem »Ziehvater«, bei dem ich im Erzgebirge Westernreiten gelernt hatte. Bei ihm trainierte ich ein wenig, damit ich bei Beginn meines Praktikums eine gute Figur machen konnte.

Paul wollte mich vom Bahnhof abholen. Es war schon dunkel, als ich ankam. Einen Cowboy sah ich leider nirgends. Doch bevor ich mir Sorgen machen konnte, wie ich nun zum Hof käme, sprach mich eine Frau an.

»Bist du Anja?«

»Ja«, antwortete ich.

»Ich bin Saskia, die Freundin von Paul. Er hat es nicht geschafft, selbst zu kommen.«

Saskia hatte lange rotbraune Haare und war um die vierzig. Sie hatte ein großes Auto, mit dem sie zügig losfuhr. Ich erzählte ein bisschen von mir, viel sehen konnte ich leider nicht: Wir sausten durch eine Landschaft, die angesichts der Dunkelheit nichts von sich preisgab.

Zum Hof ging es einen Hügel herauf, der am Ende Wald erahnen ließ. Ich erkannte eine große Halle, dahinter Koppeln und schemenhaft zwei Häuser.

»In einem davon wirst du wohnen«, sagte Saskia und hielt das Auto an.

Wir gingen zu dem kleineren Häuschen. Beim Näherkommen sah ich, dass es ein Blockhaus war. Die Wände bestanden aus übereinanderliegenden Baumstämmen. Der kleine Giebel war verglast und das Dach weit über den Eingang gezogen, sodass die vor dem Haus liegende kleine Veranda im Trockenen lag. Es sah toll aus. Saskia öffnete die Tür und machte das Licht an. Innen war alles mit Holz verkleidet, im hinteren Teil stand ein Bett, vorne ein Kamin, es gab eine Mini-Küche und ein Klo. Hier also würde ich wohnen. Ich war begeistert. Eine Ranch mitten in Deutschland. Draußen hörte ich Hunde bellen.

»Sind das Pauls Hunde?«

»Genau, seine Hütehunde. Sehr lebhafte Tiere. Dein Hund wird sie morgen treffen.«

»Es ist eine Hündin, Raya heißt sie.«

Ich blickte zu Raya hinunter, die mit gespitzten Ohren lauschte, was in der Ferne die anderen Artgenossen zu erzählen hatten.

»Kann ich Paul noch Hallo sagen?«, fragte ich Saskia.

»Ich weiß nicht, wo er steckt. Leg dich ruhig schon schlafen. Morgen früh besprechen wir alles weitere.«

Mit den ersten Sonnenstrahlen war ich wach. Ich krabbelte aus dem Bett, um endlich sehen zu können, wo ich gelandet war. Die Holzhäuser standen etwas oberhalb eines großen, langen Unterstands, der leer zu sein schien. Ansonsten sah ich viele grüne Hügel mit kleinen Baumgruppen. Der Tau im Gras glitzerte in den Sonnenstrahlen. Die Gegend ähnelte meiner Heimat im Erzgebirge. Allerdings hatte ich hier mehr Weitblick.

Ich machte mich rasch fertig und ging nach draußen. Es war noch sehr früh, kein Mensch war zu sehen. Die Halle, die ich am Abend zuvor gesehen hatte, war fast leer: Ich sah nur einen großen Getreidehaufen und ein paar Traktoren. Wahrscheinlich eine Art Mehrzweckhalle, in der im Winter die Tiere standen. Daneben gab es einen überdachten Reitplatz.

In einer Ecke bewegte sich etwas. Eingezäunt standen dort Bullenkälber. Sie sahen eigenwillig aus, wie Gremlins, die kleinen Filmmonster. Nicht nur wegen der hängenden Ohren, sondern weil auch die Hörner nach hinten zeigten. Sie hatten eine lustige Frisur, einen Mittelscheitel mit längeren, sehr borstigen Haaren. Und so hübsche, lange Wimpern! Ich hatte solche Tiere noch nie gesehen. Es waren Kälber von jenen Büffeln, von denen ich auf Pauls Webseite gelesen hatte. Sie starrten mich etwas ratlos an, ich schaute überrascht zurück – dann fraßen sie weiter.

Unmittelbar neben dem Reitplatz führte eine steile Treppe nach oben zu einem Container auf Stelzen. Ich nahm die Stufen nach oben. Im Container befand sich eine kleine Stube mit Ofen, Tisch, Stühlen, Bank, Küche – und Paul.

Er saß am Tisch, und mit seinem mächtigen Schnauzbart sah er genauso aus wie auf den Fotos. Auf dem Kopf hatte er einen Hut, der tief in die Stirn gezogen war und etwas speckig aussah. Es war kein übermäßig breiter Cowboyhut, sondern einer mit kurzer, aber geschwungener Krempe. Fast eine Mischung aus Jäger- und Cowboyhut. Dass er ein Holzfällerhemd trug, überraschte mich nicht.

»Guten Morgen, Anja«, begrüßte er mich. »Du bist also gut bei uns angekommen.«

»Aber ja, es ist eine tolle Gegend hier.«

»Hast du Hunger? Du wirst hier gut versorgt.« Er zeigte auf den Tisch. Dort standen Brezn, Butter und Speck.

»Wow. Ich habe noch nie Brezeln gegessen.«

»Du hast noch nie ...?« Paul fragte das in einem Tonfall, als hätte ich ihm gerade verraten, dass ich zur Spezies eines fremden Planeten gehörte.

»Bei uns in Sachsen gibt es kein Laugengebäck.«

Ich griff eine Brezn. Sollte ich sie aufschneiden? Ich entschied mich dagegen, obwohl ich nicht wusste, wo ich Butter und Speck platzieren sollte, ohne dass beides herunterfiel.

Kurz darauf kam ein junger Mann herein. »Das ist Leo, mein Arbeiter«, sagte Paul. »Er kann dir alles zeigen.«

Leo schüttelte mir die Hand. »Als Erstes werde ich dir unseren äußerst modernen Trecker zeigen.« Er grinste. »Kannst du Trecker fahren?«

»Ich habe es kürzlich gelernt.« Von meinem Desaster erzählte ich nichts.

»Ist ja auch nicht schwer«, sagte Leo.

Das kam mir bekannt vor.

Zusammen gingen wir nach draußen. Der orangefarbene Renault-Trecker war nicht zu übersehen.

»Von wann ist der?«

»Wohl aus den Siebzigerjahren.«

In Trecker-Epochen gerechnet, stammte er also aus dem Mittelalter.

Ich blickte in den Innenraum und sagte dann: »Er hat viele Schaltknüppel.«

»Sie entscheiden, ob man wie eine Schildkröte fährt oder wie ein Hase.«

»Und welchen nehme ich, wenn ich wie ein Hase fahren will?«

»Den linken.«

Wir fuhren zur Weide, um einige von Pauls Tieren anzuschauen.

»Es sind Angusrinder«, erklärte Leo. »Sie werden von Natur aus ohne Hörner geboren.«

»Wie viele Tiere sind es?«

»Um die achtzig.«

Die Herde war wirklich sehr groß und nicht gut überschaubar. Ich war gespannt darauf, zu erfahren, wie man eine solche Herde zu Pferde zur nächsten Weide treiben würde. Bei so vielen Tieren musste man doch den Überblick verlieren, selbst von einem erhöhten Posten aus.

»Komm, ich will dir noch die anderen Tiere von Paul zeigen.«

Wir fuhren auf geschwungen Straßen bergauf und bergab, mal durch kleine Orte, mal durch kleine Wäldchen. Dann kamen wir zu den Eltern der Gremlins: Vor mir stand auf einmal eine Büffelherde.

»Die Wasserbüffel sind eine Spezialität von Paul«, sagte Leo. »Sehr genügsame Tiere. Und sie geben eine tolle Milch, doppelt so fett wie Kuhmilch. Darum schmeckt auch der Büffelmozarella so besonders.«

»Und das Fleisch kaufen die Leute auch?«

»Es gilt als Delikatesse. Aber nicht jeder mag es. Es schmeckt intensiver als Rindfleisch. Aber das Fleisch interessiert mich nicht so, ich schätze vor allem das Wesen der Tiere.«

»Okay ...«, sagte ich gedehnt. »Und was müssen wir jetzt hier machen?«

»Die Weiden müssen neu abgesteckt werden, zudem brauchen die Büffel frisches Wasser. Hast du schon mal Wasser mit dem Trecker transportiert?«

Zumindest hatte ich schon mal einen Trecker fast unter Wasser gesetzt, dachte ich; laut sagte ich: »Nein.«

»Dann zeige ich dir, wie das geht.«

Das Weidefass, ein länglicher Behälter aus Metall, befand sich auf einem einfachen Hänger mit zwei Rädern, abgestützt vorne durch ein Metallrad.

»Das hier ist eine Maulkupplung.« Leo zeigte auf ein großes O aus Metall. »Du musst den Trecker nur zu diesem O rangieren, sodass wir es mit der Anhängerkupplung verbinden können. Gesichert wird es dann mit einem Metallstab. Magst du mal probieren?«

»Klar«, erwiderte ich.

Doch beim ersten Anlauf passte es nicht, beim zweiten auch nicht. Den Trecker unter den Augen von Leo millimetergenau zu rangieren, war unangenehm. Ich musste einige Male vor- und zurückfahren, bis es stimmte. Leo sicherte den Hänger.

Gemeinsam fuhren wir zur großen Halle. Hier standen Tanks, denen ich am Morgen keine große Beachtung geschenkt hatte.

»Das sind die Wassertanks«, sagte Leo. »Die fassen jeweils 10 000 Liter.«

»Wo bekommt ihr das ganze Wasser her?«, wollte ich wissen.

»Es gibt hier ein ziemlich ausgeklügeltes Drainagesystem, mit dem Regenwasser vom Dach in gewaltigen 10 000-Liter-Tanks gesammelt wird. Du musst nur den Schlauch nehmen, den Deckel vom Fass entfernen und schon kannst du es befüllen.«

Das schien mir eine leichte Aufgabe zu sein. Ich legte den Schlauch an und ließ die Pumpe laufen. Alles funktionierte.

Am Ende des Tages war ich glücklich. Ich hatte tausend neue Eindrücke gesammelt, insgesamt 150 Tiere kennengelernt und Wasserfässer durch die Gegend gefahren. Mehr wünschte ich mir nicht.

Entsprechend gut gelaunt wachte ich am nächsten Morgen auf. Ich traf Paul beim Frühstück.

»Du kannst doch reiten«, sagt er. »Hinter der Halle auf der Weide stehen zwei Criollos, einer beige, einer grau, beide mit schwarzer Mähne. Fang und sattle sie! Saskia zeigt dir, wo die Sättel hängen. Du weißt jetzt ja, wo die Wasserbüffel sind. Reite dahin, ich warte dort in einer halben Stunde auf dich!«

Und weg war er. Krass. Wie sollte ich allein den Weg zu dieser Herde finden? Puh. Ich schnappte mir zwei Halfter und begab mich auf die Suche nach den Criollos. Ich wusste, dass es Pferde aus Paraguay oder Uruguay waren, mehr allerdings nicht.

Sie standen tatsächlich hinter der Halle. Als ich näherkam, flohen sie im gestreckten Galopp. Ich wurde unruhig. Ich wusste nicht einmal ihre Namen. Und kein Mensch war zu sehen, den ich hätte fragen können. Waren das Wildpferde, noch völlig ungezähmt? Das konnte Paul doch nicht ernst meinen. Ratlos schaute ich umher, ob irgendwo weitere Pferde standen, die in Frage kamen. Aber auf keines der anderen Tiere passte die Beschreibung von Paul. Das waren eher bunt gescheckte Paint und Quarter Horses. Paul musste die beiden gemeint haben. Vielleicht war das ein blöder Test. Wildpferde einreiten in 180 Sekunden. Nach einem Tag, an dem ich dazu nur hatte Wasserfässer zähmen müssen. Eigentlich sollte ich noch Welpenschutz haben.

Wieder näherte ich mich den Pferden. Sie konnten mich gut sehen. Normalerweise rannte ein Pferd nicht einfach davon, sondern schnupperte erst mal. Nicht aber diese Criollos. Sie rasten erneut davon. Die Koppel war groß. Ich musste ein Stück laufen, um wieder an sie heranzukommen. Ich war schon etwas außer Atem, und Paul wartete. Ewig konnte ich nicht so weitermachen, ich brauchte eine Strategie. Nur welche? Als Erstes verbarg ich die Halfter, die ich in der Hand hielt. Ich hängte sie mir so über die Schulter, dass sie den Pferden nicht sofort auffielen. Vielleicht hatten sie schlechte Erfahrungen mit Menschen gemacht, die sie nur mal eben einfangen wollten.

Und tatsächlich: Ohne die Halfter im Blickfeld akzeptierten sie, dass ich mich ihnen langsam näherte. Vielleicht dachten sie jetzt, dass die Riemen des Halfters Teil meiner Kleidung waren. Ich pirschte mich heran. Das mögen Pferde nicht, aber ich wusste mir nicht anders zu helfen. Dichter und dichter kam ich an sie heran, bis ich direkt hinter ihnen stand. Machte man natürlich auch nicht – sich von hinten einem Pferd zu nähern. Der graue Criollo ließ es sogar zu, dass ich ihn am Hintern fasste. Ich war darauf eingestellt, dass er mir im nächsten Moment einen üblen Tritt in die Eingeweide verpassen würde, selbst wenn seine Ohren freundlich gespitzt waren. Aber das tat er nicht. Er blieb vorsichtig, starr, und langsam konnte ich mich nach vorne arbeiten, über den Rücken und an der Mähne entlang, streichelnd bis zum Kopf.

Behutsam griff ich das Halfter und brachte es in die Nähe seines Kopfes. Er akzeptierte es, als ich es ihm sanft umlegte. Teil eins war geschafft. Dann kam das cremefarbene Pferd dran – doch das war plötzlich ganz lieb. Wahrscheinlich dachte es: Wenn mein Kumpel das mitmacht, scheint die Tante da okay zu sein.

Ich beschloss, den Grauen zu reiten, der auf mich einen ruhigeren Eindruck machte. Bevor es losging, brachte ich die Pferde in die Halle und putzte sie schnell. Ich hatte schon viel Zeit verloren. Zuletzt musste ich sie satteln. Mochten die das? Dann wieder eine Überraschung: Normalerweise, wenn ich einen schweren Westernsattel auf ein Pferd wuchtete, rührte es sich schon mal. Aber die hier zuckten nicht einmal mit der Wimper. Warteten einfach darauf, dass es losging. Auch als ich auf den Grauen stieg, blieb er ganz ruhig. Beim Reiten war er ausgesprochen feinfühlig und der andere, den ich als Handpferd am Strick mitführte, machte auch alles mit.

Doch nun – wohin? Die Richtung wusste ich noch ungefähr, ich schlug einen mir einigermaßen passend erscheinenden Weg ein. Wir, der graue Criollo und ich, fielen zunächst in einen schnellen Trab, dann in den Galopp. Der ist mit einem Pferd an der Seite heikel, denn das Handpferd galoppiert ja erst mit einiger Verzögerung an. Da konnte es einen schnell aus dem Sattel reißen. Aber der Falbe reagierte schnell und galoppierte auf dem Feldweg ordentlich nebenher. Danach ging es wieder in den Schritt. Was für Pferde! Sie waren das Gegenteil von ungezähmt. Sie wechselten die

Gangarten, ohne aufgedreht zu sein oder gar herumzutänzeln. Das waren wirklich bodenständige Tiere und jenseits des Einfangproblems frei von Macken. Die dachten bestimmt nicht: Oh, da ist aber was Gruseliges rechts neben mir, jetzt muss ich mal scheuen, wie es bei hochgezüchteten Pferden oft der Fall ist.

Ich kam durch ein Dorf und versuchte mich zu erinnern, welchen Abzweig ich nehmen musste. Die Anhöhe dort hoch? Ja, das könnte sein. Die Zahl der Häuser nahm ab, dann endlich sah ich weit entfernt ein Grün, das die gesuchte Weide sein durfte. Wir trabten dorthin, beim Näherkommen erkannte ich Paul. Als ich etwas atemlos bei ihm eintraf, begrüßte er mich mit den Worten: »Hätte ja ein bisschen schneller gehen können. Also, los jetzt.«

Endlich, dachte ich. Endlich zeigt mir jemand, wie das Treiben der Büffel funktioniert.

Paul nahm sein Pferd, stieg auf und ritt ein Stück. An die hundert Tiere hatten sich schon am Zaun versammelt.

Unmittelbar darauf bollerte die Herde los. Die Büffel wollten frisches Gras haben. Paul brüllte irgendwas. Zumindest konnte ich sehen, dass sein Mund auf und zu ging. Verstehen konnte ich bei diesem infernalischen Lärm nichts. Es spielte auch gerade keine Rolle, weil ich zusehen musste, dass ich am Leben blieb. Die schiere Gewalt war gruselig. Alles bebte, die Luft füllte sich mit Staub. Mein Pferd fing an zu tänzeln. So, als wollte es mir sagen, dass ich gefälligst losreiten sollte. Aber ich hatte keine Ahnung, wo die Büffel hingebracht werden sollten. Darum galoppierte ich einfach an der rechten Flanke der donnernden Herde entlang. Auf der anderen Seite wedelte Paul, den ich nur noch schemenhaft durch die Staubwolke erkennen konnte, wild mit den Armen. Das Pferd drängelte. Es war immer noch nicht zufrieden mit mir. »Ey, wir müssen jetzt mal Stoff geben«, schien es zu sagen. Es wusste offenbar viel besser als ich, was zu tun war. Ich ließ die Zügel locker, stellte einfach auf Autopilot. Das Pferd schoss nach vorne, fast an die Spitze der Herde. Jetzt verstand ich: Wer hier irgendetwas lenken wollte, musste vorne sein. Nicht hinten bei den letzten Nachzüglern, wo ich war. In Westernfilmen mochte das funktionieren, hier in der Staubhölle nicht.

Wieder winkte Paul wild herum. Das sollte wohl heißen, dass die Büffel in seine Richtung zu kommen hatten, er das von seiner Seite aus aber aus nicht beeinflussen konnte. Ich ritt dichter an die galoppierenden Büffel heran. Es wirkte – die Herde bog langsam nach links ab. Ich schaute zu Paul, der weiterhin wie ein Verrückter schrie. Mussten sie noch weiter nach links? Ich blickte nach vorn. Auf einmal wurde mir klar, warum er so brüllte. Weiter links war die neue Weide. Ein Tor konnte ich nicht erkennen, aber wenn wir nicht rechtzeitig abbogen, würden die Viecher bis nach Österreich rennen. Ich hatte keine Wahl: Ich musste mit meinem Pferd in die wogende Masse aus Leibern und Hörnern hineinreiten. Es schien Wahnsinn zu sein, die würden uns einfach umrennen und mich platt machen.

Der Criollo ritt jedoch ohne Scheu in die Herde hinein. Und dann geschah ein kleines Wunder: Die Büffel bogen ab, als hätte ich zu ihnen gesagt:»Jetzt bitte mal nach links.«Allein, weil mein Pferd in diese Richtung gegangen war. Ich war stolz, dachte: Wow, cool, jetzt habe ich es drauf. Ich sah zu Paul hinüber. Der schien das nicht zu denken. Im Gegenteil: Er tickte auf der anderen Seite der Herde fast aus. Unter seinem Hut sah ich selbst auf diese Entfernung einen Feuerball mit Bart – so rot war er im Gesicht. Sein Arm ruderte dabei wie der eines Flugzeugeinweisers. Hinten musste etwas verkehrt sein. Ich schaute zurück. Die Herde hatte sich y-förmig geteilt. Offenbar waren einige Büffel der Ansicht, dass die Weide auf der rechten Seite auch interessant sein könnte. In der Sekunde fiel mir ein, was ich immer und immer wieder bei meinem Ziehvater trainiert hatte: ein Westernpferd aus vollem Galopp zu stoppen, auf den Hinterbeinen den Körper um 180 Grad zu drehen und in die andere Richtung wieder loszugaloppieren. Das war der Rollback. Kannte das der Graue? Ich probierte es. Und irre: Er verstand, was ich wollte. Er drehte, und es gelang uns, die davoneilenden Büffel zu erreichen. Nicht auszudenken, wenn ich wie bei einem herkömmlichen Pferd zunächst an den Zügeln hätte zerren müssen, bis es stand.

Aus dem deformierten Y wurde wieder ein gebogenes I, die Büffel rannten weder an der Weide vorbei noch den Zaun um. Als sich die Lage beruhigt hatte, ritt ich zu Paul. War gespannt, was er sagen würde. Würde er sagen: »Das hast du gut hinbekommen.« Oder: »Du hast die Westerntricks drauf?« Vielleicht würde er mich auch ausschimpfen, weil ich ihn nicht verstanden hatte. Erwartungsvoll blickte ich ihn an. Paul sagte gar nichts. Kein Wort. Ritt einfach weiter. Für mich war das Treiben eben das Krasseste, was ich je erlebt hatte, wie ein Sprung in eine tiefe Schlucht, bei dem ich nicht wusste, ob das Gummiseil halten würde. Und nur mithilfe des Criollos hatte ich es geschafft. Er war heute mein Lehrer. Ich ritt etwas schneller. Als ich Paul eingeholt hatte, fragte ich: »War es meine Schuld, dass die Herde sich teilte?«

Er blieb zunächst stumm. Dann sagte er: »Die Herde teilte sich, weil du hineingeritten bist. Du hättest die nachfolgenden Tiere im Blick behalten müssen.«

16

SMS von Janusz

In meinem Blockhaus-Zimmer trafen sich die erfreulichen und die unerfreulichen Geräusche des Sommers: Draußen zirpten die Zikaden, drinnen sirrten die Mücken. Ich lag auf dem Bett, total kaputt von der Arbeit. Es war schon nach 22 Uhr, und seit sieben in der Früh hatte ich gearbeitet. Gerade erzählte mir Paul wieder, was ich alles falsch gemacht hatte. Schon der Morgen begann ungünstig. Als ich mich in der Früh der Brezn-Stube näherte, hörte ich Paul wutentbrannt brüllen: »Was, was?« Gleich darauf wurde mir klar, was passiert war: Das Brezn-Wunder hatte an diesem Morgen nicht stattgefunden. Ich hatte herausgefunden, dass eine Frau sie jeden Tag brachte, weil ihr Pferd auf der Ranch untergebracht war. Paul war hungrig, hatte nur Speck und Butter, jedoch kein frisches Backwerk. Der Tag konnte natürlich nicht mehr gerade werden.

Während ich nun darüber nachdachte, was ich aus Pauls Sicht und was ich vielleicht wirklich falsch gemacht hatte, surrte mein Handy. Eine SMS von Janusz. Ich freute mich.

Nach langer Pause hatte er mich kürzlich zum ersten Mal wieder angerufen.

Ich tippte auf die SMS. »Wenn ich so warte, packt mich die Sehnsucht. Ich kann mich gar nicht ablenken davon. Würde gern wieder mit dir auf dem Riesenstein sitzen. Das war so schön.«

Es waren nette Worte, doch was sollte ich Janusz nun antworten? Es musste nah und distanziert zugleich klingen. Nach längerem Überlegen schrieb ich: »Ja, wir werden schon sehen, wie es kommt. Ich brauche noch meine Zeit. Wenn es ernst wird, schließt das alles mit ein. Davor habe ich Angst. Ich werde versuchen, Vertrauen zu haben.«

Ein paar Minuten vergingen, dann antwortete er: »Was ist alles? Deine Zeit sollst du haben.«

Ja, was ist alles? Das war jetzt heikel.

»Alles ist zum Beispiel Kinder kriegen, heiraten, gemeinsam leben und gemeinsam arbeiten. Vorher sind wir besser noch eine Weile Freunde.«

»Du bist klasse, bleib einfach du selber, du bist so schon toll. Das wird Paul auch sehen, wenn er nicht blind ist.« Während unseres Telefonats hatte ich ihm von meinen Schwierigkeiten mit dem Cowboy erzählt. Janusz' Freundlichkeiten ließen mich weiter auftauen. Langsam gab ich meine Distanz auf:

»Janusz, ich vermisse dich. Schon morgens. Und das will was heißen. Das Treckerfahren in Bienowo war die richtige Vorbereitung für die Zeit hier. Ich glaube, ich schaffe es nie, so viel zu arbeiten, dass ich mich ernähren kann. Ich werde jämmerlich verhungern. Tage mit Tränen, die gibt es auch. Hab heute 110 Silage-Ballen eingewickelt, gleich reite ich noch eine Runde zur Entspannung. Du musst unbedingt herkommen und mich besuchen.«

Prompt kam seine Reaktion:»Anja, meine Liebe, es ist doch in unserer Hand. Wenn du, ich, wir wollen, dann wird alles platt, was uns im Wege steht. Wenn wir uns gegenseitig stützen und aufrichten, wenn das Ich zum Du wird. Ich kann nicht schlafen. Du bist mit mir in Bienowo. Dein Janusz.«

Es war eine seltsame Zeit. Die harte Arbeit hier bei Paul gab mir jeden Abend das Gefühl, völlig kaputt zu sein. Seit Janusz mich aber angerufen hatte, war ich in meiner Vorstellung nicht mehr allein. Egal wo ich zu denken anfing, ich kam jedes Mal bei ihm an. Ich schrieb:»Ich habe ein Pferd nach dir benannt. Wenn ich heute Abend noch zur Entspannung reiten werde, werde ich das auf dem tollen Janusz tun – dem Sonnenuntergang entgegen. Er wiehert dir zu.«

»Ich komme dir entgegengeritten!«, schrieb Janusz zurück, das Original.»Wir reiten zusammen weiter.«

»Das klingt gut. Ich bin ein bisschen deprimiert heute Abend. Ich vermisse jemanden, der mir nahe ist, einen Freund, keine Ahnung. Denke, dass du da und nahe bist. Mein Ranchleben wird normal und Alltag. Und alle sagen, wie gut ich das hier mache. Ich wachse an meinen Aufgaben. Zur Ruhe komme ich aber nicht. Eine Aufgabe nach der anderen. Gute Nacht.«

»Gute Nacht.«

Nun wollte ich eigentlich reiten gehen, aber mich überfiel eine unheimliche Müdigkeit. Ich gab ihr nach, verzichtete auf meinen späten Ausritt und schlief endlich ein.

Je mehr sich mein Praktikum dem Ende näherte, desto mehr schwand meine Kraft – die Energie fürs Verarbeiten und Nachdenken fehlte. Nur schaffen, schaffen, schaffen, kurz ausruhen und weitermachen. Ich funktionierte wie eine

Maschine, permanent auf Achse. Meine Gefühle schalteten sich ab. Nie hätte ich gedacht, dass die Erfüllung eines Traums und das Abgleiten in einen Albtraum so dicht beieinanderliegen konnten. Jeden Tag ging ich auf diesem Grat – doch irgendwann rutschte ich ab und fand nicht mehr zu meinem Traum zurück. Die ganze Zeit hoffte ich, dass das Hoffest nochmal ein Höhepunkt werden würde. Alle redeten davon und schienen sich darauf zu freuen.

Einige Zeit vor dem Fest fragte mich Paul: »Anja, du weißt, dass bald unser Hoffest ist. Da gibt es auch Spiele für Reiter. Willst du da mitmachen?«

»Was müsste ich da machen?«

»Man reitet möglichst schnell einen kleinen Parcours mit vielen engen Wendungen ab. Und mit etwas Glück gewinnt man einen Jackpot.«

»Einen Jackpot? Von dir gestiftet?«

»Nein, jeder Reiter zahlt ein Startgeld. Der Gewinner erhält das gesamte Geld. Aber es gibt mehrere Wettbewerbe mit mehreren Preisen. Und du kannst antreten, so oft du willst.«

Ich überlegte kurz. Wenn ich den grauen Criollo nehmen könnte, könnte das womöglich funktionieren.

»Gut, ich mache mit. Wie viele Leute werden denn zu dem Hoffest erwartet?«

»Hunderte. Die kommen aus der ganzen Umgebung.«

Als das große Ereignis näher rückte, wurden alle auf dem Hof nervöser. Unmengen von Bier und Würstchen wurden geliefert, Stände mussten aufgebaut und die Musikanlage installiert werden. Pauls Ranch verwandelte sich langsam in ein Wildwest-Dorf. Am Reitplatz wurden Äste gebunden, ein riesiger Grill wurde aufgestellt, jemand kramte aus einer Ecke haufenweise Deko.

Bei den Reiterspielen trat ich dann gegen Henrike an. Ich wollte mich gerade auf den Weg zur Weide machen, als ich Paul traf. »Ich hole schnell den grauen Criollo«, rief ich ihm zu und ging weiter.

»Nein, das geht nicht.«

Ich blieb stehen. »Warum denn nicht?«

»Es gibt eine Frau, die ihn vielleicht kaufen will. Sie probiert ihn heute aus.«

Ich schaute Paul scharf an, konnte aber nichts daran ändern. So holte ich mir eines der Schulpferde, das auf einem Auge blind war. Das hatte mal einem Cowboy gehört und sollte den Wettkampf kennen. Aber einäugig um Tonnen rennen? Na ja, dabei sein ist alles, floskelte es mir durch den Kopf.

Besonders gut kannte ich das Tier nicht. Konnte ich ihm überhaupt genügend Sicherheit geben, damit es bei einem solchen Wettbewerb gut mitmachte? Ich sattelte es und ritt los. Als ich den Platz erreichte, auf dem die Wettbewerbe stattfanden, sah ich die mögliche Käuferin auf dem Grauen. Sie hatte ihm eine Kandare angelegt. Für mich war es ein grauenhafter Anblick. Das sonst so kooperative Pferd quälte sich mit der starren Gebissstange im Maul. Mit einer solchen konnte viel mehr Kraft auf Zunge und Gaumen ausgeübt werden als mit einer herkömmlichen Trense, die viel weniger starr ist und keinen Hebel hat.

Henrike trug eine enge braune Reithose und eine schicke beigefarbene Bluse, ihr blonder Zopf pendelte lustig hin und her. Sie und ich wurden gefragt, ob wir das Startgeld schon bezahlt hätten. Bei meiner Gegnerin riefen Leute, dass sie das Startgeld übernehmen würden. Ich hatte ebenfalls noch nicht gezahlt, aber leider bot mir keiner an, mein Startgeld zu entgelten. Unruhig blickte ich über die Zuschauermenge. Wen konnte ich schnell um Geld bitten? Ich hatte nicht mehr daran gedacht, dass bei den Wettkämpfen auch Einsätze gefordert wurden. Zum Glück sah ich Saskia. Ich ritt zu ihr hin und fragte sie über die Zuschauerabsperrung hinweg, »Saskia, ich hab kein Geld dabei. Kannst du mir was leihen?«

»Ja klar«, antwortete sie. »Hier hast du einen Zehner, du musst ihn mir nicht wiedergeben.«

Mit einem »Tausend Dank!« schnappte ich mir das Geld und meldete mich an.

Dann ging es los – und das brave Schulpferd gab tatsächlich alles. Am Ende der ersten Runde fielen leider zwei Tonnen um. Ich merkte, dass ich ihm noch deutlicher mit meinen Beinen zeigen musste, wo er besser ausweichen sollte. Henrike startete bereits das zweite Mal und übertraf ihre Zeit. Die Menge grölte.

Ein älterer Cowboy ging nun an den Start. Sein Haflinger war nicht ganz so wendig, aber er gab ihm ordentlich die Sporen. Am Ende machte das Pferd einen Satz, und der Cowboy stöhnte auf. Er hatte sich seine Weichteile hart am Sattelhorn gestoßen. Noch ein Starter, und danach war ich wieder dran. Ruhig atmen, konzentrieren. Ich drehte mein Pferd um und stachelte es etwas auf. Dann ertönte das Startsignal, und ich ermunterte das Tier, weit über den Hals gebeugt, alles zu geben. Ich musste ganz schön zerren und drücken, doch jeder Muskel funktionierte. Es war unglaublich. Alles ging total schnell. Und diesmal galt der Jubel mir – alle Tonnen standen noch und ich hatte Henrike getoppt.

Sie ging abermals an den Start, diesmal gesponsert von einem jungen Mann. Meine zehn Euro waren leider aufgebraucht. Jetzt galt es zu hoffen … Und tatsächlich: Ihr Pferd war schon zu geschafft, um mich zu überrunden. Ich blieb

Siegerin, und mir kam ein »Yeehaa« über die Lippen! Unfassbar, ich bekam den Jackpot! Über 100 Euro! Davon werde ich mir was gönnen, dachte ich. Ich strahlte über das ganze Gesicht. Ich hatte mein halb blindes Pferd unterschätzt.

Nachdem ich es wieder auf die Weide zurückgebracht hatte, begann die Barschicht, für die ich eingeteilt war. Ich sollte als braves Westerngirl hinter dem Tresen stehen, mit fröhlicher Kleidung und entsprechender Frisur. Ich hatte so etwas noch nie gemacht und fühlte mich etwas unsicher. Doch kaum war ich aus der Dusche gestiegen, wurde ich frisiert und geschminkt, bekam eine braune Rüschenbluse und einen weißen Rock ausgehändigt, der mir bis zu den Knien ging. Zum Schluss schlüpfte ich in meine Cowboystiefel.

Den Dienst hinter dem Tresen verrichtete ich nicht allein. Neben mir: Henrike. Gemeinsam schenkten wir Whiskey Cola aus, und Henrike sah dabei großartig aus. Jetzt trug sie ein enges Spitzenkorsett und ein knappes Röckchen zu ihren Stiefeln und zwinkerte den Durstigen zu. Beim Reiten hatte ich gewonnen, doch bei den Männern gewann sie. Mir war das ganz recht, weil sie mir so die Männer vom Leib hielt.

Mochte ich auf dem Pferd noch etwas Energie gehabt haben, weil ich das Reiten so liebte, hier, hinter dem Tresen, merkte ich wieder, wie müde ich war. Während Henrike lachend und plaudernd die Gäste in ihren Bann zog, fühlte ich mich wie ein Roboter, der einem Maschinenpark entkommen und versehentlich in diese Bar geraten war.

Erst weit nach Mitternacht konnte ich mich schlafen legen. Am nächsten Morgen wachte ich mit dem gleichen seltsamen Gefühl auf, mit dem ich schlafen gegangen war. So mechanisch, wie ich an der Bar gestanden hatte, richtete ich mich nun im Bett auf und machte mich an die Arbeit.

Ich schleppte mich durch den Tag, aber weder an diesem noch den folgenden Tagen wurde ich das Gefühl los, nur noch ein Roboter zu sein. Endeten zuvor meine Gedanken regelmäßig bei Janusz, wichen sie ihm nun erneut aus. Alles war beliebig geworden. Zurück blieb die Suche nach Sinn, der Wunsch, noch besser reiten zu können – und die Sehnsucht nach einem echten Leben auf einer Ranch. Aber wohin führte mein Weg? Wieso ließ ich mich so leicht aus der Bahn werfen? Je sprunghafter ich in meinen Gefühlen wurde, desto weniger wusste ich, wer ich war und sein wollte.

Mein vorletzter Tag bei Paul brach an. Ich saß auf einem Pferd und übte Travers und Revers, bei denen das Pferd sich unter mir bog wie eine Banane und halb seitwärts, halb vorwärtslief. Vor Kurzem hatte eine neue Reitlehrerin bei Paul angefangen, mit der ich manchmal nach Feierabend etwas Dressur übte. So auch an diesem Abend.

Plötzlich sah ich, wie ein rostiger roter Volvo um die Ecke bog. Komisch, Janusz fährt doch so ein Auto, schoss es mir durch den Kopf. Aber er konnte es kaum sein. Als der Volvo parkte, entstieg dem Auto ein Mann. Ohne Zweifel, es war Janusz. Wenige Wochen zuvor hätte ich bei seinem Anblick gejubelt, doch jetzt fühlte ich nichts. Nicht das Geringste. Ich wollte nur meine Ruhe haben.

Er winkte mir zu und stieg über das Gatter. Lächelnd lief er mir entgegen. Ich stieg vom Pferd ab und blickte ihn kühl an. Sein Lächeln wurde schmaler. Als er bei mir war, erlosch es ganz.

»Ich wollte dich überraschen.«

Ich umarmte ihn halbherzig. Doch nun entzog sich Janusz mir. Seine Stimme bekam einen schroffen Unterton.

»Ich war nicht darauf gefasst, hier mitten im Sommer auf einen Eisbrocken zu stoßen. Ich wollte dich überraschen, bin den ganzen Tag gefahren, und jetzt fertigst du mich so ab.« Ich blickte zu Boden, dann wieder zu Janusz. »Es tut mir leid. Ich bin völlig durch den Wind. Gib mir etwas Zeit.« Doch ohne mich noch einmal anzuschauen, ging er zurück zu seinem Wagen. Er stieg ein, setzte hart zurück und fuhr davon.

Alles war so schnell gegangen, dass ich fassungslos war. Ich hatte es versaut. Ließ er mich jetzt hier sitzen? Der Tag, von dem ich noch vor wenigen Wochen annahm, er würde groß und schön werden, war soeben klein und hässlich geworden. Ich war wütend, auf die viele Arbeit, meine Erschöpfung und vor allem mich selbst. Was sollte ich jetzt machen? Mein Pferd stupste mich an. Recht hatte es. Am besten, wir machten erst mal weiter.

Ich übte erneut Travers und Revers. Aber meine innere Unruhe ließ mich nicht mehr zu meiner Prä-Janusz-Form zurückfinden. Ich brachte das Pferd schließlich in den Stall und hoffte, dass wenigstens der Schlaf mir ein wenig Ruhe bringen würde. Meine letzte Nacht an diesem merkwürdigen Ort, an dem ich Tag für Tag bis 22 Uhr geschuftet hatte. Einzige Ausnahme war dieser Abend gewesen.

Ich blickte aufs Telefon. Janusz hatte nicht angerufen. Sollte ich es probieren? Aber was könnte ich ihm sagen? Wie irre das hier alles war? Erst die vage Trennung von ihm kurz bevor ich hierherkam, dann die vorsichtige Annäherung, und nun schien wieder alles aus zu sein. Ich musste an den Oszillator aus meinem Physikunterricht in der Schule denken, endlos grüne Schwingungen hatte er produziert. Diese Kurven waren wie unsere Beziehung. Rauf und runter.

Schnell schlief ich ein, schreckte aber immer wieder hoch. Mir war heiß, mir war kalt. Wo Janusz jetzt wohl war? Sehr früh stand ich auf und überlegte, was heute passieren würde. Ein letztes Mal würde ich in den Container in der großen Halle gehen, ein letztes Mal das Brezn-Wunder in Anspruch nehmen und dann jemanden bitten, mich zum Bahnhof zu fahren. Hier zu arbeiten, das war ein großer Traum von mir gewesen. Und jetzt schlich der Roboter zu dem Brezn-Tisch und hoffte, dass er möglichst bald im Zug sitzen würde.

Ich hörte ein Geräusch. Ein Auto. So früh? Der Motor klang vertraut. Das musste Janusz sein. Ich trat vor die Tür des Blockhauses und erkannte den Volvo. Janusz! Er war zurückgekommen.

Der Wagen stoppte, aber die Tür öffnete sich nicht. Musste er überlegen, ob er überhaupt aussteigen wollte? Ich ging ein paar Schritte auf das Auto zu. Endlich stieg Janusz aus.

Wir umarmten uns unentschlossen.

»Du bist wieder da«, stellte ich sinnfrei fest.

»Ja«, sagte Janusz, seine Stimme war rau.

»Komm, ich wollte gerade frühstücken.«

»Ja«, wiederholte er nur.

Ein paar Schritte liefen wir schweigend nebeneinander her. »Wo hast du heute Nacht geschlafen?«, wollte ich schließlich wissen.

»Im Auto. Das Aufwachen war unangenehm.«

»Weil es so kalt war?«

»Nein, weil es plötzlich laut wurde. Irgendjemand klopfte mit der Faust gegen die Scheibe.«

»Wann war das?«

»Um halb fünf vielleicht. Ich konnte nichts sehen, weil die Scheiben beschlagen waren. Als ich mit der Hand die

Scheibe frei wischte, blickte ich direkt in zwei Pistolenläufe.«

»Was?«

»Es waren zwei Polizisten. ›Steigen Sie aus‹, brüllten die. Ich hatte das Gefühl, dass sie mich bei der geringsten falschen Bewegung einfach abknallen würden. Ich musste mich erst aus dem Schlafsack befreien, dann öffnete ich vorsichtig die Tür. ›Was machen Sie hier?‹, schrie mich einer von beiden an.«

»Musstest du aussteigen und die Hände aufs Dach legen, wie im Film?«

»Nein. Als sie sahen, dass ich nur eine Unterhose anhatte, wurden sie ruhiger. Außerdem erklärte ich ihnen auf Deutsch, was ich hier machte. Wahrscheinlich war ihnen das polnische Nummernschild suspekt gewesen. Sie wollten noch meinen Ausweis sehen, danach fuhren sie weg.«

Ein letztes Mal betrat ich die Reiterstube, zusammen mit Janusz. »Jetzt erlebst du auch mal das Brezn-Wunder – fast immer liegen hier Brezn, Butter und Speck herum. Bedien dich.«

Wir aßen etwas, doch ich war nervös. Ich musste mich verabschieden, bevor alle ihrer Arbeit nachgingen, irgendwo auf den Weiden. Ich sagte das Janusz, fragte ihn, ob er dabei sein wolle. Mit vollem Mund sprang er vom Tisch auf.

Als ich bei Paul klopfte, öffnete Saskia die Tür. »Guten Morgen, Anja.«

»Ich möchte Lebewohl sagen. Ist Paul da?«

»Schade, der ist gerade unterwegs. Warte kurz, ich hole etwas.« Sie kam mit einem Umschlag zurück. »Für deine Arbeit.« Damit hatte ich nicht gerechnet, nie hatten wir über eine Vergütung gesprochen. »Und von Paul soll ich dir ausrichten, dass du die beste Praktikantin warst, die er je hatte.«

Ich spürte die Ankunft von Tränen, kämpfte gegen sie an, konnte sie aber nicht zurückhalten. »Danke.« Ich musste schlucken. »Aber wieso hab ich nie etwas davon gespürt?« Die Tränen flossen reichlich, und Saskia wusste nicht, wie sie reagieren sollte.

»Es war viel zu tun. Ich weiß. Ich weiß auch, dass du bis spät abends geschuftet hast.«

Ich nickte. Es ging mir aber gar nicht um die viele Arbeit, sondern darum, dass nie jemand sie gewürdigt hatte. Bis jetzt zumindest nicht. Vielleicht hatte Paul angenommen, dass mir Lob nichts bedeutete.

Ich brauchte einige Minuten, um mich zu fassen. Janusz berührte mich an der Schulter. Ich umarmte Saskia, drehte mich um und ging. Ich verabschiedete mich nicht einmal von den Pferden.

Rasch holte ich meine Sachen aus dem Blockhaus und zog die Tür hinter mir zu.

»Können wir noch beim Sattler vorbeifahren?«, fragte ich. »Das ist nicht weit von hier. Beim Hoffest habe ich etwas Geld gewonnen, davon wollte ich mir ein Lasso kaufen.«

»Klar.«

Das Geld reicht sogar noch für eine Gürtelschnalle.

Die Fahrt verlief einsilbig, bedrückend. Janusz wollte verstehen, was ich gerade fühlte, aber ich konnte es nicht erklären. Als wir in Eberswalde eintrafen, setzte er mich vor dem Haus meiner WG ab. Wir trennten uns wie Fremde.

Am Ende dieses Tages verspürte ich ein großes Bedürfnis, die Dinge so zu formulieren, wie ich es den ganzen Tag über im Auto nicht tun konnte. Oder durfte. Ich setzte mich aufs Bett und griff zum Tagebuch, meinem geduldigsten Zuhörer. Beim Schreiben flüsterte ich die Sätze, fast wie ein Gebet:

Es macht alles Sinn, so wie es gerade ist. Jetzt sollte ich mutig und wahrhaftig sein. Kann ich aber nicht. Schade, dass ich keine Gefühle Janusz gegenüber habe. Er ist ein Freund, der manches in mir wachrief auf unserem gemeinsamen Weg. Ein gemeinsames Ziel wird es nicht geben. Er brachte mich auf meinem Weg ein Stück weiter, half, die mich aufhaltenden Bindungen zu lösen und dann nicht ganz allein zu sein, sondern eine Stütze zu haben. Ob ich nun alleine stehen kann, wird sich zeigen. Ich bin nun allerdings näher bei mir und dadurch kräftiger.

Kaum hatte ich die Worte geschrieben, beschlich mich das Gefühl, dass ich mir selbst, in der Zweisamkeit mit meinem Tagebuch, etwas vormachte, ohne sagen zu können, was.

17

Gefühlswirrwarr

Die Zeit bei Paul hatte mich so angestrengt, dass ich mich in den ersten Tagen in Eberswalde der Langsamkeit widmete. Doch selbst viel Schlaf brachte mich nicht wieder zurück zu mir, zu dem, was ich als mein wahres Sein sah.

»Wahres Sein?«, wiederholte meine Freundin Merle ungläubig, als ich ihr am Telefon davon erzählte. »Du bist ein wenig ...«, sie suchte offenbar nach einem besonderen Wort, »überspannt, Anja. Die philosophische Runde an der Schule hat bleibende Schäden in dir hinterlassen.«

»Quatsch. Ich bin nur einfach nicht so, wie ich bei Paul sein musste.«

»Wie musstest du denn da sein?«

»Ich musste Härte zeigen. Vor allem gegen mich selbst. Sämtliche Gefühle unterdrücken. Nur so konnte ich die Energie aufbringen, auch um acht Uhr abends noch weiterzumachen, selbst wenn ich schon um sieben in der Früh angefangen hatte.«

»Und jetzt möchtest du wieder die nette Anja sein?«

»Ich wünsche mir meine alte Sensibilität zurück, aber sie kommt nicht. Ich benehme mich überheblich und pseudo-überlegen. Lache viel zu laut und verachtend und denke, dass ich sowieso die Beste bin.«

»Aber so bist du nicht.«

»Nein, überhaupt nicht. Ich empfinde mein ganzes Verhalten als unangemessen ... und fühle mich schuldig.«

»Schuldig?«

»Weil ich merke, dass ich anders bin, als ich mich darstelle. Die Diskrepanz zwischen äußerer Härte und innerer Schwäche hat mich enorm viel Kraft gekostet, weil ich das Bild nach außen hin aufrechterhalten musste.«

»Wieso musstest du das?«

»Damit ich als Frau zwischen all den Cowboys auf dem Hof akzeptiert wurde. Manchmal ritten die zusammen mit Paul wie ein Trupp von Bösewichten in einem Western. Sie waren nett, aber es gab einen Unterschied zwischen ihnen und mir: Ich musste erst beweisen, dass ich etwas kann. Sie als Männer mussten erst beweisen, dass sie nichts konnten.«

»Ach Unsinn, es denken immer nur alle, dass es so ist.«

»Nein. Paul gab mir öfter das Gefühl, als hätte er von mir als Frau nichts anderes erwartet. Vor allem, wenn ich einen dieser hässlichen Praktikantenfehler machte.«

»Zum Beispiel?«

»Wenn ich wieder vergessen hatte, beim Wasserholen mit dem Trecker das Stützrad hochzukurbeln, das den Tank vorne absichert.«

»Hört man nicht, wenn das Rad über den Boden schabt?«

»Nee, der Trecker ist zu laut.«

»Und Paul hat dann die Augen verdreht und ›Frauen‹ gesagt?«

»Das nicht, in solchen Dingen war er einigermaßen entspannt. Da kam dann höchstens mal ein ›Muss aber nicht sein‹ oder ›Woran hast du jetzt schon wieder gedacht?‹. Aber wahrscheinlich ging er davon aus, dass ich von Natur aus nicht in der Lage sei, an solche Details zu denken.«

»Ist das den Männern nie passiert?«

»Denen sind noch ganz andere Sachen passiert. Da war zum Beispiel der Azubi, der nachts besoffen Pauls Pick-up klaute und dann gegen einen Baum setzte. Totalschaden.«

»Das geschah, als du dort warst?«

»Vorher schon. Aber es hat Paul dermaßen beschäftigt, dass er bei jeder Gelegenheit mit dieser Geschichte kam.«

»Das bedeutet einfach nur, dass er alt ist und du jung bist. Im Grunde also ein gutes Zeichen für dich.«

Als ich nach unserem Gespräch auflegte, fühlte ich mich besser. Noch besser ging es mir, als ich ein paar Tage später Julian traf, den ich lange nicht mehr gesehen hatte. Wir gingen in den Wald, und er erzählte so viel, dass es mir vorkam, als hätte ihm schon lange keiner mehr zugehört. Während seines Praktikums, das er parallel zu meinem gemacht hatte, hatte er Schweine versorgt. Ihm hatten besonders die fröhlich quietschenden Ferkel gefallen. Ich wiederum ersparte ihm keine Einzelheit von meinen Erlebnissen beim Cowboy Paul. Er musste ebenfalls denken, dass mir schon lange keiner mehr zugehört hatte.

Als wir an einer großen Wiese vorbeikamen, legten wir uns in Gras. Mit Julian über alles zu reden, hellte die vergangenen Wochen auf wie Photoshop ein Bild. Die vielen Grauschleier wurden lichter und die Farben angenehmer. Wir kamen überein, dass die Praktika für uns eine wichtige Erfahrung waren, eine Auszeit vom Studentenleben.

»Ich weiß jetzt sogar, was ich nach dem Studium machen möchte«, sagte Julian.

»So? Was denn?«

»Eine Ausbildung in einem Bio-Restaurant. Ich werde Koch.«

»Das überrascht mich nicht. Essen war ja immer schon deine große Passion.«

»Hast du einen Freund?«, wechselte er unvermittelt das Thema.

Weil ich das selbst nicht so genau wusste, stellte ich eine Gegenfrage: »Und du, hast du eine Freundin?«

»Ich war schon ein bisschen aktiv«, antwortete er wolkig. Dabei beließ er es, zumindest was seine eigenen Beziehungen betraf. Stattdessen ging es ausschließlich um mich, und mir flogen die Konjunktive nur so um die Ohren: »Du hättest dich zu hundert Prozent auf unsere Beziehung einlassen müssen«, sagte er mit tadelndem Unterton, während wir in die Leere des Himmels schauten. »Dann wäre alles anders geworden.«

»Das ging nicht immer.«

»Aber du hättest bereit sein müssen, zu kämpfen. Stattdessen hast du einen Haufen Mist gemacht.«

»Mist?« Ich drehte meinen Kopf zu ihm. Aber er schaute weiter in den Himmel und überhörte meine Frage einfach.

»Hoffe ja nicht, dass irgendwo der Traumprinz auf dich wartet«, sagte er schließlich.

»Weil du dich als mein Traumprinz siehst?«

Es erstaunte mich, wie leicht er mich mit solchen Sätzen wieder herumbekam. Als er mir später noch die Hand auf den Bauch legte, ahnte ich, dass ich gleich wieder in seinen Armen liegen und alles von vorne beginnen würde. So war es dann auch: Ich umarmte ihn, und es war um mich geschehen.

Ich wurde zum Spielball, hatte keine Macht mehr über mich. Wie sollte ich da eine vernünftige Entscheidung treffen? Nachdem sich unsere Wege getrennt hatten, fragte ich mich, wie ernst ich solche Gefühle nehmen sollte. Das war ja schon immer unser Problem: Wir hatten zu wenig unternommen und zu viel rumgeknutscht. Wenn ich nicht mehr ständig irgendwo reinrutschen wollte, musste ich das ändern. Und er hatte recht: Nur wenn ich bereit war, mich einer Beziehung zu öffnen und für sie auch geradezustehen, würde es funktionieren. Sonst verletzte es den anderen zu sehr.

Ich brauchte Klarheit: Julian? Janusz? Ich musste dringend noch einmal mit Merle reden.

»Julian oder Janusz?«, fragte ich ohne Umschweife, als wäre sie ein Telefonjoker.

Sie seufzte kurz. »Du hattest dich doch monatelang überhaupt nicht mehr für Julian interessiert. Warum jetzt plötzlich wieder?«

»Ich weiß es nicht. Er trägt eine ...«, ich suchte nach dem richtigen Wort, »... eine solche Masse an Liebe in sich, dass ich selbst nicht verstehe, warum ich sie nicht annehmen kann.«

»Wahrscheinlich, weil du so viel mit dir selbst zu kämpfen hast.«

»Stimmt. Nicht er ist das Problem. Ich bin es, weil ich ein lebender Widerspruch bin: Ich finde mich nicht liebenswert, will aber geliebt werden. Ich hetze durchs Leben, will aber das Ungestüme ablegen. Ich suche einen ruhigen, behüteten Ort und will ihn doch nicht finden.«

»Da kommt der Philosophiekurs wieder durch. Aber sag: Welche Rolle spielt nun Janusz?«

»Keine mehr. Ich kriege eine Beziehung mit ihm nicht zustande.«

»Sicher?«

»Ganz sicher. Also, fast sicher.«

»Hä? Aber warum rufst du dann bei mir an und fragst ohne Begrüßung: ›Janusz oder Julian?‹«

»Weil ich an eine Situation denken musste, die ich mir nicht richtig erklären konnte. Janusz hatte mir mal Blumen geschenkt. Ich wollte sie eigentlich trocknen und aufheben, aber irgendwie verpasste ich das. Später sah ich zufällig die gleiche Sorte wieder. Da merkte ich, dass sie mir etwas bedeutet hatten. Irgendwas schwelt da noch in mir. Ich weiß aber nicht, was.«

»Wenn du dich jetzt wieder mit Julian triffst, hast du da kein schlechtes Gewissen.«

»Nö.«

»Du wirst nie herausfinden, was in dir schwelt, weil du ständig vor deinen Gefühlen fliehst. Sogar vor den angenehmen. Du erinnerst dich und mich immer daran, wie nett es mit Julian war. Aber wenn er mit seiner Masse von Liebe kommt, weißt du nicht, wie du damit umgehen sollst. Du vermeidest jedes Risiko zu scheitern. Aber zwischen mehreren Männern zu stehen, kann ja auch Spaß machen.«

Aber mir machte das keinen Spaß, und das teilte ich auch Merle mit. Mir machte überhaupt nichts mehr Spaß. Ich haderte immer mehr mit mir selbst. Waren die Wochen bei Paul vor allem für meinen Körper krass gewesen, waren es die Wochen danach für meinen Kopf. Ich redete andauernd und so schnell, als wollte ich etwas aus mir herausholen. Schaffte es aber nicht. Im Gegenteil, ich fühlte mich wie unter einer Folie. Es war beengend und beängstigend, alles blieb in mir hängen. Manchmal, wenn sich zu viel Schmerz und Verletzung ansammelten, trat etwas nach außen, wie aus einer Staumauer, die weit oben ein winziges Leck hatte, das fast nie jemand bemerkte. Einen Ausweg wusste ich nicht. Diese Erfahrung hatte ich bei Paul zum ersten Mal gemacht – dass ich nicht mehr weglaufen konnte, sondern gezwungen war, durchzuhalten. Die Quelle, die mir dafür Energie gab, fehlte aber in Eberswalde: die Pferde. Ohne sie war ich kraftlos.

An meiner Seite war nun Julian, er war eine Stütze, jemand, der mich annahm und auffing. Der mir Liebe gab, mein Herz wärmte. Er war ein unglaubliches Geschenk für mich. Janusz hingegen, der so gerne etwas mit mir unternommen hatte, hatte sich völlig zurückgezogen. Leicht war das nicht, denn wir studierten alle an derselben, nicht besonders großen Hochschule.

Das aber sagte ich meiner Freundin nicht.

Mitten in diesem Gefühlschaos erhielt ich eine E-Mail, die mich elektrisierte, auch wenn es im Betreff zunächst nur sehr sperrig »Praxisqualifizierung für Bachelorabsolventen« hieß. Aber es ging um ein Stipendium. Vergeben wurde es von InWEnt, der Organisation für Internationale Weiterbildung und Entwicklung. Das klang spannend. Ein Stipendium! Damit könnte ich vielleicht sogar nach Amerika gehen. Echte Cowboys! Die Bewerber mussten eine spannende Idee präsentieren. Meine war sofort klar: Ich wollte dorthin reisen, wo das Rindertreiben tief im Leben auf dem Land verwurzelt war. Wo es Tradition hatte und nicht nur Attraktion war wie in Deutschland.

Diese E-Mail legitimierte mich auf einmal, ernsthafter darüber nachzudenken. Das gefiel mir. Wo könnte ich hin? Was für ein Visum würde ich brauchen? Ich surfte ein wenig im Netz herum. Plötzlich blieb mein Blick an einem Wort hängen: Haustiere. Raya! Daran hatte ich noch gar nicht gedacht. Konnte ich sie überhaupt mitnehmen? Ich las, dass

Während der langen Tour konnten wir uns noch ganz gut aus dem Weg gehen. Julian saß neben mir in dem einen Fahrzeug, Janusz in dem anderen. Nur übernachteten in der von uns gemieteten Berghütte alle gemeinsam – die Männer schliefen in einem Raum, die Frauen in einem anderen. Es wurde eng für uns drei. Immer wieder kam ich in die Nähe von Janusz, ohne dass wir ein Wort wechselten. Er musste immer noch wütend sein. Die Einzige, die unsere Ausweichbemühungen unterlief, war Raya. Sie rannte ständig von mir zu Janusz und wieder zurück, als wollte sie das Band zwischen uns neu weben, das sich Faden um Faden aufgelöst hatte. Die ganze Zeit fragte ich mich: Ist da noch etwas?

Die Antwort erhielt ich einige Tage später auf einem ebenso steilen wie schmalen Serpentinenpfad. Nebeneinander konnten wir dort nicht gehen, nur an wenigen Stellen verbreiterte sich der Weg. Julian war wie immer in meiner Nähe, plötzlich zog Janusz an uns vorbei. Er war ein guter Bergsteiger, überholte uns mühelos. Als er neben mir war, merkte ich, dass mein Herz lauter und schneller schlug. Für ein paar Sekunden nur. Aber es war genauso wie damals, als ich die Blumen nahm, die er mir geschenkt hatte. Ich fragte mich, warum ich das alles zuließ. Eine Antwort konnte ich mir nicht geben. Es fühlte sich an, als hätte ich mein komplettes Studium noch einmal im Zeitraffer durchlaufen, mitsamt seinem Gefühlswirrwarr.

Zurück in Eberswalde musste ich mein Zimmer räumen und für Kanada packen. Meine Sachen durfte ich bei Julians Mutter in Berlin unterstellen.

Am Montag nach der Bundestagswahl Ende September 2009 brachte mich Julian um fünf Uhr morgens zum Bahnhof Berlin-Gesundbrunnen. Mit Raya fuhr ich in mein neues Leben.

18

Flughund

Auf dem Flughafen Frankfurt stieg auf einmal Panik in mir auf. Raya in ihrer Box und ich hatten schon eingecheckt, aber hatte ich ihr die Beruhigungstablette gegeben, die sie für den Flug brauchte? Hastig durchsuchte ich meine Jackentaschen. Nichts. Aber in der linken Hosentasche fühlte ich etwas Hartes. Die Tablette befand sich nicht in Rayas Magen, sondern in meiner Hose. Ich Depp. Würde sie nun durchdrehen? Konnte ich noch schnell jemandem Bescheid geben? Aber wem? Raya war ja längst verstaut.

Die Fluggäste wurden zum Boarding aufgerufen. Ein Moment, den ich normalerweise liebte, denn das bedeutete, es würde gleich losgehen. Doch ich war beim Einsteigen und Platznehmen nur mit meinem Hund beschäftigt. Ohne Umschweife schüttete ich meiner Nachbarin das Herz aus. Sie erzählte mir, dass sie häufiger nach Kanada fliege und dabei auch hin und wieder ihren Hund mitnehme. Der überstehe die Flüge immer problemlos – auch ohne Tablette. Das beruhigte mich etwas, und ich konnte mich die nächsten acht

-148-

Stunden auf die Filme konzentrieren und sogar kurz schlafen. Der schönste Moment war, als ich Grönland überflog. Ich hatte einen Fensterplatz und sah das menschenleere, schneebedeckte, endlose Grönland. Es war alles weiß! Wie auf den Landkarten! In Calgary wurde ich von einer fremden Dame mit Cowboyhut begrüßt. Aber sie begrüßte jeden. Ich hatte eine Stunde Zeit zum Umsteigen, in der musste ich Raya abholen, sie aus ihrer Box lassen, irgendein Hundeklo finden und dann noch die gesamten Formalitäten beim Zoll erledigen. Das konnte nur funktionieren, wenn Raya nicht längst durchgedreht war. Ich hastete zur Gepäckausgabe und wartete. Nichts tat sich. Zehn Minuten, zwanzig Minuten. Eher drehte wohl ich durch. Endlich tauchte ein Mitarbeiter der Fluggesellschaft auf und brachte die Box.

»Geht's ihr gut?«, fragte ich ihn und schaute gleichzeitig in die Box.

»Ja, sie ist okay«, antwortete er und verschwand.

Raya reagierte auf ihre Art: Sie freute sich riesig, mich zu sehen. Sie machte auch sonst keinen verstörten Eindruck. Konnte ich es riskieren, sie hier kurz herauszulassen, damit sie sich die Beine vertreten konnte? Ich öffnete die Box. Raya sprang heraus und hüpfte fröhlich um mich herum. Sofort kam ein Sicherheitsmensch und schrie: »Der Hund muss in die Box. Auf der Stelle.«

»Es war nur ganz kurz ...«

»Sofort.«

Er war wirklich sehr bestimmt. Ich musste die arme Raya wieder in die Box quetschen. Ohne zu zögern tat sie, was ich wollte. Wahrscheinlich spürte sie, wie wichtig es war, in diesem Moment einfach nur zu gehorchen.

Ich packte mein Gepäck und die Box auf einen Wagen und eilte zur Zollabfertigung. Die Beamten schauten sich die Papiere an.

»Wohin in Kanada wollen Sie?«

»Äh, nach ... nach Saskatchewan, nach ... Ich werde auf einer Farm arbeiten.« Wegen Raya war ich aufgeregt, mir war nicht eingefallen, wo genau ich hinwollte.

»Sie wissen nicht, wohin Sie wollen?« Die Beamten schauten mich misstrauisch an.

»Jemand holt mich vom Flughafen ab. Darum habe ich den Namen des Ortes gerade nicht parat.«

»Und wem gehört die Farm, auf der Sie arbeiten werden?«

»Kelly ... und ihrem Mann, der heißt Newton.«

»Wie weiter?«

»Fri ... Friedrich.« Himmel, ich hatte das Gefühl, keinen geraden Satz mehr zustande bringen zu können.

»Was ist in der Box?«

»Ein Hund.«

Die Beamten warfen einen prüfenden Blick auf Raya, dann sollte ich mein Handgepäck öffnen. Einer der Männer fing an, meine Tasche zu durchwühlen. Plötzlich stutzte er und zog eine große Schraube hervor. »Was ist das?«

»Das ist für die Hundebox. Es ist eine ...« Es dauerte, bis ich das Wort »Ersatzschraube« auf Englisch umschrieben hatte.

»Und was ist das hier?« Der Beamte zog noch weitere Schrauben hervor. Bei der Kontrolle in Frankfurt hatten sie keinen gestört. Hier war es anders. Die Schrauben wurden konfisziert, weil sie aus Metall waren und nach Ansicht der Männer als Waffe eingesetzt werden konnten. Immerhin schien danach alles klar zu sein. Ich wollte mich gerade

wieder auf den Weg machen, da hörte ich ein schneidendes
»Stopp!«. Fragend schaute ich die Männer an.

»Sie müssen zahlen.«

»Zahlen? Warum? Wie viel?«

Die Antwort verstand ich nur zum Teil. Es ging um Raya.
Irgendwo sollte ich rund 100 kanadische Dollar zahlen. Die
Herren beschrieben den Weg.

Ich wurde panisch. Gefühlt hatte das hier gerade eine
halbe Stunde gedauert, Raya musste pinkeln und erneut als
Gepäck aufgegeben werden, ich sollte Geld zahlen und in
wenigen Minuten ging mein Flugzeug nach Saskatoon, jener
Stadt mit einem Flughafen, der Meadow Lake am nächsten
lag.

Ich lief durch zahllose Gänge. Irgendwann fand ich die
Stelle, wo ich das Geld abliefern konnte. Gleich darauf gab
ich Raya als Gepäck auf – ohne dass sie pinkeln konnte.
Anders als in Frankfurt nahm sie hier kein Mitarbeiter
persönlich entgegen, und als sie auf dem Gepäckband
entschwand, fragte ich mich, ob der Hund überhaupt noch
rechtzeitig an Bord kam. Ich selbst schaffte es nur, weil
mich bei der Gepäckabgabe freundliche Menschen vor-
ließen.

Im Vergleich zur großen Maschine auf dem Flug nach
Kanada saß ich nun in einem Miniflugzeug, das höchstens
drei Sitze pro Reihe hatte. Doch wo war Raya? Erneut stieg
Panik in mir auf. Ich musste die Stewardess sprechen. Win-
kend versuchte ich, sie herbeizurufen. Doch sie sah mich
nicht. Ich griff nach dem Gurt. Wollte aufstehen. Doch genau in dem Augenblick kam ein Auto ans Flugzeug gefahren.
Auf der Ladefläche stand die Hundebox.

Die Flugzeit betrug nur etwas mehr als eine Stunde,
und während der Strecke konnte ich mit eigenen Augen

- 151 -

betrachten, was schon auf Karten im Internet seltsam ausgesehen hatte – die perfekt aufgebaute Struktur des Landes, die rasterförmig angelegten Siedlungen, die rechtwinklig gestalteten Kreuzungen und die endlos geradeaus verlaufenden Landstraßen.

Nach der Landung in Saskatoon stieg ich einigermaßen zuversichtlich aus dem Flugzeug. Doch als ich mich der Gepäckausgabe näherte, hörte ich entsetzliche Geräusche, eine Mischung aus Bellen, Jaulen und Kreischen. Es war grauenhaft. Was hatte man mit Raya gemacht? Sie musste völlig traumatisiert sein. Wie konnte das sein? Innerhalb so kurzer Zeit. War es doch zu viel für sie? Sie verstand ja auch gar nicht, was mit ihr geschah.

Gleich da vorne musste es sein, hinter der Wand. Ich rannte los. Mir schossen Tränen in die Augen, mein Herz schlug wie verrückt. Ich bog um die Ecke – und konnte kaum glauben, was ich dort erblickte: Schlittenhunde! Ihr Besitzer war noch nicht da, darum machten die diesen infernalischen Lärm. Raya konnte ich noch nicht entdecken, doch wenige Augenblicke später rollte ihre Box über das Gepäckband. Sie schaut mich mit ihren glänzenden Augen an und freute sich wieder unbändig, mich zu sehen.

Als wir den Sicherheitsbereich verlassen hatten, holte ich sie aus der Box heraus. Hier beschwerte sich keiner. Dreizehn Stunden war sie nicht auf dem Klo gewesen. Ich ließ die Box einfach stehen und ging mit ihr nach draußen. Dort gab es genau einen Baum. Auf den rannte Raya zu, hockt sich hin und verursachte eine gewaltige Pfütze. Ich war so erleichtert. Sie schien alles gut verkraftet zu haben.

Schnell holte ich noch die Box und stellte mich dann mit Raya an den Eingang des Flughafens. Dort sollte ich abge-

- 152 -

holt werden. Viele Leute waren nicht mehr unterwegs – ich war gut zu erkennen, obwohl es dämmerte.

Mein Blick fiel ein weiteres Mal auf diesen verloren wirkenden Baum, und ich musste an das seltsame Buch denken, das ich in der WG in Eberswalde gefunden hatte. Es hatte sich mit Gesprächen befasst, die Pflanzen angeblich untereinander führen. Gemessen daran wuchs dieser Baum hier in Einzelhaft auf. Zum Reden hat er nur ein paar Unkräuter. Ansonsten war er von einem Parkplatz umgeben, auf dem gewaltige Trucks standen. Und zahllose Pick-ups, die fast die Größe deutscher Lkws hatten und augenscheinlich mächtige Anhänger ziehen konnten. Sie schienen in dieser Region das normale Fortbewegungsmittel zu sein. Das kleinste Fahrzeug, was ich in der zunehmenden Dunkelheit noch erkennen konnte, war ein silberner Ford Escort, der direkt vor mir hielt. Ein Mädchen stieg aus.

»Bist du Anja?«, fragte sie in einem perfekten Deutsch.

»Ja«, sagte ich.

»Ich bin Nina. Kelly schickt mich, um dich nach Meadow Lake zu bringen.«

»Wie hast du mich erkannt?«

»Kelly sagte, dass du einen Hund dabeihaben würdest. Da war es ganz einfach.«

Ich lud mein Gepäck in das Auto, und wir fuhren los.

Ranchwahnsinn

»Du kommst aus Deutschland, oder?«, fragte ich Nina während der Fahrt.

Sie lachte. »Genau, meine Aussprache verrät mich. Aus der Gegend von Leipzig, ich lebe aber seit einigen Jahren in Kanada.«

»Obwohl du so jung bist?« Ich schätzte sie auf Anfang zwanzig.

»So ist es. Vor ein paar Jahren kam ich genauso hierher wie du jetzt. Aber ich bin dann einfach geblieben.«

»Hattest du in Deutschland studiert?«

»Logistik. Und jetzt arbeite ich bei einer Ölfirma.«

»Und was machst du da?«

»Ich koordiniere die Truckfahrer, die das Öl abholen.«

»Dann arbeitest du gar nicht bei Kelly?«

»Doch, das ist mein Ausgleich zum Bürojob. Immer wenn ich frei habe, fahre ich zu ihr.«

Wir schwiegen eine Weile. Der lange Tag, die vielen Aufregungen, die endlose Straße, der brummende Motor – mich überkam eine angenehme Müdigkeit. Ich schlief ein.

Als ich wieder aufwachte, brauchte ich einen Moment, um mir zu erklären, warum ich in einem Auto saß.

»Du hast fast drei Stunden geschlafen«, sagte Nina, als sie merkte, dass ich wieder wach war. »Und wir sind gleich in Meadow Lake. Von dort ist es dann nicht mehr weit.«

Ich entdeckte eine Tankstelle, ähnlich aussehende Gebäude, die mich in ihrer simplen Bauweise an Koffer erinnerten, einige Geschäfte und Fast-Food-Ketten wie Subway oder Kentucky Fried Chicken sowie einen großen Baumarkt.

»Und da vorne«, fuhr Nina fort, »wirst du in den nächsten Monaten noch oft einkaufen.«

Eine Innenstadt konnte ich nicht erkennen, die ganze Zeit hatte ich das Gefühl, ein großes Industriegebiet zu durchqueren. Eine Orgie von Zweckbauten. Irgendwann befanden wir uns wieder im Stockdunkeln. Wir verließen die Hauptstraße, und es ging weiter auf einer unbefestigten Schotterstraße, einer Gravel Road. Erkennen konnte ich nichts mehr. Wir tuckerten noch eine Weile über die Schotterstraße, dann sah ich im Licht der Scheinwerfer ein Holzschild, auf dem »Winning Ways« stand. Gleich darauf kam die Einfahrt. Vor mir ein mit Holzbrettern vertäfeltes Haus, das mich an ein überlanges Wohnmobil erinnerte. Die Farbe blätterte von dem Gebäude, das vielleicht einmal gelb gewesen war. Als ich ausstieg, spürte ich einen kalten Wind. Hallo Kanada! Schnell gingen wir ins Haus. Überall standen Stiefel herum, und ein Hund blickte uns verwundert an. Er schien überrascht zu sein, dass am späten Abend noch jemand hereinkam. Es war eine alte, etwas zerzauste Border-Collie-Hündin.

»Das ist Oreo«, sagte Nina.

»Wie der Keks?«

»Genau, weil sie auch schwarz-weiß ist.«

Oreo machte sich nicht die Mühe, von ihrer Decke aufzustehen und mich zu begrüßen. Sie ließ auch Raya ohne einen Mucks passieren.

»Da kommt Kelly«, sagte Nina.

Kelly trat aus einem der Zimmer. Sie war um die fünfzig und hatte ihre braunen, ins Graue übergehenden glatten, dünnen Haare zu einem Zopf gebunden. Ein paar Falten prägten ihr Gesicht und sie trug eine ausgewaschene geblümte Bluse, die vom Schnitt her auch ein Hemd sein konnte. Das Oberteil sah bequem aus, aber ihre Weiblichkeit betonte es nicht. Eher ging eine gewisse Strenge von ihr aus.

Es war ein kleines Haus. Dafür, dass es hier im Winter so kalt werden sollte, schien mir die Bauweise nicht sonderlich robust zu sein.

»Komm mit in die Küche«, sagte Kelly. »Du hast sicher Hunger und Durst. Ich mache Tee und Toast.«

»Oh, das ist klasse.«

»Mein Mann ist leider nicht da. Newton ist Truckerfahrer für eine Ölfirma. Darum sehen wir uns nur am Wochenende. Aber auch nicht jedes.«

»Das ist hart. Du machst hier also alles allein?«

»Zum Glück kommen öfter einige Leute zum Helfen. So wie Nina. Sie ist meine rechte Hand. Und Freiwillige wie du.«

»Hast du auch Gäste hier, die einfach nur bei dir wohnen?«

Kelly schüttelte den Kopf. »Hier müssen alle mitarbeiten. Darum habe ich es Working Ranch und nicht Guest Ranch genannt.«

»Wie groß ist die eigentlich?«, wollte ich nun wissen.

»1000 Hektar. Ich habe 600 Rinder hier, die das ganze Jahr über im Freien leben, selbst bei minus 50 Grad Celsius.«

»1000 Hektar – in Deutschland wäre das ein extrem großer Betrieb.«

Kelly lachte etwas bitter auf: »Hier werfen 1000 Hektar aber nicht einmal genügend Geld zum Leben ab. Die Farmer verdienen kaum mehr als das Existenzminimum. Darum arbeitet Newton als Trucker. Umgerechnet 5000 Euro steckt er von seinem Einkommen jeden Monat in die Farm. Würde er das nicht machen, wäre das Geld oft schon alle, wenn der Monat erst zu zwei Dritteln rum ist.«

Für Kelly war die Farm also eher ein Verlustbetrieb. Sie und Newton mussten einen starken Willen haben, die Arbeit durchzuhalten. Es war, als hätte sie meine Gedanken gelesen: »Verkaufen kommt für uns nicht in Frage. Newton ist schon auf dieser Ranch aufgewachsen.«

»Hat er deutsche Vorfahren? Oder woher kommt der Nachname Friedrich?«

»Newtons deutsche Urgroßmutter wanderte in den Zwanzigerjahren nach Kanada aus, von ihr stammt das Friedrich.«

»Und deine Eltern?«

»Ihre ursprüngliche Heimat war Irland, dann fanden sie eine neue auf einer Ranch in der Nähe von Saskatoon.«

Kelly zeigte mir noch schnell das Haus, damit ich mich notfalls auch nachts zurechtfand – der Wohn- und Essbereich schloss sich an die Küche an, das Bad war vom Flur aus zugänglich, und mein Zimmer lag im Keller. Es hatte einen Steinboden und war sehr kalt. Zwei Betten gab es darin. Immerhin waren die Matratzen weich, groß und sehr dick. Raya bekam ihre Hundedecke. Augenblicklich schliefen wir ein.

Zum Frühstück am nächsten Morgen gab es wieder Toast. Ich ahnte, dass das Weißbrot hier ein enger Begleiter sein würde. Wahrscheinlich würde sich der Belag mit der Tageszeit ändern. Jetzt servierte man ihn mit Ei, wahlweise ergänzt durch gebratenen Schinkenspeck.

Später zeigte mir Nina die Ranch. Sofort fielen mir draußen drei kleine rote Schuppen auf. »Der hier ist für den Müll«, sagte sie und wies auf einen der drei. »Der andere ist für Sattelzeug und Trensen und in dem dritten liegt das Geschirr für die Zugpferde, die für Pferdewagen und Schlitten genutzt werden.« Hinter den Schuppen lag ein Reitplatz. Außerdem gab es einen alten Holzstall. »Er kann aber nicht mehr genutzt werden«, erklärte Nina. »Der würde schon auseinanderfallen, wenn man sich ihm auf zehn Meter nähert.«

Wir bogen ab und kamen zur Fanganlage für die Rinder, dem Korral: Das war ein zwei Meter hoher Bretterverschlag mit verschiedenen, durch schwere Zaungitter und viele Tore abgetrennte Abteilungen, die Pens genannt wurden. Mithilfe dieser Anlage können Rinder sortiert oder geimpft werden. Sie schien die Schnittstelle zwischen Hof und Weide zu sein.

Wir gingen weiter, passierten zahllose Tore und kamen dann zu den Pferden. Kelly war schon dort.

»Unsere Neuankömmlinge kriegen alle Shadow. Sie ist eine sehr freundliche Appaloosa-Mischlingsstute«, sagte sie.

Die Rasse Appaloosa kannte ich – es waren typische Westernpferde, nicht sehr groß, aber kräftig und berühmt für ihre menschlich anmutenden Augen. Anders als bei anderen Pferden war rund um die Iris noch ein weißer Ring zu sehen.

Wir machten die Pferde fertig und ritten los. Shadow trabte so sicher, dass ich in ihrem Sattel Purzelbäume hätte schlagen können. Endlos ging es über Wege und Grasland, wir mussten viele Zäune öffnen und schließen, bis wir endlich eine Weide erreichten, die direkt am Nesset Lake lag, jenes Gewässer, das ich auf der Kanada-Karte entdeckt hatte.

»Im Sommer nutzen wir die entfernt gelegenen Flächen, im Winter die nahen Weiden. Zumindest für die jüngeren Tiere«, sagte Kelly. Beim Nesset Lake gab es so viel Buschwerk, dass ich zunächst gar keine Kühe sehen konnte. Erst nach einer Weile entdeckte ich die ersten. Um auf dieser Weide alle Tiere zu finden, brauchten wir ungefähr eine Stunde. Sie hatten sensationelle, fast schon grotesk überzeichnete Hörner. Über einen Meter standen sie auf beiden Seiten heraus.

»Es sind Langhornrinder« erklärte Kelly. »Aber ich kreuze auch Angusrinder ein, darum haben nicht alle ein gesprenkeltes Fell, sondern sind schwarz. Manche sind auch braun oder rötlich. Es ist eine Fleischrasse.«

Dafür erschienen mir die Tiere allerdings sehr hager zu sein. Auch waren sie nicht sehr groß. Aber vor allen Dingen wirkten sie auf mich mit ihren gewaltigen Hörnern wie ein lebender Protest gegen das Enthornen von Kühen.

»Es gibt immer etwas zu tun«, fuhr Kelly fort; sie sagte das wohl, um mir klarzumachen, dass wir nicht ohne Grund unterwegs waren.

»Was denn zum Beispiel?«, fragte ich.

»Manchmal müssen Kühe mit ihren Kälbern zur Ranch gebracht und Bullen aus den Herden geholt und zu anderen Weiden getrieben werden. Oder wir bauen aus langen Latten Zäune, die den Wind abbremsen sollten.«

»Und heute?«

»Heute werden wir auf dieser Weide den Stacheldraht kontrollieren. Wir reiten also außen herum. Und dann sind noch ein paar Kleinigkeiten zu erledigen.«

Die paar Kleinigkeiten dauerten dann so lang, dass wir erst abends zur Farm zurückkehrten. Wir verstauten unsere Sättel in dem kleinen roten Schuppen, der dafür verwendet wurde, und die Pferde bekamen in einem Eimer je eine Schippe Hafer. Ich sah auch noch all die anderen Tiere, die auf dem Hof lebten: Hühner, Ziegen, Katzen und Hunde. Ein Tier rannte immer hinter einem her. Man war hier nie allein, stellte ich fest. So ist es also – das Leben eines Cowgirls! Eines Canadian Cowgirls!

In den nächsten Tagen bekam ich eine Vorstellung von den enormen Distanzen, obwohl ich die Weiden, die am entferntesten von der Winning Ways Ranch waren, noch gar nicht gesehen hatte. Zu der Farm gehörten eine North Ranch und eine South Ranch. Die meisten Kühe mit ihren Kälbern wurden auf der South Ranch gehalten.

»In den nächsten Wochen«, sagte Kelly, »müssen sie in die Korrals getrieben werden. Nur so können wir feststellen, welche Kühe trächtig sind. Außerdem werden wir Absetzer für den Verkauf aussortieren.«

»Was meinst du mit Absetzer?«, fragte ich.

»Das sind die Kälber, die von der Milch abgesetzt werden. Sie ›kleben‹ nicht mehr an ihrer Mutter.«

»Aber wäre es nicht besser, sie zu behalten und für die Zucht zu verwenden?«

»Leider geben die mageren Weiden mit dem schilfigen Gras nicht genügend Futter für alle her.«

»Aber ich dachte, Saskatchewan soll so tolle Böden haben. Sie gilt doch als Weizen-Provinz, oder?«

»Schon, aber das trifft mehr auf den Süden zu. Meine Farm liegt an der Grenze zu den großen Nadelwäldern. Die Tundra ist nicht mehr weit. Bei uns ist der Boden karg.«

»Dann gibt es hier auch keine Milchkühe?«

»So ist es. Die bräuchten nämlich viel und gutes Futter. Aber auch bei den gerade entwöhnten Kälbern dauert es zu

»Puschelohren vor!« Fotoshooting mit Betty, die natürlich eigentlich auf uns lauschen will.

Blick von Tamarack (dt. Lärche) auf den Jungvieh-Cattledrive durch den Lärchenwald.

Konzentriert die Herde im Blick.

Improvisiertes Schuppendach lässt Arbeitsplätze (= Sättel) nicht durchnässen.

Steinböcke überqueren in aller Ruhe die Straße vor einem Schulbus am Rande der Rocky Mountains.

Heu-Vorratshaltungen dank trocken-kaltem Klima draußen.

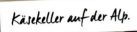

Freche Passeier Gebirgsziege in Südtirol.

Käsekeller auf der Alp.

Jungvieh im Talkessel der Alp.

Der idyllische Einstieg ins Milchbäuerin-Dasein in den Masuren.

Juri und Schafi – der Wolf und das Lamm.

Mittagspause in den Masuren.

Aufräumarbeiten zum Start der Selbstständigkeit in Stolzenhagen.

Ein Gruppenfoto der fleißigen Helfer am Kanal bei Stolpe.

Bauernmarktverkauf auf dem eigenen Hof.

Erster Nachwuchs auf dem Hof Stolze Kuh.

Aussöhnung mit den Eltern auf dem Weg zur Hochzeit.

Bauernmarkt in Stolzenhagen.

Frischer geht's nicht!
Milchfiltern auf der Weide.

lange, bis sie Fleisch auf den Rippen haben. Als Rinderzüchter haben wir den gesamten nordamerikanischen Markt als Gegner. Meine einzige Chance ist, die Kälber zu verkaufen.«

»Wie alt sind die jetzt?«

»Die meisten wurden im Mai oder im Juni geboren. Jetzt haben wir fast Oktober, also ein knappes halbes Jahr. Meist kommen da um die 250 Kälber zusammen. Dreiviertel der weiblichen Nachkommen behalte ich, um das Überleben der Herde zu sichern. Die übrigen Kälber verkaufe ich ungefähr in einem halben Jahr, wenn die Tiere dann ein Jahr alt sind.«

»Wo werden die dann hingebracht?«

»Für anderthalb bis zwei Jahre werden sie in Feedlots gehalten. Das sind Fütterungsanstalten.«

»Davon habe ich noch nie gehört.« Das Leben hier war tatsächlich anders als auf Pauls Hof.

»Du musst sie dir als riesige, abgezäunte Flächen unter freiem Himmel vorstellen. Zehntausende von Tieren werden dort gleichzeitig gemästet.

»Gibt es dort besseres Gras?«

»Nein, die kriegen Soja. Und es geht dort furchtbar zu. Die Feedlots sind eng, die Rinder waten durch ihre Exkremente, und sie dürfen keine Hörner mehr haben. Darum kreuze ich Angus- und Galloway-Rinder ein, die genetisch bedingt ohne Hörner zur Welt kommen. Das vererbt sich dominant, das heißt, schon die nächste Generation erblickt hörnerlos die Welt. Ganz praktisch, oder?«

Wie praktisch das war, wurde mir nur zu klar, als ich sah, wie zwei junge Highland-Cattle-Rinder enthornt wurden. Kelly konnte sie nur ohne Hörner an die Feedlot-Cowboys verkaufen. Sie hatte die Tiere geschenkt bekommen, als sie noch wuschelige Kälber waren. Normalerweise, das wusste ich aus Deutschland, werden bei Kälbern wenige Tage nach der Geburt die zwar noch nicht sicht-, aber schon fühlbaren Hornansätze mit heißen Stäben ausgebrannt. Es musste sich anfühlen, als würde jemand einem das Gehirn herausbrennen. Noch Tage später sind die Tiere benommen, manche torkeln in Schlangenlinien oder liegen apathisch in der Ecke.

Die beiden Kälber von Kelly waren nach der Geburt nicht enthornt worden. Bereits jetzt hatten die Hörner einen Durchmesser von fünf Zentimetern. Die Highland-Cattle-Youngsters wurden in einen Fangstand getrieben und arretiert, sodass sie sich nicht mehr bewegen konnten. Anschließend rückte jemand mit einer Flex an und trennte die Auswüchse ab. Da Kuhhörner gut durchblutet sind, spritzte den beiden Jungbullen das Blut aus dem Kopf wie aus einem geplatzten Hydranten. Damit sie nicht verbluteten, wurde ihnen ein dünner blauer Strick fest um den Kopf gewickelt. Es sah aus wie ein Kopfverband. Anschließend kam Teer auf die Wunde.

Einige Wochen darauf sollte der blaue Strick wieder entfernt werden. Aber er war inzwischen fest ins Fleisch eingewachsen, und die Tiere brüllten vor Schmerz. Überall verteilte sich Eiter und Blut, und es stank nach Fäulnis und Kotze. Es war ekelhaft.

Als ich das sah, begann ich, das kanadische System der Massentierhaltung zu hinterfragen.

Ich sprach Kelly noch einmal auf die Feedlots an: »Warum bringst du die Kälber dorthin? Du kennst doch so viele Farmer hier in der Gegend – könnt ihr nicht Fleisch aus regionaler Produktion anbieten? Biofleisch gar?«

»Genau das haben wir probiert«, sagte Kelly und seufzte. »Als wir noch jünger und voller Zuversicht waren. Sogar eine Schlachterei wurde schon gebaut. Wir überlegten, wie wir das Fleisch hier in der Gegend verkaufen könnten. Hatten uns mit Vermarktungsstrategien befasst und sogar schon Lebensmittelhändler in Meadow Lake angesprochen.«

»Und dann?«

»Dann haben uns die Behörden ausbluten lassen. Zunächst schien alles einfach zu sein, die regionalen Ämter billigten unsere Pläne. Aber dann meldeten sich übergeordnete Stellen und verhängten immer wieder neue Auflagen. Mal sollte es mehr Edelstahl sein, dann wieder eine andere Aufhängung für das Fleisch, eine bessere Kühlung oder eine effizientere Lüftung. Am Ende waren wir pleite und die Pläne immer noch nicht genehmigt.«

»Das ist ja furchtbar. Haben andere Farmer auch solche Erfahrungen gemacht?«

»Davon ist auszugehen. Wieso sonst sollte es in der Gegend kaum Schlachtereien geben?«

»Wie viele sind es denn überhaupt?«

»Was schätzt du?«

»Keine Ahnung.«

»Zwei – und zwar in ganz Saskatchewan.«

»Zwei?« Ich war fassungslos. »Die Provinz ist doppelt so groß wie Deutschland. Das wäre ja so, als hätte die gesamte Bundesrepublik nur eine Schlachterei.«

Kelly seufzte erneut. Plötzlich war ich froh, dass das in Deutschland mit seinen vielen Biohöfen anders war. Hatte ich manchmal überlegt, ob ich nicht in Kanada bleiben könnte, dachte ich nun, dass das wohl doch keine so gute Idee wäre. In diesem großen Land schien Ökolandbau sehr schwierig zu sein.

Rollin', rollin', rollin'

Zu den schönsten Dingen in Kanada zählte für mich das Autofahren. Bei Kelly gab es reichlich Gelegenheit dafür. Am liebsten waren die Kanadier in Pick-ups unterwegs, die hier alle Trucks nannten. Kelly hatte natürlich auch einen Truck, einen blauen Ford. Pferde waren für die Arbeit im Gras- und Buschland meist sinnvoller, aber weil alles so weit voneinander entfernt war, kamen die Pferde in den Hänger und wurden zu den Weiden der North und South Ranch gefahren.

Der blaue Ford kam mir sehr alt vor. Besonders groß war er auch nicht. Die Ladefläche hatte nur eine schmale Reling – alles, was hinten abgelegt wurde, musste mühsam festgezurrt werden. Verglichen mit den modernen, riesigen Pickups, die auch als Trutzburg durchgehen konnten, war dieser eher ein Geräteschuppen. Er war rostig und laut, hatte aber eine durchgehende Sitzbank, wie man sie aus alten US-Filmen kannte. Sehr sympathisch.

Meine Füße reichten jedoch nicht ganz an die Pedale – wie bei dem Trecker, mit dem ich rückwärts ins Wasserloch gerast war. Aus diesem Grund besorgte ich mir bald ein speziell geformtes Kissen, das zusätzlich als Lehne verwendet werden konnte. Und überhaupt: Bei allen Dingen ließ sich der Truck Zeit. Schon das Anlassen dauerte länger als gewohnt. Erst wenn das »*Wait to start*«-Signal ausging, konnte ich den Motor starten. Lüftung und Radio stammten mutmaßlich aus den Fünfzigerjahren. Die Lüftung, im Winter immens wichtig, funktionierte gar nicht mehr, das Radio buchstäblich mit Ach und Krach. Bei den Fahrten klapperte und quietschte es, aber ich kam vorwärts. Mit dem Radio konnte ich tatsächlich noch etwas Musik hören sowie das Inforadio des Senders CBC. Dummerweise redeten da alle noch schneller als ich. Es schien mir fraglich, ob ich diese Moderatoren jemals würde verstehen können. Gleichwohl wurden sie angenehme Begleiter, wenn ich lange unterwegs war. Über Stunden folgte ich mitunter einer Straße, immer geradeaus, oft völlig allein. Am Straßenrand tat sich nicht viel, die Landschaft zog gemächlich an meinem Fenster vorbei, genau so, wie es mir einer von Kellys Freunden mit den Worten »*the gently rolling countryside*« beschrieben hatte. Die Zeit raste nicht, aber sie zog sich auch nicht – ich dachte gar nicht über sie nach. Wunderschön.

Einmal fuhr ich mit Kelly zur North Ranch. Ich wollte mir dort alles anschauen, weil der große Cattle Drive anstand: Die Rinder sollten zu den Winterweiden gebracht werden. Wir hatten einen Pferdeanhänger dabei, weil wir die Weiden abreiten wollten. Es hatte mich überrascht, wie unkompliziert die Pferde in den Hänger gestiegen waren. In Deutschland hatte ich immer nur mitbekommen, wie sich die Tiere wahnsinnig anstellten, wenn sie in solch ein Vehikel mussten. Bei Kelly schienen sie sich zu sagen:»Okay, wenn wir nicht in den Hänger steigen, müssen wir fünf Stun-

den laufen. Da fahren wir lieber mit.« Kelly brauchte nicht
einmal eine Rampe, sondern die Pferde machten einfach einen großen Schritt.

»Warum bleiben deine Pferde so entspannt?«, fragte ich,
während wir langsam über die Schotterwege rollten.

»Ich habe sie so trainiert. Jemand hatte mir mal gezeigt,
wie ich besser mit den Tieren umgehen kann.«

»Was heißt besser?«

»So dass es für die Tiere natürlicher und damit logischer
ist. Darum bleiben sie ruhig. Sie verstehen, was ich von ihnen will.«

»Und wie soll das gehen? Redest du anders mit ihnen?«

»Ja, aber nicht mit dem Mund, sondern mit dem Körper.
Es geht um Körpersprache.«

»Und wer hat es dir gezeigt? Jemand hier aus der Gegend?«

»Nein, das war ein Amerikaner. Ich hatte mal einen Kurs
bei ihm gebucht. Bud Williams hieß er.«

»Bud Williams? Bei ihm hast du gelernt!? Das ist aber
cool!« Zu Hause hatte ich über ihn, den »Kuhflüsterer«,
und seine Methode Low Stress Stockmanship ein wenig
gehört. Es ging dabei um einen stressarmen Umgang mit
Tieren. Schon lange hatte ich überlegt, wie der stressfreie
Umgang mit einer Rinderherde wohl zu realisieren war.
Das Wissen, so dachte ich in diesem Moment, könnte zur
Grundlage meiner Arbeit mit Rindern werden, falls ich jemals selbst welche haben sollte. Woher kam nur so plötzlich dieser Gedanke?

Wir erreichten die North Ranch. Die beiden Pferde
hatten wir schon vorher gesattelt, nur die Trensen mussten
wir noch anlegen. Die Tiere sahen interessant aus, weil sie
eine Mischung aus Appaloosa- und den rustikalen Kalt-

blut-Pferden waren. Das Ergebnis erinnerte mich an den Satz »Quadratisch, praktisch, gut«. Die Pferde waren eher klein, hatten dafür einen kräftigen Hintern, der den Reiter gut tragen konnte. Und sie besaßen tolle Eigenschaften: Sie waren überaus wendig und sehr besonnen. Unmittelbar nachdem die Pferde aus dem Anhänger gekommen waren, pinkelten sie. »So machen sie es immer«, sagte Kelly. »Sie wissen, dass sie gleich laufen müssen und dann keine Zeit mehr dafür ist.« Später entdeckte ich, dass die Cowboys es genauso machen. Ganz wie im Film *Der Schuh des Manitu,* wo Santa Maria zu seinen Kumpanen sagt: »Jetzt geht nochmal jeder aufs Klo, und dann reiten wir los.« Früher dachte ich, das sei ein Scherz. War es aber nicht. Mal eben zwischen Hunderten von Rindern pinkeln zu gehen, war nicht lustig.

Zwei weitere Volunteers kamen von einem anderen Hof hinzu: Richard aus Deutschland und Dory, eine Spanierin. Auch Kellys Mann Newton war am Wochenende aufgetaucht. Ich sah ihn zum ersten Mal, er hatte kurze schwarze Haare, war hager und groß, sehr schweigsam. Er war völlig fertig und musste erst mal schlafen. Immer wieder hörte ich ihn aus dem Schlafzimmer schreien und fluchen, weil er so starke Magenkrämpfe hatte. Kelly versuchte ihn zu überzeugen, etwas zu essen, aber er bekam nichts hinunter. Richtig glücklich erlebte ich ihn nur, als wir später einmal das Jungvieh zur Ranch holten. Da scherzte er auf seinem Pferd und fragte: »Bist du Japanerin? Du knipst so viel!«

Wir ritten los und achten darauf, zusammenzubleiben. Nur Kelly konnte sich hier orientieren. Anfangs verstand ich nicht, wie sie es tat.

»Was machen wir, wenn jemand verloren geht?«, fragte ich. »Solange ihr euch nicht orientieren könnt, müsst ihr hoffen, dass die Pferde den Weg zurück zum Auto finden. Aber darin sind sie erstaunlich gut.«

Wir kamen an einem großen Dugout vorbei, einem breiten Loch. Kurz hielten wir an. »Das hat ein Bagger ausgehoben, später ist Grundwasser hineingeflossen«, sagte Kelly zu mir. »Jetzt ist es eine Viehtränke. Merk dir, wo sie liegt. Im Winter wirst du hierherreiten müssen, um sie mit einer Axt aufzuhacken.« Und schon ging es weiter.

Es dauerte ein bisschen, bis wir die Herde von vielleicht hundert Rindern und ebenso vielen Kälbern entdeckten. Es war eine wilde Mischung von bunten, braunen und weißen Leibern, eher gepunktet als gescheckt.

»Wir treiben sie in diese Richtung«, rief Kelly und zeigte mit dem Arm nach rechts. »Zwei reiten hinten, die beiden anderen an der Seite.« Ich war irritiert, die Aufstellung war völlig anders als bei Paul. Und es ging auch viel ruhiger zu – bei Paul waren wir im gestreckten Galopp um die rasende Herde gejagt, hier bewegten sich Pferde und Rinder im Schritt. So blieben die Tiere gut lenkbar und vor allem zusammen. Alles lief so kontrolliert ab wie bei einem Wandertag in der Grundschule.

Ich ritt an der Seite und passte auf, dass keines der Tiere abbog. Es war eine gute Formation – in der Mitte der Herde gingen die Mütter mit den Kälbern. Sie wurden nicht getrennt, sondern blieben die ganze Zeit in Kontakt.

Hier schrie keiner, es gab keine roten Köpfe, es war wunderschön. Unter mir knarzte der Sattel, neben mir stapften und muhten die Rinder, und schaute ich nach vorne, wurde mein Blick von zwei Pferdeohren umrahmt. Bis zum Horizont konnte ich schauen, nichts verstellte den Blick. Bevor ich nach Kanada flog, hatte ich gelesen, dass Saskatchewan als das »Land der ständig wechselnden Himmel« galt. Es stimmte wirklich. Da es nie windstill war, veränderte sich das Aussehen dieser Sphäre schnell und unablässig. Das Erlebnis von Weite war für mich fast ergreifend. Ich war glücklich.

Wieder daheim, fragte ich Kelly, ob sie mir zeigen könnte, wie ein Lasso geworfen wird.

»Das kann ich gerne machen«, antwortete sie. »Aber für die Arbeit bei mir brauchst du es nicht.«

»Ich will es trotzdem können.«

Kelly musste erst mal ein Lasso suchen. Als sie es gefunden hatte, drückte sie es mir in die Hand. »Wie du siehst, sind Lassos nicht einfach nur Seile, sondern an manchen Stellen versteift. So behalten sie ihre Form.«

»Und jetzt?«

»Du nimmst die aufgewickelte Seilschlaufe in die linke Hand, den Loop in die rechte.«

»Den Loop – also die Schlinge?«

»Richtig. Wenn du sie über dem Kopf kreisen lässt, vergrößert sich der Loop.«

Ich probierte es aus, schwang das Seil und ließ es irgendwann los. Gleich darauf schmerzte mein Kopf. Das Seil war mir buchstäblich um die Ohren geflogen.

Kelly lachte. »Du musst deine Hand galant mitdrehen, dann passiert dir das nicht.«

»Und wann soll ich die Schlinge loslassen?«

»Dann, wenn sie vor deinem Körper ist. In dem Moment musst du die Hand ganz gerade halten. So dass du die Rocky Mountains vor dir sehen kannst.«

»Die Rocky Mountains? Das verstehe ich nicht.«

»Deine Fingerknöchel. Wenn sie wie vier Berge vor dir stehen, lässt du den Loop los. Und vergiss nicht, gleichzeitig das Seil in der linken Hand loszulassen. Sonst fängst du nur dein eigenes Pferd.«

Nach einigen Übungswürfen klappte es ganz gut und ich nahm die ersten Zaunpfähle ins Visier. Dabei blieb es aber auch. Mochte anderswo das Lasso zum Cowgirl-Sein gehören – bei Kelly war das nicht der Fall, das hatte sie mir nur zu deutlich zu verstehen gegeben. Überhaupt führte sie im Lauf der nächsten Wochen meine Vorstellungen über Cowgirls ad absurdum. Bei Kelly war alles anders. Sie selbst kam mir wie eine Äbtissin in einem Orden vor, der sich einen natürlichen Umgang mit Tieren verordnet hatte. Ihr Ordensgewand war der dunkelblaue Overall. Und statt einer Haube trug sie eine Wollmütze.

Mein Initiationsritus für diesen Orden wurde ein Erlebnis im Korral, der Fanganlage, in der wir Rinder sortierten. Es war noch im Herbst, mehr als hundert Tiere wurden von der großen Weide geholt und sollten in Gruppen in das speziell eingezäunte Areal getrieben werden. Dieses Mal saß ich nicht auf dem Pferd, sondern war zu Fuß unterwegs. Und zwar ziemlich zügig. Entsprechend schnell liefen auch die Rinder vor mir in den Korral. Kaum drin, stießen die ersten an die Umzäunung, sie sprangen dort regelrecht hoch, weil sie so abrupt ausgebremst wurden. In dem Moment pfiff Kelly mich zurück.

»Anja, so geht das nicht. Du quälst die Tiere!«, rief sie.

Mir war gar nichts aufgefallen. »Ich bin doch nur reingegangen, ohne irgendetwas zu machen. Ich habe sie weder verprügelt noch geschrien.«

»Aber sie springen vorne an die Umzäunung.«

»Weil es so eng ist.«

»Nein Anja, das ist nicht der Punkt. Du machst die Tiere nervös. Eigentlich müsstest du ihnen deutlich machen, dass alles gut ist und sie sich überhaupt keine Sorgen machen müssen.«

»Und wie soll ich das bewerkstelligen?«

»Das üben wir jetzt. Merke dir: Du musst bloß wie ein Baum sein!«

»Ein Baum? Der steht doch nur und macht nichts.«

»Es geht nicht um das Machen, es geht um das Wirken. Du musst dich mit dem Boden verwurzeln. Runterkommen. Durchatmen. Dann wirst du für die Rinder so harmlos wie ein Baum und wirkst nicht gefährlich wie ein Raubtier. Probiere das aus.«

»Bei was jetzt genau?«

»Du schaust jetzt nur, welche Nummern auf den Ohrmarken stehen und rufst mir die Zahlen zu. Ich überprüfe dann, ob sie auf meiner Liste stehen. Wenn ja, kann die Kuh wieder auf die Weide. Die anderen bleiben im Korral.«

Damit ich die kleinen Marken und Zahlen in diesen wuscheligen Ohren erkennen konnte, mussten die Tiere langsam und nahe an mir vorbeigehen. Sie durften also keine Angst vor mir haben. Ich versuchte mir vorzustellen, wie ich mich im Boden verwurzelte und zwischen den Viechern stand wie ein kanadischer Ahorn. Zunächst passiert nichts, aber nach einer Weile merkte ich: Die Tiere machten genau das Gleiche wie ich. Sie kamen zur Ruhe, schienen ihrerseits mal richtig durchzuatmen. Ich war überrascht, welchen Einfluss mein Verhalten hatte.

Nach einer Weile Baum-Sein war Kelly ganz zufrieden mit mir: »Das klappt nun viel besser. Jetzt Folgendes: Du siehst die vielen abgetrennten Boxen im Korral. Da müssen die Tiere nun hinein.«

»Wie gehe ich als Baum?«

- 171 -

»Bewege dich langsam und gezielt. Setze deine Schritte behutsam, aber schleich dich nicht an wie ein Wolf. Auch das können wir kurz probieren, wenngleich du bei dieser Aufgabe gar nicht groß gehen musst.«

Ich machte ein paar Schritte unter der Aufsicht von Kelly. Weil ich nicht mehr so forsch unterwegs war wie vorhin, wurde mir erstmals klar, dass die Kühe langsamer liefen als Menschen. Sie waren nur halb so schnell. Darum war mir Kelly manchmal so steif vorgekommen. Sie machte, obwohl sie groß und schlank war, oft kurze, überlegte Schritte, um die Tiere nicht zu verunsichern.

»So, Anja«, unterbrach sie bald darauf meine Laufübungen. »Jetzt müssen wir die Tiere in die Boxen bekommen. Meist genügt es schon, wenn du als Baum stehst und nur die Schulter drehst, und zwar vom Tier weg. Auf diese Weise gibst du den Weg frei.«

»Das ist alles?«

»Ja, aber es ist dabei sehr wichtig, dass du runterkommst. Wer umherwirbelt und Pirouetten dreht, hat kein Maß mehr für die Feinarbeit.«

Dass man mit der Schulter die Körperachse drehen kann, kannte ich von meiner Arbeit mit Pferden. Trotzdem konnte ich mir gerade nicht vorstellen, dass die Kühe meine horizontalen Schulterzuckungen auch nur eines Blickes würdigen würden. Aber es funktionierte so, wie Kelly es vorhergesagt hatte. Weil es um sehr viele Tiere ging, hatte ich viel Zeit zum Üben. Kelly schaute sich das an, machte eine Menge kleine Korrekturen und gab mir trotzdem ein gutes Feedback.

Da ich nun selbst ruhig war, hatte ich Zeit, auf Einzelheiten zu achten. Ich sah, wie ein Tier die Ohren nach hinten klappte, damit es mich im Blick behalten konnte, bemerkte, wie ein anderes zu seiner Freundin zurückrannte, weil es Angst bekam, und registrierte, wie ein ranghohes Komm-mach-mal-Platz-Rind herantrabte und die anderen einfach wegdrückte.

Wenn ein Rind glaubte, es könnte jetzt ganz gut mal Pause machen und ich anderer Meinung war, reichte es, wenn ich einige Schritte auf das Tier zuging. Damit signalisierte ich ihm, dass die Pause verschoben werden musste. Mehr Druck musste ich nicht machen, weil die Rinder ohnehin nur trotten und nicht sprinten sollten. Einen Stock brauchte ich erst recht nicht. Kelly stand unterdessen ebenfalls wie ein Baum da und rief den Tieren lediglich zu: »*Look for the hole!*« (»Schaut, wo das Loch im Zaun ist!«) Das Loch war das Tor, durch das die Rinder zu ihrer Gruppe gehen sollten.

»Sie sind so gut trainiert, dass ich sie notfalls alleine, ohne Helfer sortieren könnte«, sagte Kelly, als wir fertig waren. »Und das Beste ist: Die Muttertiere geben das, was sie hier lernen, an die nächste Generation weiter. Genauso wie den richtigen Umgang mit den Menschen.«

»Wie meinst du das?«, fragte ich erstaunt.

»Sie zeigen den Kälbern, dass sie Vertrauen zu den Menschen haben dürfen, aber Distanz wahren sollen.«

»Und das hast du alles bei Bud Williams gelernt?«

»Klar. Du bekommst hier gerade einen Praxiskurs in Low Stress Stockmanship.«

Ein paar Tage später wurden wir zu Nachbar Michael gerufen. Er wollte seine älteren Kühe sortieren und brauchte noch ein paar flinke Unterstützer, zum Beispiel Richard, den Volunteer, und mich. Kelly kam nicht mit. Als ich mich verabschiedete, murmelte sie, dass die Dinge da wahrscheinlich etwas anders laufen würden.

»In welcher Weise?«

»Das wirst du schon sehen.«

Ich ritt auf Tamarack zu dem Nachbarn, Richard nahm das Auto. Tamarack war ein brauner Araber mit schöner, glatter Mähne und sehr edlem Kopf. Er besaß eine Nervenstärke, die den Arabern, die ich von zu Hause kannte, fehlte. Bis ich ihm begegnete, war ich der Ansicht gewesen, nie mit einem Araber arbeiten zu können. Aber Tamarack war anders. Er vereinigte in sich die Vorteile der entspannten Westernpferde und die der Araberpferde, die hohe Geschwindigkeiten erreichen. Er konnte richtig schnell rennen. Es war herrlich.

Als ich mich der Ranch von Michael näherte, hörte ich das Gebrüll von Männern und dachte: Was ist da denn passiert? Ich wusste, dass Michael auch Bisons hatte; es waren mächtige, geradezu spektakuläre Tiere mit gewaltigen Köpfen. Wenn die in Panik gerieten, ging es rund. Offenbar war das gerade der Fall. Sehen konnte ich noch nichts. Als ich näherkam, verstand ich, was die Männer schrien. Es waren kurze Sätze wie:»Hey, Achtung, da kommt wieder die Irre!« Oder:»Pass auf, sie greift an!« Und:»Scheiße, sie springt über den Zaun!«

Ich ritt weiter, quer über den Hof von Michael. Was ich hinter den Gebäuden erblickte, erinnerte mich an alte Gemälde, auf denen Schlachten dargestellt wurden: eine wogende Masse behornter, brauner Leiber, dazwischen vier Cowboys ohne Pferde, die ihre Stöcke schwangen wie einst Husaren ihre Säbel. Alle wirkten panisch, als seien Mensch und Tier gerade von einem Wolfsrudel umstellt worden. Als sie mich sahen, versuchten die Cowboys zwar einen standesgemäßen Das-kriegen-wir-schon-hin-Blick zu wahren, doch die seltsam verzerrten Gesichter und die gefletschten Zähne zerstörten diesen Eindruck.

- 174 -

Überrascht stellte ich fest, dass es sich bei den braunen Leibern gar nicht um durchgeknallte Bisons handelte, sondern um die Rinder von Michael. Ihn selbst konnte ich anhand von Kellys Beschreibung leicht ausmachen: Vollbart, etwas untersetzt, Jeans und Daunenjacke. Doch was ging hier ab? Die wollten doch nur die Kühe in die Fanganlage bringen. Exakt das tun, was Kelly und ich gestern allein geschafft hatten. Was für ein Unterschied. Menschen als verwurzelte Bäume sah ich nicht. Mir schien es eher, dass Männer hier ums Überleben kämpften. Zumindest hörte es sich so an.

Richard traf ein, ich band Tamerack an einen Pfosten, und wir versuchten, uns irgendwie einzubringen. Die Männer schienen sich zu freuen, dass wir kamen. Gemeinsam versuchten wir eine Kette aus Menschen zu bilden, um fünf Rinder von den restlichen zwanzig abzutrennen und in ein Gehege zu lotsen. Keine Kuh sollte durch die Kette gelassen werden. Natürlich probierten die Rinder, Lücken zwischen den Menschen zu entdecken. Ich war ein bisschen kleiner als die Männer und ruderte gewaltig mit meinen Armen herum, um noch als Mauer wahrgenommen zu werden. Es gelang nicht immer. Ab und an kam ein Rind wild angeschossen, und ich musste beiseite springen, damit es mich nicht platt trampelte. Bisweilen stellte sich auch einer der Männer tapfer in den Weg und gab dem Tier ganz untapfer einen kräftigen Schlag auf die Nase. Es kam dann ins Straucheln, schüttelte den Kopf vor Schmerz und versuchte zu verstehen, was gerade passiert war. Das wäre ein guter Moment gewesen, vorsichtig auf das Tier zuzugehen, um es zum Umdrehen zu bewegen. Aber so lief das hier nicht. Stattdessen bekam es noch einen Schlag, bis es das machte, was der Mann wollte.

Als die Tiere endlich in der Fanganlage waren, klappte auch das Sortieren nicht. Oft drängte sich ein Rind in die falsche Gruppe. Es zurückzuholen, war kaum möglich, weil alle so aufgescheucht waren. Gingen die Cowboys in die Gruppe hinein, stoben die Rinder weg wie Fliegen von einem Kuhfladen.

In diesem Augenblick war ich seltsam glücklich, dass ich diesen extremen Kontrast zwischen Kellys Arbeitsweise und der von Michael erleben durfte. Dass ich mich entschieden hatte, hier auszuhelfen und nicht mit dem Pferd in der Gegend herumzureiten, wie ich es ursprünglich vorgehabt hatte. Vielleicht hätte ich sonst nie verstanden, wie überlegen Kellys Methode war, wie wörtlich ich das »Low Stress« in der Methode Low Stress Stockmanship nehmen sollte. Es war eine faszinierende Erkenntnis für mich: Kelly arbeitete viel effizienter – sie konnte allein mit mir als Gehilfin ihre riesige Herde sortieren. Mit fast unmerklichen Bewegungen hatte sie den Tieren deutlich gemacht, was sie wollte. Michael hingegen trat mit doppelt so viel Personal an, und spannte dann auch noch uns als Nachbarn ein. Trotzdem lernten die Tiere nur eines: Wenn ich hierhin gehe, bekomme ich Schläge, an der anderen Stelle ist es weniger schmerzhaft. Michael war ein guter Typ, doch, verglichen mit Kelly, gebärdete er sich in dieser Situation wie ein plumper Amateur.

Wir hatten vormittags angefangen und arbeiteten bis in den Nachmittag hinein. Nach vier, fünf Stunden konnten wir uns vor Erschöpfung kaum mehr auf den Beinen halten. Michaels Frau Diana hatte Essen gekocht. Aber wir trauten uns nicht ins Haus, denn wir waren von oben bis unten voll mit Kuhscheiße. Auch das lag an der hiesigen Arbeitsweise. Weil die Viecher vor den Schlägen der Cowboys Angst hatten, mussten sie vor Aufregung ständig aufs Klo. Oder sie preschten auf der Flucht durch die Fladen der Kollegen, sodass alles hoch spritzte. Da das bei Kelly überhaupt kein

Thema gewesen war, war ich gar nicht auf die Idee gekommen, Ersatzkleidung mitzunehmen. Aber jetzt, in diesem Zustand, wollten Richard und ich uns keinem zumuten. Wir aßen auf der Veranda.

Dabei sah ich immer noch die Viecher vor mir, wie sie in vollem Galopp gegen die Gitter krachten und sich dabei die Nasen blutig stießen. Später sollte ich noch oft solche Szenen erleben, in Kanada wie in Deutschland. Es schien für alle völlig normal zu sein. Kaum einer fragte sich: Geht es nicht vielleicht anders? Oder: Tut das den Tieren nicht weh? Ist das überhaupt effizient? Alles war egal. Dahinter steckte immer der Gedanke: Kühe sind dumm. Die Cowboys nahmen sich nie Zeit für ihre Tiere, darum kannten sie sie auch nicht im ruhigen Zustand. Wenn sie mit den Rindern arbeiteten, gingen sie immer mit Karacho und Prügelenergie ans Werk. Sie dachten, sie müssten die Tiere so in Schwung bringen. Aber nur ein paar Augenblicke später erschienen die Rinder dann so wild und gefährlich, dass die Cowboys glaubten, sich verteidigen zu müssen. Dabei sind Kühe doch so gemächliche, besonnene Wesen, die sich eigentlich nur sicher fühlen wollen.

Abends erzählte ich Kelly von der Begebenheit bei Michael, es war eine gute Gelegenheit, das Gespräch über Low Stress Stockmanship fortzusetzen.

»Wann wart ihr bei Bud Williams? Er lebt doch in Texas, oder?«

»Stimmt. Vor fünf Jahren waren wir bei ihm. Seither praktizieren wir die Methode auf unserer Ranch.«

»Und wenn du es anderen in einem Satz erklären müsstest, wie würdest du es dann formulieren?«

»Die Grundidee ist, den Stress für Tiere abzubauen, indem man sich ihren Gewohnheiten anpasst – und nicht umgekehrt. Ein einfaches Beispiel hast du ja bei mir mitbekommen: Rinder sollen laufen, aber nicht rennen.«

»Dadurch werden sie leichter lenkbar, verstehe.«

»Ich hab dir doch mal von dem Bullen erzählt, der seine Herde verloren und schon lange keinen Menschen mehr gesehen hatte?«

»Klar.«

»Wir wussten nicht, wie er reagieren würde. Fühlte er sich zu sehr bedrängt, konnte er gefährlich werden. Wir hatten schnelle Pferde dabei und hätten ihn im gestreckten Galopp zu seiner Herde jagen können. Es hätte uns wahrscheinlich sogar Spaß gemacht. Aber womöglich wäre er gerade dann wild geworden, hätte uns angegriffen oder wäre einfach durch den Zaun gebrochen. Das hätte mich dann viel mehr Zeit gekostet, als ihn im ordentlichen Kuhtempo laufen zu lassen.«

»Gut, das habe ich verstanden. Aber wie lenke ich sie?«

»Das hängt von der Situation ab. Du musst deine Methode anpassen, je nachdem, ob du langsam hinter einer Gruppe von Tieren hergehst oder auf dem Pferd reitest. Oder ob du auf einem schmalen Weg unterwegs bist oder auf einer großen Weide.«

»Aber gibt es nicht einen kleinsten gemeinsamer Nenner?«

»Du lenkst, indem du der Herde oder dem Tier einen Impuls gibst.«

»Einen Impuls?«

»Ja, aber eben keinen Schlag mit einem Stock, den man auch als Impuls deuten könnte. Sondern indem du ein bisschen auf das Tier zugehst und gleich darauf wieder ein paar Schritte zurück machst. Entscheidend ist, wie nahe du der Kuh kommst und in welchem Winkel du dich ihr näherst.

Low Stress Stockmanship bedeutet, dass du die Privatsphäre eines Tieres wahrst. Du kommst ihm nahe, aber nicht zu nahe.«

»Wie bei Menschen also ...«

»Sehe ich auch so. Du hast auch eine Komfortzone, bis zu der dir fremde Menschen auf die Pelle rücken dürfen. Wird diese Grenze überschritten, fühlst dich unwohl und gestresst. Bei den Rindern ist es nicht anders.«

»Und wie weit geht die Komfortzone eines Rinds?«

»Das Tier reagiert schon, wenn du noch ein gutes Stück entfernt bist. Du kannst mal bei einem Rind, das auf der Weide liegt, testen, wie sehr deine Nähe Druck aufbaut. Kommst du von schräg hinten, wendet die Kuh dir zunächst ihren Kopf zu. Trittst du noch näher, steht sie irgendwann auf. Das ist der Impuls. Die Kunst ist, im richtigen Moment den Druck wieder abzubauen, indem du dich wieder entfernst. Das wirkt belohnend, und das Tier lernt, dass es schneller seine Ruhe hat, wenn es weicht.«

Wir redeten an diesem Abend noch sehr lange. Kelly erzählte mir, wie man sich das typische Verhalten einer Kuh zunutze machte. Dass Kühe etwa in einer Sortieranlage am liebsten durch das Tor wieder hinausgingen, durch das sie hineingekommen waren. Oder dass bei Impfaktionen, für die Mütter und Kälber kurz getrennt werden mussten, es schon reichte, Kälbern ins Gesicht zu schauen. Sie blieben dann stehen, und die Mütter sortierten sich selbst. Die Kälber konnten dann durch einen kleinen Fangstand getrieben werden und ihre Spritze bekommen.

Mein Lieblingsausdruck aber war der vom »inneren Auge«, auf das man beim Treiben der Rinder achten sollte. Im ersten Moment hörte sich das für mich etwas esoterisch an, aber es ging um das echte Auge eines Tiers.

»Als wir kürzlich die Herde über die Weide trieben, sind wir nicht vorneweg geritten, sondern zwei blieben an der Seite, die anderen beiden hinten«, erinnerte Kelly. »Die beiden hinten sollten auf einer geraden Linie von rechts nach links und wieder zurück reiten und nicht die Herde einkreisen. Weißt du das noch?«
»Sicher«
»Okay. Wenn du nun möchtest, dass die Herde nach links abbiegt, gibt es zwei Möglichkeiten. Entweder reitest du weit nach rechts und übst von dort leichten Druck aus – die Herde biegt ab. Oder aber du trittst aus dem toten Winkel eines Tiers heraus, sodass es dich plötzlich mit dem linken Auge wahrnimmt. Dann fragt es sich: ›Wer nähert sich denn da?‹ und wendet den Kopf, sodass es dich sehen kann.«
»Ab wann kann mich eine Kuh sehen?«
»Sobald du von hinten kommend ihr Auge erkennen kannst. Der Trick ist: Wenn sie ihren Kopf nach links wendet, du also ihr innen liegendes Auge gut sehen kannst, geht sie automatisch nach links. Ein Rind läuft immer in die Richtung, in die es schaut.«
Das war also das Geheimnis des inneren Auges.

21

Wut um sechs

Es war Sonntag und ich war mit Julian zum Skypen verabredet. Immer wieder hatten wir das in den Tagen zuvor
versucht, aber ständig kam etwas dazwischen. Wie gestern:
Der Samstag war eigentlich als frei eingeplant, aber dann
mussten wir Kühe treiben, weil in der Nacht zuvor irgendjemand Viecher auf dem Highway entdeckt hatte. Das waren leider Kellys Rinder. Der freie Tag musste dran glauben und damit die Zeit zur Seelen- und Beziehungspflege.
Nun wollten wir es um sechs Uhr in der Früh versuchen. In
Deutschland war es zu der Zeit bereits gemütlicher Sonntagnachmittag.

Ich kam aus meinem kalten Zimmer und freute mich
schon. So lange hatte ich Julian schon nicht mehr gesprochen. Im Haus war es noch still. Stufe für Stufe tastete ich
mich im Dunkeln die Treppe entlang. Manchmal knarzte
es – dann zog ich meinen Fuß zurück. Ich wollte die anderen nicht aufwecken. Frierend tapste ich ins Wohnzimmer,
dort stand der Rechner auf einem Tisch in der Ecke. Er war

immer an. Ich musste nur ein bisschen die Maus bewegen, schon war der Bildschirm wacher als ich. Ich tippte meinen Benutzernamen und mein Kennwort in das Skype-Konto ein, das Programm überlegte eine Weile, ob alles passte, dann höre ich das vertraute Startgeräusch. Ich war online. Sofort klicke ich auf meine Kontakte. Viele Freunde von mir waren online. Julian war es nicht. Gut, dachte ich, es war noch ein paar Minuten vor sechs, er saß eben noch nicht am Rechner. Es blieb noch etwas Zeit, E-Mails zu lesen. Aber ich hatte keine Ruhe. Ich wollte jetzt Julian sprechen!

Ich schaute wieder nach. Er war immer noch nicht online. Ich blickte auf die Zeitanzeige. 5:59 a.m. stand da. Eine Minute noch. Wahllos zähle ich Sekunden rückwärts wie Houston beim Start einer Rakete. Lautlos sprang die Uhr auf 6:00 a.m. Jetzt sollte mir ein grüner Punkt signalisieren, dass er online war. Aber: ER WAR NICHT DA! Obwohl ich wusste, wie unzuverlässig er war, nervte es mich unglaublich. Oder war ich enttäuscht? Wahrscheinlich beides. *Come on,* Julian! Was ging da ab? Vielleicht hatten ihn seine Eltern mal wieder in ein Edelrestaurant eingeladen und er hatte den Nachtisch nicht so schnell geschafft. Zu lecker war wahrscheinlich die Luxuscreme auf Luxuslikör. Wahrscheinlich hatte er selbst gerade auf die Uhr geschaut und gemerkt, wie spät er dran war.

6:03 a.m. Immer noch nicht online. Ob ihm etwas zugestoßen war? Aber dafür machte er zu wenig. Nur ungern setzte sich Julian Gefahren aus. Lag er mit einer anderen im Bett? Und nichts störte ihn gerade mehr als mein dämlicher Skype-Anruf? Aber am Sonntagnachmittag? Bitte nicht. 6:07 a.m. Immer noch nicht online. Ich wartete und wartete, und unaufhaltsam stieg die Wut in mir auf. Vielleicht hatte er die Zeit falsch berechnet. Acht Stunden war ich in

Saskatchewan zurück. Du Arsch! Hast du es vergessen? Ich klickte auf den kleinen Telefonhörer. Skype wählte. Dud-di-Dud ... Duud, erklang es leicht sphärisch. Dann brach das Programm den Wahlversuch ab.

Also, letzter Versuch: Ich startete Skype neu. Vielleicht hatte sich das Programm einfach nur geirrt mit der Online-Anzeige. Und der arme Julian versuchte die ganze Zeit verzweifelt, mich zu erreichen. Wieder meldete ich mich an. Wieder kein Julian. 6:18 a.m. Langsam wurde das Schweigen im Netz zur Gewissheit. Ich war doch so kulant wie irgend möglich. Aber er war einfach nicht da! Er war nicht da für mich, obwohl ich hier morgens im sechs in diesem eisigen Zimmer saß und wartete. Da hatte ich einfach keinen Bock drauf. Das brauchte ich nicht. Ich wollte Verlässlichkeit, wenn wir schon etwas fest ausmachten. Aber ich schien ihm nicht so wichtig zu sein.

Schlafen konnte ich nicht mehr. Darum setzte ich mich in die Küche. Noch immer war keiner wach. Heute brauchte ich ein besonderes Frühstück. Pfannkuchen mit Apfelmus. Genau. German Pancakes with Applesauce! Und Zimt und Zucker. Selbst Kelly mochte sie. Sie verzichtete auf die hier üblichen Varianten mit Vanillesoße oder Ahornsirup – die deutsche Variante, gerollt natürlich, schmeckte ihr zu gut.

Ich musste mich ablenken. Der ganze Tag lag noch vor mir und da war ja noch dieser rote Schuppen. Dieser eine von den dreien, in den ich noch nie geschaut hatte. Wann immer ich an diesem Häuschen vorbeigegangen war, hatte es auf mich ein wenig geheimnisvoll gewirkt. Wie ein verbotenes Zimmer. Nina hatte bei unserer ersten Erkundungstour etwas von Müll geraunt. Mehr wusste ich nicht. Was war da drin? Ein Skelett? Eingelegte Leichenteile? Radioaktiver Abfall? Heute, zufällig an dem Tag, an dem ich Julian nicht erreichte, wollte ich mehr wissen.

Langsam öffnete ich die Tür. Sie ging nach außen auf. Durch den größer werdenden Spalt kam mir Müll entgegen. Ich riss die Tür auf. Unglaublich. Der ganze Schuppen war voll mit Müll. Mannshoch! Fraushoch! Ich konnte ihn nicht betreten. Überall lagen ausgemusterte Einkaufstüten, gefüllt mit Unrat.

Ich war schockiert. Das passte gar nicht zu Kelly. Gab es hier keine Müllabfuhr? Wurde hier nichts recycelt? Oder funktionierte das in den Randbereichen der Zivilisation nicht so?

Ich schaute mich um und suchte mit meinem Blick Nina, die gerade wieder ihre freie Zeit auf der Ranch verbrachte. In der Ferne sah ich sie – ich winkte ihr zu.

»Hier ist etwas außer Kontrolle geraten«, rief ich.

Nina kam näher. »Du meinst den Schuppen. Na ja, ist halt Müll.«

»Gerade deshalb brauchen wir einen Plan! Deutsche Recycling-Kompetenz!«

»Okay. Ja. Das muss mal entsorgt werden. Hier gibt es leider nur keine Müllabfuhr.«

Wir gingen ins Haus und beratschlagten, was zu tun war. Zunächst prüften wir im Internet, wie es wirklich um das kanadische Müllsystem bestellt war. Kelly schien sich damit noch nicht auseinandergesetzt zu haben. Plötzlich ein Hoffnungsschimmer: Einen Teil des Mülls konnten wir offenbar zu Sarcan nach Meadow Lake bringen. Die Firma schien sich um das Recycling in Saskatchewan zu kümmern. Wir würden vielleicht sogar etwas Geld bekommen: Zehn Cent pro Dose, Plastik- oder Glasflasche. Vor uns lag demnach ein Vermögen. Na ja, verbuddelt in einem stinkenden Haufen. Wir mussten ihn durchforsten. Waah!

Je mehr wir uns durch den Haufen wühlten, desto mehr wurde deutlich, was wir ohne Geld zu entsorgen hatten. Vieles mussten wir wohl verbrennen. Was wären die Alternativen? Entweder wurde es irgendwo anders verbrannt und nicht auf der Ranch, oder es landete auf einer Deponie. Wie es aber dorthin kommen sollte, war mir unklar. Es gab damit keine andere Option: Wir mussten die Sachen auf dem Hof verbrennen.

Derweil wuchs in mir eine nie zuvor verspürte Begeisterung für das tolle deutsche Recyclingsystem. Auch wenn das Duale System in good old Germany umstritten war, auch wenn die Leute bei Tonne und Sack zuweilen unter Gelb-Verwirrung litten – wenigstens landete der Müll nicht irgendwo, sondern hatte einen Platz.

Was wir mit den Getränkeverpackungen und dem Restmüll machen sollten, wussten wir nicht. Aber wir fingen einfach an zu sortieren. Es ging über Stunden. Nach dem Mittagessen versuchte ich, im Internet noch weitere Informationen zu finden. Aber über Sarcan hinaus schien es kein anderes Recyclingsystem in der näheren Umgebung zu geben.

Niedergeschlagen begaben wir uns wieder zu den Müllbergen. Was wir nicht abgeben konnten, sammelten wir auf einem Haufen und verbrannten es nach und nach in einem ausrangierten Ölfass. Die Hunde genossen den irregulären Heizpilz im Freien, der noch dazu die Insekten fernhielt, die weiterhin unterwegs waren. Ich selbst fühlte mich unglaublich mies (ein zweites Mal an diesem Tag). Noch nie hatte ich etwas so Umweltschädliches gemacht. In einer normalen Müllverbrennungsanlage gab es wenigstens Filter.

Die Tonne stand am Rand eines Pfads, auf dem plötzlich ein Mann vorbeispazierte. Es war der alte Mann, der neben Kellys Farm in einem weiß gestrichenen Wohnmobil wohnte. Er war ein kleiner, runzeliger Mann mit Nachnamen Brown. Alle nannten ihn Brownie. Die Haare waren ihm schon ausgegangen und er trug Bundfaltenhosen und einfarbige Pullover. Ich hatte ihn schon mal herumfliegenden Müll aufsammeln sehen. Vielleicht kannte er sich damit aus. Wir schilderten unser Problem, als er bei uns angekommen war. Schließlich hatte er eine Idee: »Bringt doch einen Teil des Mülls nach Makwa.« Makwa war ein Dorf, nur siebzehn Kilometer entfernt. Allerdings genau in der entgegengesetzten Richtung von Meadow Lake, wo wir den Rest des Mülls hinbringen wollten. »In Makwa habe ich mal Recyclingtonnen gesehen.« Bevor wir antworten konnte, machte er uns ein Angebot. »Ich habe in meinem alten Camper auch schon etwas Müll gesammelt, wenn er anspringt, könnte ich einen Teil von eurem Müll mitnehmen.«

»Ist er schon so alt, dein Camper«, fragte ich.

»O ja«, sagte Brownie. »Ich habe ihn 1972 gekauft, er ist also fast vierzig Jahre alt.«

Anschließend kletterte er in das eierschalenfarbene Gefährt – und es sprang an. Wir stiegen ebenfalls ein und fuhren gemeinsam nach Makwa. Dort gab es tatsächlich Container für Kartons, Zeitschriften und Zeitungen, auch für Plastik mit bestimmten Recyclingnummern.

Als wir zurückkehrten, war ich so motiviert, dass ich bis zum Abend weitersortierte. Ich fand heraus, dass in einen großen schwarzen Sack 250 Getränkedosen passten. Das hieß, ein Sack brachte 25 kanadische Dollar. Am Ende der Sammelaktion würden vielleicht zehn Säcke zusammenkommen. Die mussten wir dann auf mehrere Tage verteilt wegbringen. Alles auf einmal ging nicht, weil die Auszahlungen wohl auf 50 oder 75 kanadische Dollar pro Person und Woche limitiert waren. Die Angaben im Internet waren aber widersprüchlich. Der Grund schien zu sein, dass es in der Nachbarprovinz Manitoba kein Recyclingsystem gab. Darum fuhren ständig Leute von Manitoba nach Saskatchewan, um Geld zu kassieren.

Wenn wir dranblieben, sollte ein bisschen Geld zusammenkommen. Nina und ich beschlossen, es in die Farm zu investieren. Wir planten einen neuen Staubsauger zu kaufen, vielleicht sogar einen Kühlschrank. Kelly würde sich freuen!

Fortan galt ich hier als die Recycling-Queen. Auch wenn wir am Ende einige Möglichkeiten gefunden hatten, den Müll loszuwerden, war ich doch überrascht, wie rückständig Kanada in dieser Beziehung war.

22

Edmonton

Auf der Farm bekam ich eine seltsame Angewohnheit: Immer wenn das Wort »Kanada« fiel, begann ich, die hiesige Nationalhymne vor mich hin zu summen. Das verblüffte mich umso mehr, als mir staatliches Liedgut ansonsten völlig egal war. Aber seit meinem Aufenthalt in Edmonton ... nun, da war etwas passiert.

Wir wollten dorthin, bevor der große Schnee kam. Mit dabei waren Richard, Andrea aus Großbritannien, eine Helferin von einer anderen Farm, und ich. Edmonton lag in der Nachbarprovinz Alberta, mit dem Auto war die Strecke in fünf Stunden zu schaffen – für kanadische Verhältnisse lag Edmonton also lächerlich nah. Über die Stadt wusste ich eigentlich nichts. Kelly sagte: »Edmonton ist ganz nett« – sie konnte Städten nicht so viel abgewinnen – »aber zur Farmfair lohnt es sich.«

Es war mein erster richtiger Ausflug hier in Kanada, und er würde gleich über drei Tage gehen. Wir fuhren mit einem alten Van, der sonst ungenutzt auf dem Hof herumstand.

- 188 -

Meadow Lake lag fast auf gleicher Höhe wie Edmonton, wir mussten also einfach nur gen Westen fahren. Immer geradeaus. Aufpassen mussten wir trotzdem, denn es konnte passieren, dass mal nach 60, mal erst nach 200 Kilometern auf dem Highway lediglich ein winziges grünes Schild den Weg zu einer bestimmten Stadt oder zum nächsten Highway weist.

Die Landschaft war oft so einsam und karg, dass man sich bisweilen nahe der Tundra wähnte. Dabei lag Edmonton auf demselben Breitengrad wie Hamburg. Ein langes Stück fuhren wir auf dem Yellowhead Highway, dem nördlichen Zweig des Trans-Canada Highways. Dieser war mit mehr als 7000 Kilometern die drittlängste Straße der Welt und in Kanada genauso berühmt wie die Route 66 in den Vereinigten Staaten. Der Yellowhead Highway reichte immerhin über knapp 2700 Kilometer von Winnipeg in Manitoba bis nach Prince Rupert in British Columbia. Übertragen auf Europa könnte ich also auf einer solchen Straße von meiner Heimat im Erzgebirge bis nach Lissabon fahren. Wir kamen an Hunderten Ölpumpstationen vorbei und überquerten kurz vor Edmonton den mächtigen North Saskatchewan River, der in den Rocky Mountains entspringt.

Edmonton hat ungefähr so viele Einwohner wie Köln. Als wir uns er Stadt näherten, sahen wir schon von Weitem die typische Hochhaussilhouette nordamerikanischer Metropolen. In der Stadt bemerkte ich zwischen den Hochhäusern jedoch immer wieder kleine alte Häuschen, die wie aus fernen Zeiten übrig geblieben wirkten. Das erste Ziel in Edmonton war dann auch ein solches Haus, das aber weiter draußen in einem Vorort lag. Dort hatten wir über Couchsurfing eine Unterkunft gefunden.

Am nächsten Tag fuhren wir früh zur Messe. Sie fand auf dem Ausstellungsgelände statt, eingequetscht zwischen Pferderennbahn und Eisstadion, zu dem Zeitpunkt noch Heimat der Eishockey-Mannschaft Edmonton Oilers. Sie war der Stolz der Stadt.

Die Farmfair war das Oktoberfest Edmontons – ein Ereignis, auf das sich viele freuten, auch wenn es genau genommen im November stattfand und ja nur eine Landwirtschaftsmesse war.

Doch diese hier zeigte sich als facettenreiches Getümmel. Gewaltige Maschinen, herausgeputzte Tiere, Cowboys und vereinzelt Männer mit langen Bärten, die Frauen mit geblümten Kleidern durch die Menge zogen: Hutterer. Mich befremdete die Zuverlässigkeit, mit der hier alle meine Erwartungen erfüllt wurden. An der einen Stelle dudelte eine Band Country Songs, an der nächsten roch es nach Steaks, Rinder wurden gewaschen, geföhnt und rasiert und Pferde prämiert.

Ich spazierte mit Richard und Andrea durch die Hallen. Irgendwann landeten wir in der Arena, in der später ein Rodeo und Bull Wrestling stattfinden sollten. Jetzt gerade ging es beschaulicher zu – drei Mädchen bekamen Reitunterricht. Wir setzten uns trotzdem auf eine Zuschauerbank und genossen die Stille. Und ich fand es interessant, einen Reitunterricht auf Englisch zu erleben.

Bald danach kam Leben auf den Platz: Die Ranch Horse Competition fand statt. Im Galopp sollten Pferde kleine langsame und schnelle große Zirkel reiten. Gezeigt wurden außerdem Galoppwechsel, Rollbacks, also Richtungswechsel mit sofortigem Angaloppieren, sowie Spins, bei dem die Hinterbeine der Pferde wie die Spitze eines Zirkels stehen blieben, während sich die Vorderbeine im Kreis drum herum bewegten. Spektakulär sahen die Sliding Stops aus, bei denen Pferde ihre Hinterbeine als Bremse in den Boden rammten und auf ihnen – je nach Geschwindigkeit – noch einige Meter nach vorne rutschten. Es wirkte, als wollten sie sich aus dem vollen Galopp heraus hinsetzen. Im zweiten Teil wurde der Cow Sense der Pferde geprüft – ihre Fähigkeit, das Verhalten der Rinder zu verstehen und ohne Signal des Reiters darauf zu reagieren.

Wir gingen weiter und stöberten ein wenig in der Shopping-Halle herum, aber ich wusste nicht, was ich hätten kaufen sollen, auch wenn die angebotenen Cowboystiefel verdammt schick waren. Mich zog es in die Arena zurück, denn für den Nachmittag war eine Speed Dog Show angekündigt. Ich konnte mir darunter nichts vorstellen. Doch als ich erneut die Halle betrat, wurde mir klar: Es ging um Agility Parcours. Großartig! Genau das, was ich mit Raya daheim im Wald geübt hatte, etwa Hindernisse in hohem Tempo zu bewältigen, fand hier in professioneller Form statt.

Die Trainerin der Gruppe machte ordentlich Stimmung, als sie die Hunde, ihre menschlichen Begleiter und die Spezialgebiete vorstellte: Obedience, Dog Dance und Trick Dogging. In der Kategorie Obedience, Gehorsam, wurde das Zusammenspiel von Mensch und Hund bewertet. Es ging nicht darum, dass ein Hund außergewöhnlich artig war, sondern dass Mensch und Hund besonders geschmeidig zusammenarbeiteten. Ganz ähnlich war es beim Dog Dance, nur kam hier eben noch Musik hinzu, und alle sechs Beine, vier vom Hund, zwei vom Menschen, sollten ihr Ausdruck verleihen. Trick Dogging bedeutete, dass der Hund kleine Tricks zeigte. Die Trainerin erzählte, dass zehn kanadische Hunde bei der Agility-Weltmeisterschaft in Österreich teilgenommen hatten, fünf davon seien aus Edmonton gewesen – und vier aus ihrem Verein. Während sich die anderen wieder auf die Tour durch die Hallen machten, schaute ich gebannt zu, was die Tiere zeigten. Es motivierte mich, mit Raya weiter Agility zu üben. Und mir wurde klar, wie sehr ich mir einen eigenen Hütehund wünschte.

Nach der Show stand der Höhepunkt des Tages an: das Heritage Ranch Rodeo. Da durften nur echte Cowboys antreten, also solche, die ihr Geld mit der Arbeit auf einer Ranch verdienten. Bevor es jedoch losging, trug überraschenderweise eine Frau Gedichte vor. Es ging in ihnen um das Leben auf einer Ranch, und trotz der andächtigen Vortragsweise war das Publikum begeistert. Dass mir gleich darauf die Tränen kamen, lag dann aber nicht an den Gedichten, sondern an einer Frau, die mitten in der Arena stehend die kanadische Hymne sang. In zwei Reihen hatten sich die Rodeo-Reiter aufgestellt, um sie herum ritt eine weitere Frau mit weißem Cowboyhut und Kanada-Flagge in der Hand. Es war zum Heulen schön: toller Gesang, fantastische Pferde und echte Cowboys in voller Montur. Diese Reiterin wäre ich gern gewesen.

Dann schrillte eine Glocke, eine grüne Gittertür öffnete sich, und ein Pferd schoss heraus. Es war, als wäre ein Dämon in das Pferd gefahren und zwänge es nun, Delfin zu spielen. In einer irren Abfolge sprang es nach vorn, senkte den Kopf, der Rücken krümmte sich und zwei Beine schlugen hinten aus. Obendrauf saß ein Mensch. Nein. Er saß nicht. Er lag eher und wurde dabei in alle Richtungen geschleudert. Sein Kopf prallte in der einen Sekunde beinahe hinten auf die Kruppe des Pferdes, in der nächsten katapultierte sein Oberkörper weit nach links. Der Hut flog in hohem Bogen in den Sand. Kurz darauf folgte ihm der Reiter. Die Zuschauer johlten.

Nur ich blieb still, auch wenn ich dieses Spektakel genauso interessant fand wie die Kanadier. Aber ich verstand nicht, nach welchen Regeln hier was passierte. Ich blickte zur Seite. Neben mir saß ein gut aussehender Typ. Ein Bilderbuch-Cowboy mit Hut, Stiefeln, Hemd und Jeans, höchstens ein bisschen glatter rasiert, als es Cowboys gewöhnlich waren. Dunkle Haare kringelten sich unter seinem Hut hervor, sicher war er zehn Jahre älter als ich.

Er bemerkte, dass ich ihn musterte und drehte seinen Kopf zu mir. Ich hatte keine Zeit mehr, meinen wegzudrehen. Er lächelte.

»Hi, ich bin Randy«, sagte er.

»Anja.«

Er musste an meinem Akzent hören, dass ich aus dem Ausland kam. Aber er fragte nicht, woher ich stammte, sondern: »Gefällt es dir hier?«

»Sehr«, erwiderte ich. »Aber ich verstehe nicht alles.«

»Was du hier siehst, ist das Bronc Riding: Ein Pferd buckelt mit Sattel und Cowboy auf dem Rücken für ein paar Sekunden herum.«

»Warum tut das Pferd dies? Ist es so wild?«

»Es wird nur wild gemacht. An den Flanken der Pferde wird ein Gurt angelegt. Dort sind sie sehr kitzlig. Ihn will es mit den Sprüngen loswerden. Aber es sieht natürlich so aus, als ginge es um den Reiter.«

Ich verstand. Der Gurt war der Dämon.

»Wann wird der Gurt wieder abgenommen?«

»Gleich nach dem Ritt. Dann ist das Pferd wieder ganz normal.«

»Du kennst dich gut aus. Was arbeitest du?«, fragte ich Randy.

»Ich züchte und trainiere Pferde.« Er erzählte von seiner Farm in British Columbia, doch es fiel mir schwer, mich zu konzentrieren. Ich dachte an diesen Gurt. Musste ich mir jetzt die Freude am Rodeo verbieten? Durfte man Spaß daran haben, wenn dabei so mit den Tieren umgegangen wurde? Ich kannte ja selbst die Momente, wo mich die Lust packte, ein Pferd mal richtig zu scheuchen.

Nach dem Rodeo folgte das Bullenreiten. Auch dort kam der Gurt zum Einsatz. Das Bullenreiten war deutlich gefährlicher als das Rodeo, weil die Tiere gerne die Heruntergefallenen auf die Hörner nahmen. Dann eilten sofort zwei, drei Männer als Clowns verkleidet herbei, um den Bullen abzulenken und Verletzte zu bergen.

In der Pause suchte ich die Bereiche auf, wo die Pferde und Bullen untergebracht waren, die am Rodeo und Bullenreiten teilgenommen hatten. Sie standen hinter Bretterverschlägen, aber ich konnte durch Lücken im Zaun schauen. Die Tiere standen da ganz entspannt, die Bullen käuten wieder. Das war nicht so wie in einem Schlachthof, wo sie ins Leere starrten, innerlich wegtraten oder unruhig wurden, weil sie die Panik der anderen rochen.

Ich ging zurück zu Randy und erzählte von meinen Bedenken.

»Es sieht für dich vielleicht schlimmer aus als es ist«, sagte er. »Die Rodeo-Pferde lernen es schnell, mal acht Sekunden lang durchzudrehen und danach wieder mit den Kumpels zu chillen.«

»Ich wäre aber trotzdem gerne mal näher dran. Würde den Pferden in die Augen schauen wollen, um zu sehen, wie es ihnen geht, wenn da plötzlich der Gurt an der Flanke klemmt.«

Randy stand auf und ging an die Bar. Er brachte mir eine Whiskey Cola mit. Der Drink schmeckte großartig.

Plötzlich räusperte sich Randy und sagte:»Ich habe gerade sieben Jungpferde daheim und schaffe es nicht, sie alle zu reiten. Magst du ein paar Wochen bei mir auf der Ranch verbringen?«

»Klingt gut«, antwortete ich. Aber ich war überrascht. Hätte er mich auch dann eingeladen, wenn ich nicht allein, sondern mit Richard und Andrea hier gesessen hätte?

Das Programm wurde noch recht skurril. Beim Team Doctoring arbeiteten die Cowboys zusammen: Einer fing ein Kalb, zwei fesselten die Beine und taten so, als würden sie ihm eine Spritze geben. Weitaus bizarrer war dann das Wild Cow Milking: Mehrere Männer versuchten eine Kuh zu fangen, sie festzuhalten und ein Glas Milch zu melken. Meine Favoriten waren zwei Frauen, die emsig mitmischten.

Nach dem Team Branding, dem gespielten Setzen eines Brandzeichens, brach ich auf. Ich verabschiedete mich von Randy, dem netten Cowboy.

»Wirst du kommen?«, fragte er.

»Vielleicht«, antwortete ich.

»Dann gebe ich dir meine Nummer.«

Er schrieb sie mir auf einen kleinen Schnipsel Papier.

Tags darauf ging es schon wieder zurück. Kurz nachdem wir gestartet waren, bemerkten wir ein seltsames Geräusch, das wir uns nicht erklären konnten. Wir hielten an, umrundeten mehrmals das Auto, und dann war klar: Wir waren wohl drei Tage ohne Arbeit zu schwer für dieses Fahrzeug geworden. Die Karosserie schliff links am Reifen. Was tun? Wir packten das Auto komplett neu, um den Schwerpunkt nach rechts zu verlagern. Zu unserer Überraschung funktionierte es.

Kaum zurück bei Kelly, fiel der erste Schnee und die übliche Action war angesagt. Doch ich hatte nun, wenn mal das Wort »Kanada« fiel, etwas zu summen.

23

Meeting the Elements

Ich hatte einen neuen Job. Für ein Wochenende war ich Haushüterin bei Rosalyn geworden, einer Freundin von Kelly, die nicht weit entfernt wohnte, mit dem Auto vielleicht eine gute halbe Stunde. Sie und ihr Mann waren verreist, darum hütete ich von Samstag bis Montag ihren Hof. Für mich sollte der Aufenthalt eine Art Kurzurlaub sein. Es war schön ruhig hier, und ich musste nur die Pferde, Kühe, sieben Hund und fünf Katzen versorgen. Das war zwar fast Tierheim-Niveau, aber ich freute mich darauf.

Angekündigt waren allerdings Temperaturen von minus 50 Grad, darum wurde mir auch aufgetragen, alle drei Stunden den Ofen zu versorgen, um die Räume einigermaßen warm zu halten. Rosalyn hatte sogar noch überlegt, angesichts der Kälte die Reise gleich ganz abzusagen. Aber ich hatte ihr zu verstehen gegeben, dass ich das schaffen würde.

Ich ging auch davon aus, dass es reichte, alle vier Stunden Holz nachzulegen. Die letzten Scheite hatte ich gegen Mitternacht in den Ofen geschoben, den Wecker stellte ich mir entsprechend auf vier Uhr. Als ich dann schlaftrunken zum Ofen taumelte, war er bereits kalt. Selbst in der Asche glühte nichts mehr. Kein Problem, dachte ich. Dann mache ich das Feuer eben neu an. Ich schichtete Holz auf, packte einen Anzünder dazu und suchte nach einem Feuerzeug. Leider gab es keines, zumindest keines, das funktionierte. Streichhölzer fanden sich auch nicht. Offenbar lag es außerhalb der Vorstellungskraft der Hauseigner, dass das Feuer mal ausgehen könnte. Nun aber war es aus, und alle fünf Minuten sackte die Temperatur um ein Grad ab.

Mittlerweile war ich hellwach. Binnen kurzer Zeit waren es nur noch 14 Grad in den Räumen, aber ich fand ums Verrecken kein Feuerzeug. Ich nahm das leere Feuerzeug und schlug damit ein paar Funken. Manchmal entstand auf diese Weise noch kurz eine winzige Flamme. Das hilflose Drehen am Schleifrad erinnerte mich an einen alten Trick, den ich mal in der Schule ausprobiert hatte: Halte ein Feuerzeug vor ein Deo, dann gibt es eine schöne Flamme. Ein Deo hatte ich dabei. Ich kramte es aus dem Kulturbeutel und schlug abermals ein paar Funken. Nach einigen Versuchen gelang es mir endlich, das Feuer im Ofen erneut zu entfachen. Doch bis es richtig brannte, dauerte es mehr als eine Stunde. Um halb sechs ging ich wieder zu Bett. Es war mir ein Rätsel, wie Rosalyn und ihr Mann es schafften, alle drei Stunden aufzustehen.

Ich hatte mir vorgenommen, an diesem Wochenende mit zwei wilden Pferden zu arbeiten. Rosalyn hatte sogenannte Halter-Broke-Pferde, die zwar schon ans Halfter gewöhnt worden waren, sich aber kaum führen und schon gar nicht reiten ließen. Da Rosalyn einen tollen, halb windgeschützten und eingezäunten Bereich für die Tiere hatte, wollte ich testen, ob meine Fähigkeiten als Pferdeflüsterin auch bei diesen Wildlingen funktionierten.

Am nächsten Morgen war es draußen so eisig, dass ich an die Worte von Kelly denken musste, die derzeit oft sagte: »*Meet the elements!*« Mit *elements* meinte sie alle Tücken des Wetters. Der Kampf gegen die Elemente, in diesem Fall die extreme Kälte, konnte nur mit Kleidung gewonnen werden. Meine Montur: Ganz unten trug ich Socken aus Schafswolle, darüber Winterstiefel in einer Dimension, die ich in Deutschland noch nicht gesehen hatte. Darüber Spezialunterwäsche mit langen Beinen, eine Skihose sowie eine gefütterte, massive Overallhose. Oben herum startete ich mit einem Unterhemd sowie einem langärmligen T-Shirt. Dazu Fleecepulli, Kapuzenpulli, der einen Extra-Kälteschutz am Hinterkopf bot, meine norwegische Super-Wollweste, die ich in Edmonton in einem Secondhandstore gefunden hatte, und schließlich die Winterjacke. Der Kopf wurde gewärmt mit einer Ohrenmütze plus der Kapuze vom Pulli. Um den Hals hatte ich ein Tuch sowie einen dicken roten Schal gewickelt, der bis zur Nase reichte. Das Gesicht schützte ich mit einer Maske. An den Händen funktionierten bei dieser Kälte nur noch Fäustlinge, die hier Mits genannt wurden. Ich hatte ein Paar aus Wolle gewählt, darüber ein weiteres Paar aus derbem Leder – für die Arbeit ideal.

Draußen ging zunächst alles gut. Selbst mein Piercing fror mir noch nicht die Lippe ab. Nur das eisige Brillengestell verursachte bisweilen Kopfschmerzen. Später wurde die Brille allerdings zu meinem größten Problem. Sie zwang mich, die Nase freizulassen, sonst beschlugen die Gläser. Die Nase ragte, nur mit einer Fettcreme geschützt, aus der Gesichtsmaske heraus. In der Kälte lief sie mir die ganze Zeit. Doch ich wischte sie nicht ab, weil ich fürchtete, dass ich die Creme gleich mit abreiben würde. Das war ein Fehler, denn wegen des Rotzes fror mein rechter Nasenflügel an der Gesichtsmaske fest. Als ich im Haus meine Kälterüstung wieder auszog, hatte ich eine schlimme Verbrennung. Es heißt so, weil Kälte das Gewebe ebenso ruiniert wie Feuer. Meine Nase schmerzte höllisch.

Weil ich sie etwas schonen wollte, widme ich mich statt den Wildlingen der kleinen Kälte – dem Kühlschrank von Rosalyn. Beim Öffnen der Tür blitzten kurz Erinnerungen an Kellys roten Schuppen auf. Aber nach ein paar Stunden war alles erledigt: Die Vorräte waren sortiert, die zumindest noch für Tiere genießbaren Reste landeten im Futternapf, alles andere im Müll. Später fegte ich das Haus und wischte alles. Die neue Sauberkeit entspannte mich, und ich setzte mich auf das Sofa.

Die Unordnung hier überraschte mich – Rosalyn war eigentlich eine Powerfrau mit Kurzhaarfrisur. Ich hatte sie gleich am Anfang meiner Zeit in Kanada kennengelernt. Aus einer Herde von Rindern mussten die Mütter und ihre Kälber gefiltert werden, weil sie zu Kelly gebracht werden sollten. Es war zugegangen wie bei einem heiteren Spielenachmittag – vier Stunden lang spielten wir Kuh-Memory. Die Aufgabe: Wir mussten die Ohrnummern der Mütter und die der Kälber lesen und herausfinden, welches Paar zusammengehörte. Es klappte wunderbar, doch am Ende hatten wir drei noch ganz junge Kälber ohne Ohrmarken übrig. Glücklicherweise fügte es sich, dass auch drei Kühe hinter dem Zaun laut muhend nach ihren Kälbern suchten.

Das nächste Treffen mit Rosalyn war weniger heiter, denn ich lernte, welche Konsequenzen nur wenige unachtsame Momente haben konnten. Kelly, weitere Helfer und ich waren bei ihr, um rund vierzig einjährige Rinder von der Weide zum Hof zu bringen. Rosalyn hatte zwei Girls dabei, ihre Volunteers, ganz frisch aus Großbritannien eingetroffen. Sie waren keine große Hilfe. Eher Pferdemädels wie daheim in den Ställen. Viel kichern und kreischen. Es war ihnen wichtig, dass ihre Pferde Ledertrensen trugen statt der kälteresistenten Nylondinger – wenn schon nicht die von zu Hause gewohnten Glitzersteinchen auf der Trense vorhanden waren. Auf dem Weg zur Weide gab es noch einen beglückenden Moment, der mir kurz den Atem stocken ließ. Kelly sagte:»Da hinten ist ein Wolf!« Endlich sah ich ihn in freier Wildbahn. Die Tiere waren so schüchtern, darum kreuzten sie nicht oft die Wege des Menschen. Auch dieser Wolf verschwand rasch wieder.

Wir brachten die Rinder in die Fanganlage und trennten dort die Jährlinge von ihren Müttern. Rosalyn war meist reichlich aufgedreht und viel nervöser als die große, ruhige Kelly, die die Übersicht bewahrte. Die beiden britischen Helferinnen saßen oben auf dem Zaun und schauten erstaunt dem bunten Treiben zu. Rosalyn schlug regelmäßig hinter den gerade aussortierten Jungtieren das Tor zu. Sie wollte damit sichergehen, dass diese nicht wieder zurückliefen. Doch sie erschraken sich oft und traten dann sehr kraftvoll gegen das Tor. Sie hatten sich das regelrecht angewöhnt, einer machte es dem anderen nach. Mir war das zu heikel, ich hielt mich vom Tor fern und sortierte lieber weiter hinten schon mal vor. Kelly übernahm die Aufgabe, unmittelbar neben dem Tor die Ohrmarkennummern zu notieren. Als der Zuchtbulle durchkam, trat auch er gegen das Tor. Wegen seiner Körpermasse schnellte es mit viel mehr Schwung zurück als bei den anderen Tieren, das Tor rutschte aus Rosalyns Hand und traf Kelly schmerzvoll am Knie. Ich schloss daraus, dass solche schlechten Angewohnheiten anscheinend nicht nur antrainiert, sondern auch vererbt wurden. Ähnlich hatte ich das schon bei angriffslustigen Kühen erlebt. Sie bekamen Kälber, die, obwohl erst ein paar Tage alt, auf Menschen zuliefen, um sich zu verteidigen.

Kaum war die Sortierung fertig, mühte sich Kelly mit ihrem schmerzenden Knie aufs Pferd, und wir machten uns mit der Herde auf den Heimweg. Keine Pause, kein Essen. Wir mussten uns beeilen. Fast immer ging es geradeaus, eine Dreiviertelstunde bis zum Highway. Zunächst lief es entspannt. Wir quatschten und schauten, dass die Jungtiere nicht so weit aufs Feld abdrifteten.

Wir wussten, dass die größte Gefahr beim Highway drohte. Stark befahren war er zwar nie, aber wenn ein Fahrzeug kam, war es meist ein vollbeladener Truck, der fürs Anhalten einige Zeit brauchte. Richard ritt darum in der Regel vorn, um zu sehen, ob alles frei war oder wir die Rinder vorher abbremsen mussten. Eine große Herde Jungtiere direkt an einer Straße zu stoppen – genauso gut könnte man versuchen, einen Fluss anzuhalten.

Vor dem Highway gab es noch eine kleinere Straße, bei der wir alles schon mal üben konnten. Alles lief wie geplant. Richard winkte uns zu. Die Straße war frei. Gleich darauf sperrte er sie ab, sodass wir mit der Herde queren konnten. Ein Auto kam zwar, aber das konnte rechtzeitig bremsen.

Vielleicht ging das alles zu glatt, vielleicht waren wir darum zu sorglos, als wir anschließend Richtung Highway ritten. Kurz bevor wir ihn erreichten, bogen wir nach links ab und trieben die Herde »in the ditch«, in einen tiefer gelegenen breiten Randstreifen. Bis zu Rosalyn war es nun gar nicht mehr weit. Wir plauderten entspannt. Richard hatte sich zu uns gesellt. Plötzlich hörten wir von weit her eine Hupe. Das klang nicht nach einem normalen Pkw, sondern nach etwas viel Größerem. Hatten wir nicht genügend aufgepasst? Tatsächlich, vorne, vielleicht dreißig Meter vor mir, hatten sich einige Tiere aufgemacht, die andere Seite des Highways zu erkunden. Sie waren schon aus dem Graben heraus und fast auf die Straße gelaufen. Mir wurde schlecht. Innerlich sah ich schon, wie der Truck in die Kühe raste. Zerfetzte Leiber, Herde in Panik. Ich war am weitesten vorn, darum rammte ich meinem Pferd die Fersen in die Seiten. Aus dem Graben heraus. Die Rinder mussten sofort vom Straßenrand gedrängt werden. Der Transporter raste heran. Auf der anderen Seite kamen ihm Autos entgegen. Keiner konnte mehr ausweichen. Ich trieb das Pferd. Schneller. Schneller. Der Hupton hatte keines der Rinder beeindruckt. Gerade als sie auf die Straße trotteten, war ich bei ihnen, scheuchte sie zur Seite, schon donnerte der Truck an uns vorbei.

Vor Schreck sprang mein Pferd zur Seite, aber darauf war ich gefasst und fiel nicht runter. Bald darauf konnten wir in einen Feldweg einbiegen, der zu Rosalyns Farm führte.

Und für diese Farm war ich nun verantwortlich. Erstmals in meinem Leben hatte ich eine Ranch für mich allein. Konnte mir die Zeit selbst einteilen. Selbst die sieben Hunde gaben Ruhe, lagen alle um mich herum und schliefen. Ich hatte angenommen, dass sie mich nerven würden, weil sie gewöhnlich immer Action machten. So wie Rosalyn ständig herumwuselte, machte es auch diese Meute. Rosalyn schrie dann immer: »Auf! Euren! Platz!« Aber es interessierte keinen, alle rannten weiter herum. Und überall Haare. Widerlich. Als gehörte das Haus einer Gorilla-Familie.

Am nächsten Tag war es mit der Ruhe vorbei. Die Hunde, tags zuvor so überraschend friedlich, wurden zur Plage. Die Katzen saßen, wo sie wollten. So viele Haustiere! Sie pullerten. Sie kackten. Sie kotzten. Überall im Haus. Wurde irgendwo ein Hunde-Grummeln ignoriert, wurde es zum Knurren. Langeweile war zerstörerisch für so ein Rudel. Mein Brot wurde mir vom Tisch geklaut. Sammelte ich den Müll in einer Tüte, wurde sie aufgerissen und leer geräumt. Waren sie dann mal draußen, bellten sie ohne Unterlass. Kein Benehmen, keine Erziehung, keine Aufmerksamkeit, keine Aufgabe! Nie wurde es mir so deutlich wie hier: Jeder Hund brauchte einen Job!

Die Kleinste im Rudel war die Schlimmste: Abby, eine vier Monate alte Racoon-Border-Collie-Hündin, also eine Mischung aus Waschbärjägerin und Hütehündin. Es war die Hölle mit ihr. *»Never cross a herding dog with a hunting dog«*, sagte mir das. Kreuze nie einen Hütehund mit einem Jagdhund. Die einzige Ausnahme: Man hatte das Bedürfnis, sich vierundzwanzig Stunden täglich um ein Tier zu kümmern und es extrem ehrgeizig zu erziehen. Hütehunde waren bekannt dafür, dass sie wahnsinnig schnell lernten und im Daueraction-Modus waren! Erst recht Border Collies, die krassesten Hütehunde überhaupt. Kam dann aber wie bei Abby noch der Jagdinstinkt hinzu, ging die Kooperation mit dem Menschen verloren. Das erstaunte mich, denn Hütehunde waren ausgesprochene Teamplayer. Bevor sie einen Job machten, holten sie sich immer mit fragendem Blick das Okay beim Chef. Hier in Kanada sprachen sie von einem *»will to please«*, sie möchten gefallen und alles richtig tun. Aber eine wie Abby wollte pausenlos arbeiten wie ein Hütehund und zugleich jagen wie ein Jagdhund. Sobald sie etwas älter war, würde sie wahrscheinlich ohne Ende die Tiere hetzen. Sie strengte mich dermaßen an, dass ich sie an mir festleinte, damit sie nicht mehr so viel Unruhe stiften konnte.

Bei Rosalyn bekam ich erstmals das Gefühl dafür, eine ganze Ranch allein zu managen. Es war ein Job ohne Wochenende mit vierundzwanzigstündiger Bereitschaft. Ich fragte mich, ob ich die Arbeit als Herdenmanagerin, sollte ich das je mal werden, aushalten könnte. War es möglich, sich die Arbeit so einzuteilen, dass wenigstens ein Tag pro Woche frei blieb? Anderenfalls konnte ich einen solchen Job nicht mein Leben lang machen. Ein freier Tag pro Woche war mir wichtig.

Zurück bei Kelly entdeckte ich eine E-Mail von Julian, der Schnarchnase. Er fragte, wann wir wieder skypen könnten. Dass er unsere erste Verabredung hatte platzen lassen, entschuldigte er nur vage. Im kühlen Ton schlug ich einen neuen Termin vor. Den sorgfältig vorbereiteten Wutausbruch konnte ich dann allerdings nicht mehr loswerden. Julian kündigte an, nach Kanada zu kommen. Und zwar schon bald, direkt nach Weihnachten. Damit hatte ich nicht gerechnet. War das seine Art, sich zu entschuldigen?

Einerseits fand ich das fantastisch, andererseits war ich gerade dabei, mich ein bisschen zu gut mit Hugues zu befreunden. Ich machte also genau das, was ich bei anderen gerne energisch verurteilte, weil ich es so unehrlich fand. Lag es an der Entfernung zu Julian? Daran, dass ich dachte, ich sei ihm nicht wichtig genug? Dass er nicht da war, wenn wir nur für ein paar Minuten füreinander da sein wollten? Oder lag es an dem französischen Akzent des gelockten Franzosen? Auf der Winning Ways Ranch waren wir ständig zusammen unterwegs. Er war so aktiv wie ich, manchmal fanden wir sogar Zeit zum gemeinsamen Schlittschuhlaufen. Er sang bei seinen etwas wackeligen Fahrten im Auto Musicallieder. Plötzlich war die Zeit hier noch auf ganz andere Art schön und aufregend geworden. Wie würde es sein, wenn Julian da war? Bekam das Leben dann wieder einen grauen Schleier, weil Hugues' Zauber dann vorbei und Julian mir nicht mehr so wichtig war? Jetzt waren drei Männer in meinem Kopf, wieder war einer davon Julian.

Ich erinnerte mich daran, dass Kelly einmal zu mir gesagt hatte: »Du musst lernen, Entscheidungen zu treffen.« Anlass für diesen Satz war eine Begebenheit bei Tisch: Irgendwann fiel mir auf, dass ich von Mahlzeit zu Mahlzeit immer den Platz wechselte. Mal saß ich auf der rechten Seite, mal am Ende des Tischs, mal links. Ich fragte mich, warum das so war, und teilte Kelly meine Beobachtung mit. Da kam von ihr eben genau das: »Du musst lernen, Entscheidungen zu treffen! Nicht nur hier am Tisch, sondern überhaupt. Es geht um die Frage: Was willst du in deinem Leben machen?«

Ja, das fragte ich mich ja selbst. Was wollte ich mit meinem Leben machen? »Das Beispiel am Tisch«, sagte Kelly weiter, »dahinter steckt eine grundlegende Frage: Abenteuer oder Prinzip? Willst du immer etwas anderes – oder erlegst du dir Regeln auf, nach denen du leben willst?« Hatte ich nicht schon einmal so etwas gehört? Oder gar selbst gedacht?

24

Eingehüllt
im Winterwunderland

Der Winter war Kellys härtester Gegner. Meist dauert er hier 180 bis 200 Tage – mehr als die Hälfte des Jahres war es in dieser Gegend also ziemlich kühl bis verdammt kalt. In der kältesten Periode wurden die Rinder zur Ranch getrieben, oder zumindest auf die Weiden in der Nähe, weil sie Heu brauchten und eine Liegefläche aus Stroh. Fielen die Temperaturen unter minus 20 Grad, bekamen die Tiere zusätzlich Hafer. Ab minus 30 Grad wurde er lebensnotwendig. Ohne ihn würden es die Tiere nicht mehr schaffen, die Körpertemperatur zu halten. Trotzdem blieben die Tiere meist draußen, selbst wenn es – wie zuletzt – minus 50 Grad kalt wurde. Aber Kelly muss dann besonders viel Stroh, Heu und Hafer zukaufen. Auch die Menschen aßen dann anders. Bewusst sahnig, bewusst fettig, um die Kälte zu überstehen. Sie setzte einfach jedem zu. Selbst die Technik brauchte Unterstützung. Überall hingen bei den Fahrzeugen vorne Stecker heraus. Damit ließen sie sich an ein externes Stromnetz anschließen, um das Kühlwasser zu

- 207 -

erwärmen. Bei unserem Trecker machte ich sogar ein Feuer unter der Ölwanne, um ihn zum Leben zu erwecken. Ab minus 40 Grad half aber auch das nicht mehr. Da verwandelte sich der Diesel im Tank vollends zu Gel. Propangas, mit dem hier vieles geheizt wurde, ließ sich dann ebenfalls nicht mehr nutzen.

Ich war die Einzige, die der Kälte viel abgewinnen konnte. Wenn ich mich morgens ohne Sattel auf das Pferd setzte und über die Weiden der aufgehenden Sonne entgegenritt, wenn der glitzernde Schnee unter den Hufen knirschte, wenn Louvic, Kellys Jungspund, ein wunderschöner Australian-Shepherd-Collie-Mix, und Raya freudig im Schnee herumsprangen und ein Kojote über die Wiese schlich – es war so schön, so harmonisch, so befreiend.

Selbst die flache Landschaft bekam etwas Majestätisches. Ich konnte mich daran gar nicht sattsehen. Die Bäume, die Landschaft, alles hatte der Schnee eingehüllt. Die Welt um mich herum war rein und weiß und spiegelte so meine Hoffnung wider, dass alles wieder neu anfangen könnte. Im Sommer fand ich es vor allem im Wasser schön, im Winter gefiel mir, sobald es Schnee gab, einfach alles. Ich war eben ein Winterkind.

Als Erzgebirglerin hatte ich natürlich ein eindeutiges Verhältnis zu Weihnachtsschmuck wie Schwibbögen und kleinen Engelchen: Ich lehnte alles ab, weil es in meiner Heimat allgegenwärtig ist. Aber hier im Ausland machte ich eine verstörende Beobachtung. Kurz vor Weihnachten wurde ich freiwillig zur Botschafterin des Erzgebirges. Ich hatte Kelly ein Räucherhaus mitgebracht, den Rest, die erzgebirgischen Pyramiden und die Räuchermännchen zeigte ich ihr im Internet. Sie war fasziniert von dem deutschen Brauchtum.

Natürlich wollte ein neotraditionsbewusster Mensch wie ich es dann nicht beim Räucherhaus belassen. Im Gegenteil. Ich war nun zum Äußersten entschlossen – und Nina machte mit: Ein Adventskranz musste her. Nina sammelte Zweige, ich brachte von einem Ritt ein paar Tannenzapfen mit. Gemeinsam erstellten wir unseren ersten selbst gemachten Adventskranz. Und ich legte noch eins drauf: Ich backte Stollen! Er schmeckte zwar nicht wie vom Stollenpapst in unserem Dorf, ließ sich aber zumindest als Vertreter seiner Art erkennen.

Kanada hatte an Weihnachtstraditionen nicht viel zu bieten. Doch die Weihnachtslieder gefielen mir hier besser. Wichtig war allen, dass es keinen Charlie-Brown-Weihnachtsbaum gab. So wurde ein besonders trauriges Weihnachtsbäumchen genannt, wie er einmal in einem *Charlie-Brown*-Film zu sehen war. Kelly fiel ein, dass sie bei einem ihrer Ausritte einen wunderschönen Baum gesehen hatte. Gar nicht weit weg. Wir machten uns auf die Suche und fanden nach Stunden das von ihr beschriebene Areal. Es war unklar, welche Tanne sie gemeint haben konnte, kein Exemplar hatte auch nur annähernd Weihnachtsbaumformat. Am Ende brachten Nina und ich eine Art Büschlein nach Hause, aber es gefiel allen. Kelly ließ es sich nicht nehmen, ihn selbst zu schmücken.

Am Heiligen Abend kam viel Besuch. Alle halfen mit, die Kälber zu füttern, es war sehr harmonisch und machte Spaß. Bei Tisch genoss ich die vielen Menschen – es war ein bisschen wie bei Janusz' Mutter, wenn Freunde und Familie zusammenkamen. Geschenke gab es erst am Christmas Day, also am ersten Weihnachtstag. Morgens öffneten alle ihre Stockings: Socken, die eigentlich am Kamin hängen sollten. Da Kelly keinen hatte, behalfen wir uns mit Nägeln in der

Wand. Neben Süßigkeiten, Nüssen und einer Mandarine fand ich in meinem Socken einen Ziegenkäse! Bei der eigentlichen Bescherung überreichte mir Kelly ein Päckchen, in dem ein weiches Rope, also ein Lasso war sowie ein schick geprägter Ledergürtel. Newton und Kelly wiederum bekamen einen mächtigen Staubsauger, der auf die Entfernung von Tierhaaren spezialisiert war. Nina und ich hatten ihn mithilfe des weggebrachten Mülls finanzieren können! Zum Mittagessen gab es Truthahn mit Cranberries, Süßkartoffeln, Kartoffelbrei und Grüne Klöße. Letztere steuerte ich bei, in Sachsen sind sie sehr beliebt. Der Höhepunkt kam nach dem Essen. Wir bereiteten Cindy und Schnapps, zwei Belgier-Zugpferde, für eine Schlittenfahrt vor. Zwölf Leute saßen auf dem Schlitten, und einer von uns durfte sich auf einen kleinen, flachen Schlitten legen, der angehängt wurde. Wer runterfiel, musste sich allerdings beeilen, denn die Pferde waren flott unterwegs, und für Runterfaller wurde kein Halt gemacht.

Nur zwei Tage später machte ich mich auf den Weg nach Calgary. Ich hatte Julian versprochen, ihn von dort abzuholen. Puh. Sieben Stunden brauchte mein Bus, bis ich in der Großstadt in der Provinz Alberta ankam. Das Terminal war in einem Bau aus dunkelroten Ziegelsteinen untergebracht. Außen stand in silbergrauen Lettern »Greyhound«. Ich stieg aus, zog mein Gepäck aus dem Bauch des Busses und schaute suchend umher. Hier sollte Julian irgendwo stehen. Sein Flugzeug war bereits in der Früh gelandet, und jetzt war es Mittag. Er wollte hier auf mich warten. Ich lief etwas ziellos umher. Plötzlich erblickte ich ihn inmitten von vielen Leuten. Schwarzer Anorak, eine Mütze mit weißen Rauten und Ziegenbart. Lächelnd wartete er, bis ich bei ihm war. Es hatte geklappt. Wir umarmten uns, doch sofort merkte ich, dass etwas nicht stimmte. Er war unruhig.

»Was ist los?«, fragte ich.

»Wir müssen sofort zum Flughafen.«

»Du willst zurück nach Berlin fliegen?«

»Hör auf. Es gibt ein Problem: Ich konnte den Behörden nicht erklären, warum ich nach Kanada will.«

»Warum hast du ihnen nicht gesagt, dass du mich besuchst?«

»Habe ich ja, aber die glauben mir nicht. Meine Dreads, mein Job als Koch, und dann erkläre denen mal, dass ich ein Mädel auf einer Ranch besuchen will. Das war zu viel für sie.«

»Aber du stehst doch jetzt hier!«

»Nur weil ich denen versprochen habe, dich zu holen. Du musst für mich bürgen.«

»Ich muss für dich BÜRGEN?«

»Na ja, du sollst denen erzählen, was du hier machst. Und dann ein Papier unterschreiben, dass du mich kennst und notfalls für mich aufkommst, falls ich kein Geld mehr habe.«

»Und da haben sie dich einfach rausgelassen? Das ist aber komisch.«

»Ich konnte dich nicht anrufen. Du hast ja kein Handy hier. Die haben außerdem alles, was ich bei mir hatte, als Pfand einbehalten. Auch meine Papiere. Es gab keine andere Lösung.«

Die Freude wich dahin, schlechte Laune rückte nach. Mann, warum konnte er nicht für sich selbst sorgen. Warum musste ich jetzt auf ihn aufpassen und für ihn eintreten? Ich fand das unangenehm. Aber es ging nicht anders, und so fuhren wir zum Flughafen. Dort versuchte ich den Einreisebehörden deutlich zu machen, dass alles seine Richtigkeit hatte. Irgendwann einigten sie sich darauf, dass wir harmlos waren. Wir durften gehen. Ich bekam meine Wut wieder in den Griff, und die nächsten Stunden verbrachten wir ganz im Sinne von Julian. Wir ließen uns treiben. Suchten unser Hotel und machten die Quartiere für die nächsten Tage klar. Einen Tag später war es mit dem ruhigen Glück schon wieder vorbei: Wir saßen abends in einem Restaurant, das sich The Old Spaghetti Factory nannte, als ich auf ein Stück Brot biss und spürte, dass etwas in meinem Munde barst. Ich hatte die vage Hoffnung, dass da was im Brot gewesen war, ein Steinchen vielleicht, das ich für den Krach in meinem Mund verantwortlich machen konnte. Schnell. Wo war ein Spiegel? Ich sprang auf und eilte zu den Toiletten, während Julian entspannt vor sich hin kaute. In der Toilette hing ein großer Spiegel. Was ich darin erblickte, verursachte einen Brechreiz. Den zur Zunge gewandten Teil des zweitletzten Backenzahns konnte ich Richtung Wange wegklappen. Schmerzen empfand ich dabei nicht. Ging auch nicht, weil diesem Zahn gerade erst die Wurzel entfernt worden war. Trotzdem: ein Albtraum. Ausgerechnet jetzt, zwischen Weihnachten und Neujahr. Warum ging es nicht einfach mal ohne Katastrophe?

Ich fragte die Bedienung, ob sie in der Nähe einen Zahnarzt kannte. Nein, kannte sie nicht. Aber sie drückte mir ein Telefonbuch in die Hand und zeigte mir, wo im Restaurant ich telefonieren konnte. In der folgenden Stunde wählte ich viele Nummern und erhielt einen hervorragenden Überblick über das Spektrum an Stimmen und Ansagevarianten auf Anrufbeantwortern. Einen Zahnarzt bekam ich jedoch nicht zu sprechen. Ich erfuhr, dass die meisten Praxen erst nach den Ferien wieder öffneten. Also am 4. Januar. Jetzt war es Ende Dezember, noch nicht mal Silvester. Wie sollte ich denn bis dahin essen, wenn die Zahnhälfte derart herumschlackerte. Womöglich verschluckte ich sie noch. Mein Essen ließ ich stehen, wir gingen zurück ins Hotel. Dort setzte ich meine Recherchen im Netz fort. Am Ende hatte ich etwas Hoffnung: An der medizinischen Fakultät der Universität sollte es eine Art Notdienst geben. Außerdem hatte offenbar ein regulärer Zahnarzt seine Praxis geöffnet. Doch jetzt am Abend da noch hinzugehen, lohnte sich nicht mehr.

Tags darauf lief ich nach dem einseitig von Julian eingenommenen Frühstück los. Für einen Kanadier war das eine kuriose Vorstellung: laufen. Das machte hier niemand. Die Kanadier hassten es zu laufen. Erst recht im Winter. Mein erstes Ziel war die Universität. Am liebsten wollte ich mich von diesem Studentenzahnarzt behandeln lassen. Ihn musste ich nur aufspüren, irgendwo auf dem Campus der University of Calgary. Die Uni selbst fand ich schnell, aber dann irrte ich lange zwischen den Gebäuden umher – ein Institut nach dem anderen, nur nicht das für Zahnmedizin. Immerhin war es ein netter Campus, und ich stellte mir zwischendrin vor, wie es wohl wäre, hier für viel Geld meinen Master zu machen. Ich kam nicht mehr dazu, mir selbst eine Antwort zu geben – die Türen, die ich suchte, waren verschlossen, und ich verzweifelte.

Mit Julian und Ed, unserem Couchsurfing-Gastgeber für die kommende Nacht, hatte ich vereinbart, dass sie mich von der Uni abholen sollten. Aber sie waren nicht da. Erneut packte mich die Wut. Warum war keiner aufgetaucht? War das schon wieder ein Beweis für Julians innere Unordnung? Es hatte wohl keinen Sinn, weiter zu warten. Ich musste los zu meiner letzten Hoffnung. Der Zahnarzt praktizierte etwa zehn Kilometer weiter nordwestlich. Ihn zu finden war nicht schwer, in großen Buchstaben stand »Dental« an einem flachen Gebäude. Es besaß eine Glasfront, innen brannte Licht. Ich konnte es kaum glauben, dass sich die Tür wirklich öffnen ließ. Am Empfang fragte eine freundliche Frau: »Sind Sie Anja?«

»Ja«, sagte ich. »Woher kennen Sie meinen Namen?«

»Da waren schon zwei Leute da und haben nach Ihnen gefragt!«

Julian und Ed waren also schon hier gewesen. Ich war perplex, fing mich aber schnell. »Ich brauche dringend einen Termin. Ein Zahn ist zerbrochen.«

Sie schaute in ihren Kalender, ging mit dem Finger auf dem Papier langsam abwärts und sagte: »In anderthalb Stunden kann der Zahnarzt Sie behandeln. Sie wissen, dass Sie gleich im Anschluss zahlen müssen?«

»Ja, das weiß ich.«

Zum Glück durfte ich das Telefon nutzen und erreichte Ed am Handy. Er und Julian holten mich ab, und wir nutzten meine anderthalb Stunden, um uns den nicht allzu weit entfernten Olympic Park anzuschauen. Calgary war 1988 Gastgeber für die Olympischen Winterspiele gewesen. Wir schauten uns die Sprungschanzen an, die Bobbahn, die Snowboarder und skifahrenden Kinder.

Ganz bei der Sache war ich nicht. Wie erzählte ich dem Zahnarzt alles auf Englisch? Was hieß Wurzelbehandlung? *Root treatment?* Aber was sollte ich mir da groß Gedanken machen? Da ich mich nach familiärer Beratung gegen eine Krone entschieden hatte, die den Zahn geschützt und vor der Spaltung bewahrt hätte, würde der Arzt nun auf einen Blick die gesamte Geschichte des Zahns präsentiert bekommen. Klappte man die eine Hälfte weg, sah der standhafte

Rest wahrscheinlich ähnlich aus wie die große, spektakulär emporragende Skisprungschanze hier im Park.

Als ich wieder in der Praxis war, stellten sich meine sprachlichen Sorgen als unbegründet heraus. Auf dem Behandlungsstuhl konnte ich mühelos alles auf Englisch erklären, selbst Nachfragen beantwortete ich ohne zu stocken. Der Arzt war um die vierzig, hatte kurz geschorene schwarze Haare, eine winzige Brille und natürlich blendend weiße Zähne. Nach einem kurzen Blick in den Mund entschied er, dass eine Röntgenaufnahme nötig sei. Offenbar sah es nicht gut aus. Das Bild übertraf meine düstersten Erwartungen: Der Zahn war bis in den Kiefer gespalten. Gut sichtbar war auch eine Infektion an der Spitze. Der Zahnarzt meinte, er könne versuchen, den Zahn zu retten. Aber das Risiko, dass ich ihn angesichts neuer Probleme jeden Tag verdammen würde, sei sehr groß. Aus diesem Grund entschied ich mich für die harte Tour: »*Get rid of it!*«, formulierte ich. Ermattet, nicht heroisch. Zumindest erleichterte mich die Vorstellung, dass ich das Miststück mit einem Ruck loswerden würde. Der Zahnarzt war sofort einverstanden.

Ich bekam eine Spritze und wurde anschließend in die Waagerechte gebracht. Die Helferin reichte mir Kopfhörer, mit denen die an der Decke gezeigten Fernsehbilder Töne bekamen. Leider musste ich meine Brille abnehmen, darum entschied ich mich fürs Radio. Ich suchte mir einen französischen Sender. Es konnte ja nicht so lange dauern, einen Zahn zu ziehen.

Minuten später wusste ich, dass ich mich geirrt hatte. Eine Zange, ein Ruck? Von wegen. Ohne Unterlass bohrte und meißelte der Arzt an Zahn und Knochen herum. Es fühlte sich an, als würde er in meinem Mund nach Gold schürfen. Als er dann auch noch mit einem Skalpell anrückte, um die

Zahnbasis freizulegen, wurde mir schlecht. Die Betäubung versagte, er musste nachbessern. Während die Helferin Blutspritzer aus meinem Gesicht wischte, versuchte ich zu entspannen, zu vergessen, was gerade in meinem Mund geschah. Ich dachte verzweifelt an Pferderücken im Sonnenuntergang, an die sagenhaften Himmel, die ruhige Kelly, die glückliche Raya. Doch nichts lenkte mich von diesem Horror ab. Low-Stress-Treatment kannte dieser Zahnarzt nicht. Als der Doktor mit seinen Abbrucharbeiten fertig war, musste der Krater zugenäht werden. Kaum fertig, stellte er fest, dass bei seinem brachialen Vorgehen der weiter hinten liegende Zahn seine Füllung eingebüßt hatte. Ihn flickte er dann »notdürftig«, wie er es formulierte. Erst wenn die Wunde in meinem Mund verheilt sei, könne die Füllung richtig erneuert werden, behauptete er. Wahrscheinlich war er einfach zu müde. Erwidern konnte ich ohnehin nichts, weil ich weisungsgemäß auf ein Stück Stoff biss. Der Mann schien das Gefühl zu haben, dass er mir nach diesem qualvollen Vorgehen eine Erklärung schuldete. »Nach einer Wurzelbehandlung fusioniert manchmal der Zahn mit dem Kieferknochen. Das ist bei Ihnen der Fall gewesen. Darum habe ich das Biest kaum herausbekommen.« Ich nickte und stand zitternd vom Behandlungsstuhl auf. Dass auch die nächsten Tage ungemütlich werden würden, erkannte ich am Rezept: Ich bekam Antibiotika verschrieben sowie Schmerztabletten in zwei Varianten. Alle drei Stunden sollte ich sie im Wechsel nehmen. Die Rechnung: 344 kanadische Dollar. Ich zahlte, dankte und verließ die Praxis.

Schon im Auto von Ed ließ die Betäubung nach und die Schmerzen setzten ein. Sie begleiteten mich auch in den nächsten Tagen. Das dicke Steak, das Ed für den Abend vorbereitet hatte, musste ich ausschlagen. Während er und

Julian das Abendessen genossen, spielte ich mit Raya und Eds Hunden.

Am nächsten Tag starteten wir ein volles Programm, vor allem, um mich von den Schmerzen abzulenken. Zunächst gingen wir in eine der Mountain Equipment Co-op-Filialen, kurz: MEC. Dahinter steckte ein genossenschaftlich organisiertes Outdoor-Unternehmen, in dem nur einkaufen konnte, wer Mitglied war. Mitglied werden konnte man allerdings ganz leicht. Mit fünf Dollar war man ein Leben lang dabei. Viele Kanadier deckten sich bei MEC günstig mit Winterkleidung ein. Julian, ausgemachter Liebhaber von Outdoor-Geschäften, fand es großartig. Ich auch, doch Julian war großzügiger mit sich selbst: Er gab alles Geld aus, das er zu Weihnachten bekommen hatte.

Später schauten wir uns das Glenbow-Museum an, ein privates Museum, das der Rancher Eric Lafferty Harvie der Stadt Calgary gestiftet hatte. Das Museum war eine bunte Welt. Es gab Gemälde, buddhistische Plastiken und moderne Kunst. Es ging um Themen wie neuer Realismus, aber auch um Kriegsbräute. Besonders gefiel mir ein Film des israelischen Künstlers Guy Ben-Ner. Ben-Ner hatte sich mit seiner Familie in IKEA-Filialen einquartiert und ohne Erlaubnis dort »Stealing Beauty« gedreht. Der Film war so geschickt gemacht worden, dass meist nur seine Familie zu sehen war, die vor der IKEA-Kulisse Alltag spielte.

Leider war unsere zweite Couchsurfing-Nacht noch nicht ganz klar geregelt. Trotzdem machten wir uns auf den Weg. Zu allem Unglück hatte ich nur einen Teil der Adresse und keine Hausnummer. Ich klingelte an vielen Türen. Meist passierte danach nichts, einmal öffnete uns eine junge Frau. Wir schilderten unser Problem, daraufhin durfte ich ihr Telefon nutzen. Dieses Mal meldete sich unser Couchmann. Er war noch im Kino, erklärte uns aber, wo wir den Schlüssel finden könnten.

Als wir uns von der jungen Frau verabschiedeten, fragte sie: »Soll ich mitkommen und euch beim Suchen helfen?« »Das wäre wundervoll«, sagte Julian sehr charmant. Aber selbst zu dritt fanden wir den Schlüssel nicht. »Ich kann euch bis zum Abend aufnehmen«, sagte die Frau mitfühlend.

Ich war irgendwie froh, als Julian und ich der Großstadt Calgary den Rücken kehrten und im Greyhound-Bus saßen, zurück zur Winning Ways Ranch, zurück zu Kelly. Doch dort war auf einmal etwas anders als sonst. Die Zeit schien plötzlich gegen mich zu laufen. Die Selbstverständlichkeit des Alltags wich der Unruhe knapper Glückstage. Ich hatte mich entschieden: Ich würde bald zum Rodeo-Cowboy fahren, das Angebot von Randy annehmen. Ich hatte ihn angerufen, und er war immer noch einverstanden, dass ich kam. Den Meisterkurs fürs Westernreiten wollte ich auf keinen Fall versäumen.

Plötzlich stand die Frage im Vordergrund, was ich noch alles schaffen konnte, bevor ich Kelly verließ. Das war nicht leicht, weil Julian wieder in seinen alten Rhythmus fiel. War ich draußen bei den großen Tieren, schlief er drinnen auf dem Sofa mit der Katze auf dem Bauch. Darüber ärgerte ich mich und war zugleich nicht sicher, ob ich es womöglich falsch sah. Das Sich-mal-treiben-lassen-Dürfen gehörte ja auch zum Leben, und ich könnte es mit Julian üben. War er umgekehrt mal mit mir draußen, stellte er sich äußerst geschickt an. Das stimmte mich wieder versöhnlich.

Feierlicher Abschluss meiner Zeit bei Kelly war mein Geburtstag. Ich bekam einen Mega-Schokokuchen, der dermaßen schokoladig war, dass ich an diesem und den folgenden Tagen nur jeweils ein Stück davon verkraftete. Julian schenkte mir einen Schlüssel. Er passte in ein Schloss, das ein schickes altes weiß-grünes Rennrad sicherte. Das Rad stand allerdings in Berlin, ich bekam nur ein Foto davon. Geburtstag zu haben hieß nicht, frei zu haben. Kaum war das Frühstück vorbei, mussten wir eine Stunde mit dem Auto zu einem Nachbarn von Kelly fahren. Da der Schnee nicht sehr hoch lag, hatten die dorthin transportierten Kühe bislang noch vom Schwad gefressen, dem bei der Ernte übrig gebliebenen Haferstroh, das auf den Feldern mitunter wie ein riesiger Strichcode in schier endlosen Reihen lag. Aber jetzt war das Haferstroh alle. Gemeinsam mit Julian schnitt ich vierzig Ballen Heu auf, die der Nachbar mit dem Trecker auf der Weide verteilt hatte. Die Kühe scharten sich darum wie um Verkaufsstände auf einem Markt. Von Weitem sah es so aus, als würden sie nicht nur essen, sondern dabei auch plaudern. Ein lustiger Anblick.

Gleich nebenan floss der Beaver River. Spontan ließ ich mir von Julian zum Geburtstag noch eine Wanderung schenken. Eineinhalb Stunden stapften wir durch den Schnee – erst hinab zum Fluss, dort wechselten wir über einen Biberdamm auf die andere Seite. Diese Biber arbeiten wie Ingenieure. Sie bewirtschaften riesige Territorien. Allein hier sahen wir an die zwanzig Staudämme. Die Nager bauten Kanalsysteme, um Stämme zu transportieren, stauten Bäche und Flüsse und überfluteten ganze Landstriche. Jetzt war alles tief verschneit und traumhaft schön.

Ab und an sahen wir einen von den Bibern angelegten Pfad, den wir im tiefen Schnee gerne nutzten, um unsere Beine zu entlasten. Ich dachte an einen Trickfilm, in dem die Biber im Winter in einer kuscheligen Stube unter ihrem Biberunterschlupf sitzen. Schade, dass wir keinen echten Biber sahen.

Schließlich bekam ich auch noch eine tolle Nachricht aus meiner Heimat: Die Hereford Ranch Traglitz schickte mir die Zusage für einen Job in Brandenburg, für den ich mich während meines Studiums beworben hatte. Was für ein Geburtstag.

Eine meiner letzten Handlungen auf der Ranch war, mein Recyclingsystem so gut wie möglich auf Papptafeln am roten Schuppen zu erklären. Nur so hatte es eine Chance, weitergeführt zu werden. Anschließend brachte ich Julian nach Saskatoon.

Auf die Ranch kehrte ich nur noch zurück, um mein Gepäck abzuholen. Ich sagte einigen Pferden Adieu und ging mit Louvic, meinem kleinen Ziehhund, noch einmal zum nächstgelegenen Rindergehege und schaute in die Ferne. Würde ich einmal hierher zurückkommen? Wie würde es dann auf dieser Ranch aussehen?

Nach meiner Abschiedsrunde traf ich Kelly und Newton noch ein letztes Mal im Haus. Kelly machte mir Mut, meinte, manche Wege würden sich öfter kreuzen und lächelte mich dabei an. Sie war Abschiede von den Helfern gewohnt und gab jedem etwas mit. Ich bekam ein Foto, auf dem Eigenschaften notiert waren, mit denen Kelly sich an mich erinnern würde. Ich war dankbar für die Zeit bei ihr und drückte sie ganz fest. Sie begleitete mich zur Tür und hockte sich zu ihren Hunden auf den Hof. Als Nina und ich losfuhren, war mir ein bisschen nach Weinen zumute. Aber es flossen keine Tränen, ich wusste, wie viel ich in meinem Herzen aus dieser Zeit mitnahm.

25

Schneestraßen-Abenteuer im Dunkeln

Ich sah nur weiß. Also nichts. Es hatte extrem geschneit und ich war von Edmonton kommend auf dem Highway 16 unterwegs. Unterwegs nach Westen, wie einst die Siedler in ihren Trecks. Gerade war ich überholt worden, und es war, als führe ich nun durch eine frisch geschüttelte Schneekugel. Ich nahm den Fuß vom Gas. Erst wenn sich die Schneekugel wieder beruhigt hatte, würde ich wissen, ob ich noch auf der Straße war. Am Ende des Tages dürfte ich mehr als 900 Kilometer gefahren sein. Bislang hatte ich nur einen Bruchteil davon geschafft. Aber das Unterwegssein war Teil des Lebens in Kanada. Auf diesen Fahrten begriff ich, warum die Leute hier so gerne Country-Musik hörten. Im Sommer passte es eh zur entspannten Stimmung. Im Winter beruhigte es einen, wenn man bangend durch ein gefrorenes Land fuhr. In Deutschland fahren hieß, Kilometer zu zählen, hier dachte ich gar nicht darüber nach, dass ich fuhr.

Morgens hatte ich Nina zum Flughafen gebracht, sie wollte nach Deutschland fliegen, weshalb ich den Ford

- 221 -

Escort vorübergehend behalten durfte. Es war für mich der dritte größere Abschied binnen kurzer Zeit: erst Julian, dann Kelly – jetzt sie. Nina und ich, wir hatten so viel zusammen gemacht. Rinder getrieben, Zäune geflickt, und wir waren ausgeritten wie im Pferdemädchentraum. Ich freute mich immer, wenn sie am Wochenende auf die Ranch kam.

Ihr Lebensmodell funktionierte gut. Ich bewunderte die Coolness und Selbstverständlichkeit, mit der sie die Arbeit in der Spedition durchzog. Sie brauchte das Geld, um unabhängig zu sein. Irgendwann würde sie ihre eigene Ranch haben. Das deutsche Leben hatte sie längst hinter sich gelassen. Hier ging sie total auf.

Nach einer Weile fragte ich mich, ob ich mit dem mysteriösen Cowboy einen neuen Freund gewinnen würde. Natürlich hatte ich in den vergangenen Wochen einige Male mit den anderen über ihn geredet. Die meisten fanden es komisch, dass ich so etwas machte, als junge Frau. Ich wusste ja nichts von ihm. Nur, dass er allein in einem Trailer wohnte, einem dieser containerartigen Häuser, die auf Lastwagen zu beliebigen Orten transportiert werden konnten. Sein Haus war nicht gebaut, sondern geparkt worden. In Kanada war das okay. Die kannten das hier. Trotzdem war es komisch, als ich die Adresse im Internet eingab. Das Satellitenbild zeigt an der Stelle ein großes Nichts. Andererseits war es angenehm gewesen, beim Rodeo neben ihm zu sitzen. Meistens ging ich erst mal davon aus, dass Menschen gut waren. Ich wollte offen sein für Neues, für Impulse von außen.

Kelly hatte in ihrer weisen Art gesagt: »Wenn es dich da hinzieht, dann mache es. Aber falls es komisch ist, fahr sofort wieder zurück! Ganz gleich, wie lange du für die Fahrt gebraucht hast und wie müde du bist.« Darum war es gut, dass ich das Auto von Nina nutzen durfte und auch Raya dabeihatte.

Als ich einen ersten Halt machte, stand sie bis zum Bauch im Schnee und konnte sich nur hüpfend vorwärtsbewegen. Es sah lustig aus und war noch dazu praktisch, denn durch diese Art der Fortbewegung ermüdete sie rasch. Zurück im Auto, schlief sie gleich ein.

Ich fuhr weiter. Auf einmal gab die vor mir hängende graue Wolkenwand den ersten Blick auf die Rocky Mountains frei. Was für ein Anblick! Die Wucht der Höhe, die Schönheit der Berge und die Weißheit des Schnees! Ich war ergriffen und musste ein paarmal tief durchatmen, um meinen Herzschlag wieder zu beruhigen.

Etwas später erreichte ich den Jasper-Nationalpark. Dort musste ich erneut anhalten. Am Straßenrand standen Bighorn-Schafe! Schon lange wollte ich die Wildschafe mit ihren mächtigen, eingedrehten Hörnern in der freien Natur erleben. Und jetzt weideten sie einfach da und suchten neben dem Highway etwas zu futtern. Für einen kurzen Moment kam die Sonne heraus. Das Licht verwandelt alles. Es war so atemberaubend schön hier, dass ich mich kurz in einer anderen Welt wähnte. Aber ich musste weiter.

Gegen drei kam ich in Jasper an. Es war ein kleines Städtchen, etwa 200 Jahre alt, umgeben von Bergen und Seen, direkt am Athabasca River gelegen. Der hatte nicht weit von hier, am Athabasca-Gletscher, seinen Ursprung. 800 Kilometer weiter nordöstlich war er Teil von Kanadas größtem Verbrechen an der Umwelt: dem Abbau von Teersanden. Die Industrie dort lebte vom Wasser dieses Flusses.

Es war das erste Mal, dass ich in Kanada einen hübsch hergerichteten Ort sah. Es gab ein paar Häuschen aus Feldsteinen, sogar einem netten kleinen Bioladen, in dem ich mir schwedische Ingwerkekse kaufte. Ich lief umher, bis plötzlich ein Auto neben mir hielt. Darinnen saßen zwei Mounties, Officers der Royal Canadian Mounted Police. Ich konnte mir nicht vorstellen, was sie von mir wollten, und vermute einen Irrtum. Aber nein, niemand sonst war in der Nähe. Sie grüßen freundlich und fragten dann: »Haben Sie eine Leine für den Hund?«

»Ja, aber ich habe sie im Auto gelassen. Es sind ja gerade nicht so viele Menschen hier.«

»Der Hund darf hier im Ort nicht frei herumlaufen.«

»Oh, das wusste ich nicht.«

Mir war unwohl, denn ich hatte keine Ahnung, wo die Leine liegen könnte. Aber ich konnte mir auch nicht vorstellen, dass einer der Polizisten mitkommen würde, um das genauer zu kontrollieren. Sicherheitshalber ergänzte ich: »Ich muss ohnehin gleich weiter. Noch bis hinter Prince George.«

Vielleicht waren sie nur nett, vielleicht hatten sie auch Mitleid mit mir, einer jungen Frau, die mit Akzent sprach und offensichtlich allein so weit bei diesem Wetter fahren musste. Sie ließen mich ziehen. Ich fühlte mich trotzdem zur Eile gedrängt. Schnell aß ich noch ein Sandwich und machte mich abermals auf den Weg. Prince George liegt mitten in der Provinz British Columbia, und ich war noch in Alberta. Als ich über die Provinzgrenze fuhr, fing es schon an zu dämmern. Kurz danach gab es noch einmal einen prachtvollen Moment: Ich kam am Mount Robson vorbei, mit knapp 4000 Metern der höchste Berg in den kanadischen Rocky Mountains. Ich stoppte kurz und spielte mit Raya Stöckchen.

Das nächste Stück Straße hatte auf der Karte ganz harmlos ausgesehen. Der Highway 16 schien sich entspannt an der Seite des Fraser River durch die Rocky Mountains zu ziehen. In der Realität wollten hier 200 Kilometer Schnee im schwärzesten Wald durchpflügt werden. Für kanadische Verhältnisse ging es kurvig und hügelig zu. Warnten bislang Schilder höchstens vor Räumfahrzeugen oder ermahnten mich per »Adopt-a-Highway«, die Straßenränder durch Müllbeseitigung aufzuhübschen, erinnerten sie mich nun daran, dass ich nicht alleine in der Dunkelheit war. »Achtung Elche« stand da.

Das Starren in den Schnee, die mühsamen Versuche, irgendwie den Verlauf der Straße zu erkennen, war unfassbar anstrengend. Ein Truck kam mir entgegen und blendete mich, als wollte er mich verhören. Schnee wirbelte auf, vor meinen Augen tanzten Lichtpunkte, die die Scheinwerfer in meine Netzhaut gebrannt hatten. Gleich darauf war ich wieder allein in der Dunkelheit, allein mit Raya und dem kleinen Escort. Sein Licht bestrahlte das Flocken-Varieté und etwas weiter vor mir ein Schild. Doch plötzlich war es weg. Das konnte ich mir nicht erklären. Wieso verschwand das Schild einfach?

Ich ging vom Gas. Langsam näherte ich mich dem Bereich, wo eben noch das Schild zu sehen war. Upps! Jetzt war es wieder da. Und sofort wieder weg. Ich hatte häufiger von Trappern gehört, die dem Wahnsinn verfielen. Aber warum ich? Plötzlich machte ich vor mir einen Schatten aus. Und noch einen. Zwei riesige Elche standen am Straßenrand. Groß wie Elefanten. Sie sahen unfreundlich aus. Kelly hatte gesagt, dass sie Autos angreifen. Für die gewaltigen Schaufeln war das bisschen Stahl sicher kein Problem. Sie guckten, ich schaute zurück, dann war ich an ihnen vorbei. Eine Verfolgung blieb aus. Nicht auszudenken, was bei einer Kollision passiert wäre. Hätten sie nicht das Schild verdeckt, hätte ich sie nicht wahrgenommen. Aber was war, wenn die nächsten Viecher direkt vor mir über die Straße rannten?

Normalerweise mochte ich es, den Elementen ausgesetzt zu sein. Mochte es, zu spüren, dass ich mich auf meine Sinne verlassen musste, selbst wenn ich wusste, dass ich es nicht in der Hand hatte, weil die Natur immer stärker war. Nun aber war klar, dass mehr passieren konnte, als ich mir vorgestellt hatte. Zumal mich hier ja auch keiner finden konnte, wenn ich von der Straße abkam. Bis hier mal ein Auto vorbeifuhr, wäre ich längst steif gefroren. Aber ich konnte nicht einfach aufgeben. Drei Stunden noch. Mindestens.

Als ich später ein kleines Städtchen erreichte, startete ich ein Wachmach-Programm. Spielte mit Raya im Schnee. Kaufte mir das erste Mal in meinem Leben einen Coffee to go, drehte die Musik laut, sang noch lauter mit. Und dankte einige Stunden später Gott, als ich in der Ferne die Lichter von Prince George sah.

Unbegreiflicherweise bekamen es die Kanadier nicht hin, in den Städten die Straßen freizuhalten. Außerhalb funktionierte es ganz gut, innerhalb war es ein Debakel. Gleich beim ersten Abbiegen in Prince George rutschte ich auf die Gegenfahrbahn und kurz danach über eine Ampel. Fast war ich erleichtert, als ich die Stadt durchquert hatte. Jetzt kam das letzte Stück – zur Ranch von Randy. Irgendwann würde ich ein Schild zur Manitoba Road sehen. Ich hatte kein Navi, und so musste ich mich auf die vage Beschreibung verlassen, die Randy mir gegeben hatte. Aber es klappte. Dabei hätte ich das winzige grüne Schild mit »Manitoba Road AHEAD« normalerweise selbst bei bestem Wetter übersehen. Aber der Cowboy hatte von ungefähr einer Stunde gesprochen, und die hatte ich verinnerlicht. Über dem grünen Schild war noch ein rautenförmiges gelbes montiert, das mich vorwarnte: Links geht es ab. Es war, als würde ich direkt zum Nordpol abbiegen. Nur noch Eis und Schnee. Die Straße schien unbefestigt zu sein, eine Gravel Road. Ich fuhr langsamer, als ein Pinguin geht. Wie sollte das hier enden? Ich hatte nur die etwas verwirrende Wegbeschreibung des Cowboys: fünf Kilometer hier lang, dann die zweite Abbiegung rechts, gut einen Kilometer geradeaus, dann wieder rechts. Oder war es links? Jedenfalls musste ich die London Road finden. Aber sie kam nicht. Irgendwann vermutete ich, dass ich sie verpasst haben musste. Aber ich hatte keine Ahnung, wo ich wenden sollte. Links führte offenbar ein Weg in einen Wald hinein, zumindest war eine Schneise erkennbar. Es könnte funktionieren. Vorsichtig fuhr ich in die Schneise hinein. Doch als ich wieder zurücksetzen wollte, drehten die Räder durch. Ich probierte es abermals, jetzt etwas vorsichtiger. Doch die Räder frästen sich nur noch tiefer in den Schnee hinein. Ich saß fest. So kurz vorm Ende. Was jetzt? Laufen? Es dürften immer noch einige Kilometer sein. Dazu die Kälte und die Finsternis. Ich war wütend und verzweifelt zugleich.

Es musste irgendwie gehen! Viele hatten hier eine Notfallausrüstung im Auto: eine Schaufel für den Schnee, einen Schlafsack fürs Scheitern. Ich nicht. Ich stieg aus und kickte mit dem Fuß den Schnee vor den Reifen weg. Setzte mich erneut in den Escort. Schaltete in den zweiten Gang, weil die Räder dann langsamer drehten. Sanft ließ ich die Kupplung kommen. Kein Glück. Ein weiteres Mal stieg ich aus, bearbeitete die Schneehügel, die sich an den Reifen gebildet hatten, und probierte alles noch mal. Meine Beine zitterten. Wie sollte ich sensibel und doch mit genug Pfeffer losfahren? Wenn es jetzt nicht klappte, was für Alternativen blieben mir dann noch? Aber es ging glatt. Kurz darauf stand ich mit allen vier Reifen auf der Straße. Ich atme tief durch. Eine Viertelstunde später war ich bei Randy.

Masterclass im Westernreiten

An der Einfahrt reihten sich hohe Nadelbäume. Einen Hof sah ich nicht. Nur einen kleinen Schuppen und den Trailer. Ob er noch Räder hatte? Ich konnte es nicht erkennen. Das Haus schien nachträglich vertäfelt worden zu sein. Ich stoppte und blieb kurz sitzen. Eine seltsame Mischung aus Freude und Unwohlsein überkam mich. Ob er noch so nett war wie beim Rodeo? Musste ich womöglich gleich wieder umkehren?

Ich stieg aus und ließ Raya aus dem Fahrzeug. Es war so gut, sie dabeizuhaben. Gemeinsam gingen wir zum Haus. Es gab etwas Licht an einem Fenster – aber wo war die Tür? Offenbar hatte Randy das Zuschlagen meiner Autotür nicht gehört. Ich ging um den Wohncontainer herum. An der einen Seite hatte er einen kleinen Anbau, etwa anderthalb Meter lang. Dort führte eine Treppe zu einer Tür hoch. Das musste der Eingang sein. Ich klopfte. Nichts passierte.

Unsere Absprachen waren knapp gewesen. Als wir telefonierten, wusste ich nicht, was ich noch fragen sollte. Das, was mich wirklich interessierte, konnte ich ja nicht loswerden. Etwa: Was passiert, wenn ich mit dir da allein im Wald bin? Erwartest du etwas von mir? Eines aber hätte ich gerne dabeigehabt: ein Mitbringsel. Ich hatte es nicht geschafft, eines zu besorgen. Ich klopfte nochmals. Diesmal energischer. Jetzt tat sich etwas: Randy öffnete. Zwei Border Collies drückten sich an ihm vorbei und beschnüffelten Raya, die das etwas steif über sich ergehen ließ. Er lächelte, aber es gab keine Umarmung. Nicht einmal ein Händeschütteln. Aber mit solchen Lappalien hielten sich viele Kanadier nicht auf, das hatte ich in den vergangenen Monaten gemerkt. Randy sagte nur: »Komm rein!« Schon stand ich in einer Art Flur, der mit anderthalb Metern Länge sehr schmal geraten war. Zunächst fiel mir in der Ecke eine kleine Hundebox auf, sie sah fast so aus wie die, in der Raya geflogen war. Ein Hund wuselte darin herum, was mich etwas wunderte. Warum war er in der Box und lief nicht frei herum?

Ich hing meine Jacke auf und zog die Schuhe aus. Ein Schritt und ich war aus dem Flur heraus und befand mich in der Küche. Viel Platz gab es nicht, der Trailer maß in der Breite vielleicht dreieinhalb Meter, in der Länge wahrscheinlich ein Dutzend. Trotzdem waren da neben dem Esstisch noch ein Kamin, zwei Sofas und ein Fernseher. Auf der anderen Seite schloss sich ein kleiner Korridor an, von dem auch mein Zimmer abging. »Hier kannst du deine Tasche abstellen«, sagte Randy. Nennenswert Raum war nicht neben dem Bett. Zwei Schritte weiter gab es ein winziges Bad. Am Ende des Häuschens lag Randys Schlafzimmer. Mit der Besichtigung waren wir schnell durch.

»Magst du etwas essen?«

Ich wusste es selbst nicht so genau. Die vielen Beinahe-Katastrophen an diesem Tag hatten meinen Hunger vertrieben.

»Ein bisschen, ja«, hörte ich mich sagen, wollte aber eigentlich nur noch ins Bett. Das Bisschen war mit einem Erdnussbuttertoast schnell erledigt. Wir plauderten kurz und harmlos, er erzählte mir von einer Schweizerin, die im Sommer hier war und seine Pferde geritten hatte. Das beruhigte mich. Offenbar hatte er schon eine gewisse Erfahrung mit Gästen. Ich ging in mein Mini-Zimmer. Tür zu. Allein mit Raya, dem Bett und etwas Gerümpel. In dem zweitgrößten Land der Erde hatte ich das kleinste Zimmer meines Lebens.

Ich wollte die Heizung anstellen. Aber ich fand keine. Ich öffnete die Tür einen Spalt breit.

»Hey Randy«, rief ich. »Wie kann ich das Zimmer warm machen?«

»Du musst die Tür offen lassen. Nur das Wohnzimmer ist beheizt.«

Na toll. Privatsphäre konnte ich hier also vergessen. Alternativ brauchte ich mindestens eine Extradecke. Hatte ich nicht. Also ließ ich die Tür auf. Nun hörte ich jedes Geräusch, jedes Räuspern, jedes tiefe Ausatmen – und jedes Wort, das Randy mitunter an sich selbst richtete. Irgendwie war ich diesem Typen ziemlich nah. Lebte die Schweizerin eigentlich noch? Nichts deutete auf das Gegenteil hin. Randy hatte erzählt, dass sie jetzt in der Schweiz Pferde trainieren würde. In Gruselfilmen hatte ich allerdings gelernt, dass sich Menschenfresser oft nicht ohne Weiteres erkennen ließen.

Raya lag zwischen mir und der Tür. Ihr Bett passte da so gerade hin. Ob sie auf mich ... Ich war so müde, dass ich nicht einmal den Gedanken zu Ende denken konnte. Augenblicklich schlief ich ein. Schreckte aber mitten in der Nacht hoch. Irgendetwas hatte mich geweckt. Wie spät war es? Wo war ich? Einen Moment lang musste ich mich orientieren. Es war so finster. Ich hörte ein Winseln. Sicher der kleine Hund in seiner Box. Wahrscheinlich wollte er auf die Toilette, damit er seine Höhle nicht vollpinkeln musste. Gleich darauf knarzte es. Ein Mensch tappte den Miniflur entlang. Randy ließ ihn wohl raus.

Am nächsten Morgen holten wir beim Frühstück nach, wozu wir abends nicht mehr in der Lage gewesen waren: Wir redeten. Der erste Tag in einem neuen Zuhause ist immer etwas Besonderes. Herantasten, schauen, genießen. Es gab nur wenige Momente, in denen das Reden von so vielen Gedanken begleitet wurde wie diese Kennenlern-Minuten. Ich versuchte, Randy einzuschätzen. Und was dachte er über mich? Zunächst erzählte ich Randy allerlei Belanglosigkeiten. Von meiner Freude, nach Saskatchewan und Alberta nun auch noch British Columbia zu sehen. Aber ich war unruhig, meine Sätze waren kurvenreicher als sonst. Ich merkte, wie ich auf einen Punkt zusteuerte wie ein Nagel auf einen Magneten. Es ging um das Thema, das mir gerade wichtiger war als die Schönheit von British Columbia.

»Viele Leute wundern sich, dass ich als junges Mädel zu jemandem gegangen bin, den ich kaum kenne«, sagte ich beiläufig.

Randy schaute mich unvermittelt an. War es verkehrt gewesen, das jetzt schon zu erwähnen? Direkt nach meiner Ankunft den Misstrauensantrag zu stellen? Dass Randy zwar ein lustiger Typ, aber kein Mann der vielen Worte war, hatte ich schon in Edmonton bemerkt. Jetzt war er kurz ganz wortlos. Stille. Warum wuselte eigentlich ständig einer der Hunde unter uns herum? Randy versuchte gar nicht erst, sie zur Ruhe zu bringen.

»Das ist Ruby«, sagte er, das Thema wechselnd. »Ruby hat leider eine Macke. Wenn sie nicht ausgelastet ist, hütet sie Schatten.«

»Sie hütet Schatten?«

»Ja. Sie sitzt unter dem Sofa oder neben einem Stuhl und wartet darauf, dass sich jemand bewegt. Der Schatten folgt der Person dann ja, aber sie möchte ihn unbedingt dabehalten, wo er gerade ist.«

»Klingt ganz lustig.«

»Schon, weil sie immer ein wenig verdutzt aussieht, wenn der Schatten weg ist. Als würde sie sich fragen: ›Mist, wo ist der Schatten jetzt hin? Ich hab wohl nicht aufgepasst!‹ Aber irgendwann wird es anstrengend.«

»Kannst du ihr das nicht abgewöhnen?«

»Zu spät. Ich habe solche Marotten schon bei anderen Border Collies beobachtet: Sie treiben Laub zusammen oder sammeln Steine im Maul. Sie sind auf ihren Job als Hütehund programmiert. Und Ruby hat im Augenblick fast nichts zu tun und beschäftigt so ihren Geist.«

»Aber wenn das in den Genen steckt, kannst du doch eigentlich gar nichts dagegen tun.«

»Doch. Und zwar das, was ich mit Rubys Tochter im Flur tue: Sie muss abends in die Box, um runterzukommen. Sie soll sich daran gewöhnen, einfach mal nichts zu machen.«

So eine Box brauchte ich auch. Einen Rückzugsraum. Eine kleine Klosterzelle ohne jeden Input. Mit meinem neuen Mikrozimmer hatte ich das fast. Nur die offene Tür störte.

»Du hast wirklich nur diesen einen Ofen im Haus?«, wollte ich nun von ihm wissen.

»So ist es. Solange ich ihn nicht ausgehen lasse, funktioniert das auch gut.«

Ich erzählte ihm, dass ich mich seit meiner animalischen Housesitting-Party bei Kellys Freundin Rosalyn hervorragend mit häuslichem Feuer auskennen würde.

»Perfekt«, antwortete er. »Aber du wirst feststellen, dass es hier nicht ganz so kalt wie in Saskatchewan ist.«

Nun war ich nach Randys verbaler Schlingerfahrt genauso klug wie vorher. Hatte mir nicht ein Schild am Highway versprochen, dass »*British Columbia – the best place on earth*«, der beste Platz auf Erden sei? Ob das wirklich so war, wusste ich noch nicht. Wie war dieser Mensch namens Randy? Sympathisch? Ja. Durchschaubar? Nein.

Wir gingen nach draußen. Es war geradezu warm: Das Thermometer zeigte minus fünf Grad.

So karg Randys persönliche Ausstattung sein mochte, so großzügig war sie für seine Pferde. Der Stall sah aus wie eine riesige Blockhütte. Das Gebäude war aus ganzen Baumstämmen zusammengesetzt. Schön sah das aus, so etwas hatte ich in dieser Form noch nie gesehen.

»Hast du das alles selbst gebaut?«, fragte ich.

»Der Stall steht schon paar Jahre, aber ja. Den Rest habe ich ebenfalls selbst gemacht, auch die Zäune. Alles aus dem Holz, das hier um die Ranch herum wächst.«

»Und wie bist du auf genau diesen Platz gekommen?«

»Meine Eltern wohnen 500 Meter weiter. Irgendwann erhielt ich die Möglichkeit, das Land zu kaufen. Vor allem trainiere ich hier die Pferde anderer Leute.« Zehn an der Zahl.

»Das sind schon ziemlich viele für einen allein«, fuhr er fort. »Zumal es fremde Pferde sind – wir müssen uns also aneinander gewöhnen. Schon wenn ich nur eine halbe Stunde täglich mit jedem Pferd trainiere, bin ich mit dem Von-der-Koppel-Holen, Satteln, Trockenreiten und Zurück-auf-die-Koppel-Bringen insgesamt zehn Stunden mit ihnen beschäftigt.«

»Wo stehen die?«

»In den Umzäunungen weiter unten.«

Etwas weiter weg sah ich zwei kleinere Paddocks mit jeweils zwei muskulösen Pferden. Entlang des Hügels, auf dem wir standen, schlossen sich zahlreiche größere Paddocks an. Überall entdeckte ich Tiere! Für seine eigenen Pferde fehlte Randy die Zeit, vor allem für seine sieben munteren Zweijährigen. Wir kamen an einen großen Auslauf mit der ganzen Vielfalt an Pferdefarben.

»Die haben die Vorschule schon hinter sich«, erklärte Randy. »Sie sollen nun die Grundregeln des Reitertragens lernen, bevor sie noch einen ganzen Sommer lang auf der Weide verbringen. Aber sie sind ziemlich verspielt.«

»Sie sehen echt schmächtig aus. Die werden jetzt schon zugeritten?«

»Na ja, wenn sie weniger kräftig sind, ist das Einreiten leichter. Ihnen bleibt aber genügend Zeit, um zu wachsen und sich zu entwickeln. Trotzdem sollten sie schon in jungen Jahren die Signale des Reiters beherrschen, also losgehen und anhalten, sich nach rechts oder links drehen können. Auch sollten sie alle Grundgangarten kennen. Das könntest du ihnen beibringen.«

Darum also war ich hier. Es wäre aus seiner Sicht sehr dumm, wenn mir etwas zustieße. Er brauchte mich wirklich.

Wir gingen weiter. Der Schnee war auf diesem Pfad ziemlich platt getrampelt. Hinter einem Bau mit Blechdach, den Randy als Reithalle bezeichnete, entdeckte ich Bisons.

»Oh«, entfuhr es mir. »Du hast auch Bisons?«

Sie hielten Abstand zu uns, sodass ich ihre Größe schlecht einschätzen konnte. Vielleicht reichten sie mir bis zur Brust. Ihre Köpfe waren allerdings so mächtig wie die üblicher Bisons. Ich war dankbar, dass sie nicht näherkamen.

»Es sind Waldbisons«, sagte Randy. »Verglichen mit den normalen Bisons sind sie nicht besonders groß. Ich brauche sie, um mit den Pferden das Treiben zu üben. Die Besitzer der fremden Pferde können wählen, ob ihre Pferde nur in den Grunddisziplinen oder auch in der Rinderarbeit trainiert werden sollen.«

»Die Bisons sind dein Rinderersatz?«

»Ja, sie haben einen großen Vorteil beim Training: Bisons werden nicht so faul wie normale Rinder, sie rennen einfach ihr Leben lang vor Pferden weg und gewöhnen sich nicht an sie.«

Auf dem Rückweg kamen wir noch bei den Stuten vorbei. Randy hatte insgesamt dreißig Pferde in tollen Farben. Schon beim Rodeo in Edmonton hatten wir herausgefunden, dass wir einen ähnlichen Geschmack besaßen. Randy züchtete Buckskins, also gelbe Pferde mit einer schwarzen Mähne und einem schwarzen Schweif und Palominos, gelbe Pferde mit einer weißen Mähne und einem weißen Schweif, und beide Rassen zusätzlich in gescheckter Form. Die gefielen mir am besten, weil ich diese bunten Pferde besonders mochte, und in dieser Kombination waren sie wirklich selten. Zusammen mit den zehn fremden Pferden wohnte Randy hier also mit fast fünfzig Pferden. Für mich konnte das nur bedeuten: Reitferien de luxe.

Am ersten Tag war ich das Pferdemädel, zuständig für Aufgaben wie das Holen und Satteln der Tiere. Randy hatte nur drei Sättel. Sie lagen auf der Umzäunung in der Halle.

»Ich habe jeden einzelnen ausgewählt, wie ein Trucker seinen Sitz wählt«, erklärte Randy. »Alles muss perfekt passen, weil ich so viel Zeit darin verbringe.«

In Deutschland erhielt jedes Pferd seinen eigenen, passgenauen Sattel. Hier wurden die Sättel mithilfe von dicken Decken für die Pferde passend gemacht, die verhinderten, dass die Tiere Druckstellen bekamen. Es funktionierte offenbar, weil die meisten Westernpferde ähnlich gebaut sind: ziemlich breit und nicht sehr lang.

Schnell fanden Randy und ich einen Rhythmus: Ich putzte kurz das nächste Pferd und sattelte es. Danach ging es kurz in die Warteschleife, bis Randy mit dem Training des vorangegangenen fertig war. Dann versorgte ich sein Pferd, und er übernahm das nächste.

Als ich ihn zum ersten Mal reiten sah, saß er auf einer Stute. Seine Art, sie zu trainieren, erstaunte mich. Wenn sie einen Fehler machte oder bockte, reagierte er nicht streng und hielt auch nicht brutal dagegen, sondern ging sehr ruhig mit der Situation um.

»Wie kannst du so gelassen bleiben?«, fragte ich.

»Zunächst bringe ich den Tieren gutes Benehmen bei. Das ist das Allerwichtigste.«

»Beim Reiten?«

»Nein, schon vorher. Zum Beispiel, wenn es geführt wird. Es soll hinter dem Menschen bleiben, gesittet laufen und nicht herumspringen. Wenn die das können, ist es auch kein Problem, fünf Pferde auf einmal zu führen.«

»In Deutschland gilt meist: Ein Reiter führt ein Pferd, weil sich die Tiere gerne mal gegenseitig treten oder beißen.«

»Du brauchst ein bisschen Horsemanship. Das funktioniert so ähnlich wie das Low-Stress-Ding bei den Kühen.«

»Die führe ich aber nicht wie ein Pferd.«

»Es geht mir ums Prinzip. Das heißt: Mach es wie die Pferde. Du siehst dich als einen Teil der Herde.«

»Okay. Und wo ist dann der Unterschied?«

»Wie hast du denn bisher ein Pferd geführt?«

»Ich würde es an einem Strick halten und neben mir herführen.«

»Du führst es also, wie jeder es intuitiv macht. Strick am Halfter. Und das Pferd trottet neben dir her. Wenn du es aber nach Horsemanship-Prinzipien machst, musst du als Leitstute akzeptiert werden. Du kannst dann vorneweg gehen. Die Pferde dürfen dich nicht überholen, sondern müssen hinter dir bleiben. Wie in einer Herde.«

»Finde ich verständlich, aber wie werde ich Leitstute?«

»Am einfachsten ist es, wenn du einen Strick schwingen lässt. Oder du hebst den Fuß in Richtung des Pferdes und deutest damit einen Tritt an.«

»Dann denken alle, ich trete das Pferd. So etwas kommt bei mir zu Hause nicht gut an.«

»Die Pferde verstehen das aber viel besser als die schwingende Peitsche oder Gerte. Die kennen sie aus der Natur nicht. Die Leitstute hat keinen Stock, mit dem sie die Tiere ihrer Herde schlägt.«

»Sondern sie tritt zu?«

»Ja. Wenn ein Pferd es wagen würde, sie zu überholen, warnt sie kurz und verpasst ihm dann einen Tritt gegen die Brust.«

»Das wird dem getretenen Pferd kaum gefallen.«

»Ist anzunehmen. Aber danach ist alles wieder okay. Als wäre nichts passiert, eine neutrale Situation. Das schaffen Pferdebesitzer meist nicht. Der Mensch ist ein nachtragendes Wesen. Darum baut sich schnell eine Spannung auf.«

»Jedes Mal dem Pferd einen Tritt zu verpassen, scheint mir trotzdem nicht die eleganteste Lösung zu sein.«

»Den Tritt braucht es dann aber gar nicht mehr. Wenn die Leitstute die Grundregeln erst mal klargemacht hat, reicht ein Blick und das andere Pferd bremst ab, selbst dann, wenn es eigentlich mit Schwung nach vorne stürmen wollte.« Pferde führen, das war also meine erste große Übung bei Randy.

Am nächsten Tag ging es richtig los. Nach dem Füttern und Wasserauffüllen auf den verschiedenen Koppeln brachten Randy und ich je zwei Pferde zur Reithalle. Die Leitstuten-Übung klappte ganz gut. Und ich durfte gleich eine junge Palomino-Stute reiten. Anny hieß sie, ein nettes Pferd, das an diesem Tag aber sehr schnell ermüdete. Randy hatte ihre bisher noch wenig trainierten Muskeln am Vortag etwas überstrapaziert.

Randy war mit mir sehr zufrieden, obwohl es schon lange her war, dass ich Pferde trainiert hatte. Vor allem hatte ich vergessen, wie schnell sich Pferde ängstigen oder erschrecken konnten. Vor allem bei Happy, meiner zweiten Stute, spürte ich, dass etwas anders war, als ich es kannte: Sie war total nervös. Das erstaunte mich.

»Was ist denn mit ihr los?«

»Ach, die ist weniger nervös als zappelig. Die muss einfach noch lernen, dass ruhig stehen weniger anstrengend ist als laufen«, sagte Randy lapidar. »Beweg sie mal eine Weile, dann wird sie die Pause genießen.«

So lernte ich mit jedem Pferd etwas Neues.

Einen Tag in der Woche hielt Randy für Ausritte frei. »Alle Pferde müssen mal raus«, sagte er. »Damit sie etwas anderes sehen können.«

Das wollte ich auch, denn die Gegend war schon durch die hüglige Landschaft viel abwechslungsreicher als die in Saskatchewan. Wir ritten in einen Wald. Mich wunderte, dass mein Pferd so aufgeregt tänzelte. Übersah ich etwas?

Einen Wolf? Oder einen Bären? Wir ritten tiefer in den Wald hinein. Der Schnee lag hier mehr als einen Meter hoch. Randy war ein schon ein gutes Stück vor mir. Plötzlich krachte es neben uns und mein Pferd machte vor Schreck einen Hüpfer nach links. Doch es war nur ein großer Ast, der unter der Last des Schnees vom Baum gebrochen war. Ich erklärte es meinem Pferd, doch es dauerte, bis es sich wieder beruhigt hatte. Ich versuchte dann, es zu einer etwas schnelleren Gangart zu bewegen, um wieder zu Randy aufzuschließen.

»Ist dein Pferd auch so nervös?«, fragte ich, nachdem ich ihn erreicht hatte.

»Sie sind noch nicht für die Arbeit draußen trainiert worden. Du hast wahrscheinlich bisher nur auf Westernpferden gesessen, denen längst beigebracht worden war, mit solchen Situationen umzugehen. Die hier haben einfach noch nicht viel von der Welt gesehen.«

»Stimmt, meine bisherigen Pferde waren auch in den heikelsten Momenten entspannt. Aber sind Westernpferde nicht generell ruhiger?«

»So schreckhaft wie Araber sind sie bestimmt nicht, aber du wirst noch sehen: Wenn ein untrainiertes Pferd, egal von welcher Rasse, ein Seil an den Hufen spürt, kann es augenblicklich durchdrehen.«

»Weil es glaubt, es sei eine Schlange?«

»Nein. Es befürchtet, es könnte sich darin verheddern. Darum lege ich ihnen im Training Seile um die Hufe, damit sie lernen, dass es nicht schlimm sein muss, wenn sich etwas um ihre Füße wickelt.«

Tiefen Einblick in die Pferdeseele verschaffte mir Randy sogar dann, als er krank war. Er blieb nicht im Haus, sondern arbeitete trotzdem mit den Pferden. Aber nichts gelang ihm.

»Randy – keines der Viecher nimmt dich heute ernst. Die lachen dich aus«, rief ich ihm zu.

Randy kam näher. »Stimmt. Wenn ich nur vor ihnen entlangschlurfe, wissen die sofort: Heute können wir uns mal etwas erlauben. Das ist wie bei einer Gruppe von Menschen. Wenn du vor ihr mit hängenden Schultern stehst, funktioniert nichts.«

»Aber normalerweise respektieren sie dich – hat der Respekt keinen Bestand, wenn du krank bist?«

»Schon, aber sie nehmen sich mehr heraus. Viele Reiter quälen ihre Tiere, wenn der Respekt fehlt. Man erkennt das an den straffen Zügeln und den verbissenen Lippen.«

Randy hatte ein völlig anderes Verhältnis zu den Tieren, als ich es von den Cowboys in Deutschland gewohnt war. Diese schienen oft eine Bringschuld abzuarbeiten. Als müssten sie ein lebender Beweis dafür sein, dass man es auch in Deutschland als Cowboy packen könnte. Zum Sich-gut-Fühlen gehörte es, dass sie ihre Pferde unterwarfen.

Randy sah sie als Partner, ähnlich wie beim Doppel im Tennis, wo man genau wusste, wie der andere in bestimmten Situationen reagierte. Die Folge: Seine Pferde machten rasch Fortschritte, weil sie nicht so unter Druck standen. Auch die Besitzer merkten das: Für sie war Randys Methode günstiger, denn sie mussten ihre Pferde nur einen Monat und damit vergleichsweise kurz bei ihm lassen.

Bei Kelly war das Reiten nicht so anstrengend gewesen. Klar, da hatte ich auch nicht an einem Tag sieben Pferde geritten. Aber ich genoss es so sehr, dass ich manchmal traurig wurde, weil ich wieder einmal nicht wusste, was ich mit meinem Leben später machen sollte. Lieber doch Pferde statt Kühe, wenn es mir so viel Spaß mit den Pferden machte? Aber lernte ich hier in dem einen Monat so viel, dass ich als Pferdetrainerin arbeiten könnte?

Eine Eigenart von Cowboys ist es, zu Hause meist in langen Unterhosen herumzurennen. Nicht nur Randy machte das so, bei Freunden von Kelly hatte ich das auch schon bemerkt. Aber bei Randy überraschte es mich. Nun lief er in diesen spektakulär hässlichen, langen, meist blauen Unterhosen herum, die im Intimbereich noch dazu aufdringlich geschnitten waren. War es eine eigenwillige Eroberungsstrategie?

Wir saßen im Wohnzimmer, schauten etwas im Fernsehen und plauderten nebenher.

»Du bist nicht so schlimm, wie ich befürchtet hatte«, sagte ich, animiert durch eine Leiche im Fernsehen. Sicherheitshalber lächelte ich harmlos, damit er meinen Satz nicht falsch deutete. Aber er verstand mich nicht, oder tat zumindest so.

»Was meinst du?«

»Ich hatte dir doch erzählt, wie seltsam es für mich war, Hunderte von Kilometern zu einer völlig unbekannten Rodeo-Bekanntschaft zu reisen.«

»Ah«, sagte Randy. Dieses Mal wechselte er nicht das Thema, sondern holte ganz im Gegenteil mächtig aus. Ungefragt erzählte er von seinen Eltern, von seiner Jugend. »Irgendwann merkte ich, dass ich weniger Interesse an Frauen hatte als meine Freunde.«

»Du findest Frauen schrecklich, weil ... ihre Stimme so hoch ist?« Mir war schon klar, worauf er hinauswollte.

»Nein, natürlich nicht. Aber sie sind mir nicht so wichtig wie dir wahrscheinlich Männer wichtig sind.«

»Verstehe«, sagte ich und nickte. Irgendwie hatte ich das auch schon geahnt. Komisch. So berechtigt meine Sorge ursprünglich zu sein schien, so überflüssig fühlte sie sich in diesem Moment an. Als hätte ich Randy Unrecht zugefügt. Er erzählte mir von dem Film *Brokeback Mountain.* Nicht beiläufig, sondern so, als würde ihm der Film außergewöhnlich viel bedeuten. Aus seiner Sicht schien er gut zu beschreiben, wie Randy sein eigenes Leben wahrnahm. Ich hatte den Film gesehen, als er im Kino lief. Ich fand ihn klasse, weil Cowboys darin vorkamen, die viele Schafe durch eine wilde Landschaft trieben. Besonders war, dass er sich zugleich um die Beziehung zweier verliebter Cowboys drehte.

»Wollen wir ihn uns anschauen?« Randy wartete meine Antwort gar nicht erst ab. Suchen musste er die DVD nicht lange. Im Film erkannte ich einige Parallelen zu ihm, einer der Protagonisten lebte auch zeitweise in einer Art Trailer. Die Handlung begann in den frühen Sechzigern, in einer Zeit, in der das Schwulsein heikler war als heute. Die Beziehung musste geheim bleiben, und ich konnte nachfühlen, wie schwer das sein musste. Das Ende war tragisch, einer der beiden Männer starb. Angeblich bei der Reparatur eines Autos, eher aber, weil ihn drei Männer zu Tode geprügelt hatten. Es blieb offen.

Randy meinte, dass er manches ähnlich erlebe, auch wenn Kanada ein in vielen Bereichen sehr tolerantes Land sei. »Ich finde keinen, der so ist wie ich, kein Gegenüber. Und wenn ich mal jemanden kennenlerne, dann will er nicht mit mir ins Nirgendwo ziehen. Hier in der Gegend bin ich der bunte Hund. Alle kennen mich, mögen mich und wissen auch, dass ich schwul bin. Aber ich bleibe allein.«

Mir wurde immer klarer, warum Randy mich auf dem Rodeo angesprochen hatte. Es ging nicht nur um die viele Arbeit – es tat ihm gut, dass ich da war.

Wenig später lernte ich seine Familie kennen. Glück und Unglück lagen bei Randy gerade dicht beieinander: Wir besuchten seine Mutter, die an Krebs erkrankt war. Anschließend seine Cousine, die ihr zweites Baby bekommen hatte. Es war das erste Mal seit der Geburt meiner Schwester, dass ich so ein runzeliges Ding sah. Bei Randys Bruder feierte der Schwiegersohn Geburtstag, da waren wir natürlich auch dabei. Ich genoss es erneut, in ein Familienleben einzutauchen, selbst wenn es nicht mein eigenes war.

Meine Zeit bei Randy war schon fast vorbei, da fragte er mich, ob ich ihn noch zu einem Bekannten begleiten wolle. Zu einem Trucker, der nebenher Trapper sei, also Tiere fing und ihre Pelze verkaufte. Klar wollte ich da mit. Während der Fahrt erzählte er, dass der Mann vor Jahrzehnten aus Polen eingewandert sei und wie er in einem Trailer wohne. »Er heißt Kristof, aber alle nennen ihn nur Kris.«

Es war dunkel, als wir eintrafen – ich konnte fast nichts mehr sehen, bis auf die Bäume, die um das Haus standen. Das Haus war wie das von Randy einsam gelegen, auch von außen gab es viele Ähnlichkeiten. Kris, ein hagerer Mann mit viel Bart, begrüßte uns freundlich. Wir gingen in sein Haus. Innen sah es kaum anders aus, ich bemerkte allerdings eine Tür, die Randy nicht hatte.

»Wohin führt die?«, fragte ich.

»In den Keller«, lautete die Antwort.

Ich war verwirrt. Seit wann hatten Trailer einen Keller?

Zunächst war es ganz lustig. Wir tranken Whiskey, es gab frittierte Zwiebelringe und etwas, das ich nicht identifizieren konnte. Möglicherweise waren es frittierte Auberginen, vielleicht war es aber auch Fisch.

»Was ist das?«

Kris beschrieb es etwas umständlich, aber dann fiel ihm das erlösende Wort ein: »Oktopus!« Sein Akzent war so stark, dass ich Mühe hatte, ihn zu verstehen. Randy tat sich da leichter. Jedenfalls nickte er die ganze Zeit.

Als wir dank des Whiskeys schon bester Dinge waren, fragte Kris: »Willst du ein paar meiner Fallen sehen?«

»Natürlich.«

»Wir müssten dafür aber in den Wald.«

»Umso besser!«

Draußen war es fast beunruhigend still. Schnee und mächtige Tannen. Im Weiß entdeckte ich Pfotenabdrücke aller Art. Sonst war hier nichts. Kris führte uns in den Wald, trotz des weißen Schnees war alles sehr düster. Fast eine halbe Stunde liefen wir quer durch das Unterholz. Plötzlich bat uns Kris, anzuhalten. Er wollte erst schauen, ob in der Falle ein Tier war. Er ging vor und verschwand hinter ein paar Tannen. Kurz darauf winkte er uns zu. Wir durften uns nähern. Er stand an einem mit Metallzähnen versehenen Eisenring. Trat ein Tier hinein, schnappte der Ring zu. Die Zahl der im Wald aufgestellten Fallen konnte ich Kris nicht entlocken. Aber mich interessierte, ob es Auflagen gab und ob das Fallenaufstellen legal war.

Kris sagte, dass er eine bestimmte Zahl von Tieren pro Jahr auf diese Weise fangen dürfe. »Ich liebe das Trapper-Dasein.«

»Kannst du davon leben?«

»Unterschiedlich. Manchmal habe ich Glück. Spezielle Farben im Fell der Tiere sind sehr wertvoll.«

Wir stapften zurück durch den Schnee. Kris sagte: »Ich will dir noch etwas zeigen.«

»Okay«, antwortete ich und rätselte, was jetzt noch kommen könnte.

Kris lief direkt auf den Trailer zu, öffnete die Tür, drehte sich dann aber noch einmal zu mir um und sagte:»Behalt die Schuhe an.« Er steuerte auf die Tür zu, die mir schon beim ersten Reinkommen aufgefallen war. Als er sie öffnete, schabte sie auf dem Boden, ein Schwall kalter, mit einem eigentümlichen Geruch gesättigter Luft umwaberte mich. Kris schaltete ein trübes Licht an. Langsam gingen wir eine Treppe hinunter und gelangten in einen düsteren, nur von einer Funzel erhellten Raum. An der Wand machte ich eine Mischung aus hellen und dunklen ... ja, was eigentlich? Meine Augen brauchten einen Moment, um die Melange auflösen zu können.

»Wölfe«, sagte Kris.

Aufgereiht sah ich Felle in unterschiedlichsten Farben: weiße, graue und silberfarbene, eines war fast schwarz. Außerdem hing an der Wand ein Kojotenfell und die Häute kleinerer Tiere.

Der Trapper griff in eine dunkle Ecke und zog ein undefinierbares Werkzeug hervor.»Das brauche ich zum Gerben der Felle ...«, setzte er an. Aber ich konnte die folgenden Worte kaum verstehen. Obwohl das Ganze spannend war, gruselte es mich. Ich verspürte nicht die geringste Lust, mich mit den Werkzeugen des Todes hier unten weiter auseinanderzusetzen. Ich wollte hoch zu Randy ins Wohnzimmer.

Wieder oben, erzählte Kris von den Wölfen und Kojoten, die es in dieser Gegend in großer Zahl gab.»Du musst aufpassen, wenn du mit Raya unterwegs bist und auf Kojoten triffst.«

»Würden sie Raya angreifen?«

»Nicht direkt, aber Hunde wollen Kojoten immer verscheuchen. Gefährlich wird es dann, wenn sie ihnen zu lan-

ge nachjagen: Die Verfolgten rufen Verbündete herbei und werden von einem Moment auf den nächsten zu Jägern.«
»Wie funktioniert das? Kojoten leben doch nicht im Rudel wie Wölfe.«
»Aber durch ihr Jaulen können sie andere zu Hilfe rufen. Zusammen beginnen sie, den Hund einzukreisen, und dann greifen sie an.«

An einem unserer letzten Abende gingen Randy und ich zusammen essen. Wir fuhren mit seinem Pick-up. Auf den Straßen glitzerte die festgefahrene Schneedecke. Randy gab gern Gas, und sein größter Spaß bestand darin, in den rasterförmig angeordneten Straßen mithilfe der Handbremse das Auto direkt im 90-Grad-Winkel um die Ecke zu schleudern. Er meisterte die selbst gesetzte Aufgabe gut. Ich konnte mich trotzdem nicht daran gewöhnen. In mir verkrampfte sich alles. Der Graben verlief direkt neben der Straße, und manchmal konnte Randy nicht sehen, was jenseits der Kreuzung passierte, weil zu viele Bäume im Weg standen. Hätte jemand anders genau die gleiche Idee, würden wir mitten auf der Kreuzung mit einem grandiosen Knall zusammenstoßen. Randy sah das nicht so dramatisch: »Warum«, fragte er, »sollte man ausgerechnet an der Kreuzung jemanden treffen, wenn das schon beim Geradeausfahren nie passiert?«

Wir aßen in einem chinesischen Restaurant, und auf meinem Glückskeks stand die Botschaft: »*Rough times are behind you now!*« Wenn die Zeit bei Randy schon meine harte Zeit war – was kam dann jetzt?

Am Tag, bevor ich losfuhr, fragte Randy, ob ich einen letzten Wunsch hätte. »Ich würde so gerne einmal Mr Leo Express reiten.« Mr Leo Express, so nannte er seinen unfass-

- 246 -

bar gut ausgebildeten Hengst. Er war ein Tobiano Buckskin: gelb-weiß gescheckt mit schwarzer Mähne.

Randy war einverstanden.

Das Tier war der pure Wahnsinn! Als ich auf ihm saß, musste ich nur in eine Richtung schauen, schon lief das Pferd dorthin. Wenn ich mich nach vorn lehnte, lief der Hengst schneller. Er stoppte am losen Zügel, und seine Rollbacks macht er so leicht und schnell, dass ich fast herunterfiel. Beim Reiten musste ich auf seine Ohren schauen. Sie belegten, dass er einen tragischen Moment in seinem Leben gehabt hatte; sie waren leicht verstümmelt, abgefroren, als es hier einmal richtig kalt war. Randy hatte es zu spät bemerkt. Zwar brachte er ihn noch in einem Hänger zu seinem Vater und ließ Mr Leo Express in der Werkstatt auftauen. Aber die Ohrspitzen waren da nicht mehr zu retten gewesen.

Als ich von dem Hengst abstieg, dachte ich: Was für ein Leben ist das bloß? Pferde reiten vom Aufwachen bis in die Dunkelheit hinein.

Randy war für mich Vater, Trainer und Freund geworden. Alles zusammen. Müsste ich sein Wesen in vier Eigenschaftsworten charakterisieren, sie wären: ehrlich, verrückt, gebend und dankend. So wie Randy sollte jeder sein.

27

Niagara

Kurz vor meinem Abflug nach Deutschland machte ich einen Stopp im Osten des Landes. Von Edmonton war ich nach Toronto geflogen und dann auf Kanadas größter, weil zweimal sechsspuriger Straße nach Hamilton gefahren. Hamilton war die südlichste Stadt im Golden Horseshoe, dem Goldenen Hufeisen dicht an der Grenze zu den Vereinigten Staaten. Nirgendwo sonst im Land wohnen so viele Menschen beieinander wie hier. Nun hatten Raya und ich gerade die Niagarafälle bestaunt und saßen wieder im Auto. Sie hinten, ich vorne, wie immer bei unseren gemeinsamen Fahrten durchs Land.

»Raya?« Ich wandte mich an sie, realisierend, dass wir zwar viel Zeit zusammen verbracht hatten, aber ich dabei nicht immer Zeit für sie hatte. »Also, Raya. Wie fandst du die Niagarafälle?«

Ihre Antwort war erstaunlich präzise – und überraschend lang: »*Nach einer langweiligen Fahrt mit lauter Musik wurde ich endlich aus dem Rücksitz entlassen. Ich sprang aus dem Auto, streck-*

*te die Nase in die Luft, und ... es roch nach Meer ... oder so. Ich wollte
sofort schwimmen gehen und folgte dem wässrigen Geruch. Leider
kam mir ein Zaun in die Quere, also rannte ich schnell wieder zu
meiner menschlichen Gefährtin, um sie zu einer rascheren Gangart
zu bewegen. Wie so oft schlug dieser Versuch fehl ...*

*Dann mussten wir vom Parkplatz aus über eine Art Brücke
gehen, um näher ans Wasser zu kommen. Das Wasser war sogar in
der Luft, und das Rauschen war seltsam laut. Ich rannte also zum
Geländer, sprang hoch. Du schriest mir irgendwas zu ... Ooohhh.
Ich bekam große Angst. Da ging es anscheinend ganz tief runter!
Deswegen war das Rauschen so laut – es war gefährlich! Lebens-
gefährlich ... Wow, lieber wieder runter von der Brüstung. Jetzt
regnete es auch noch ... und das im Winter. Yaki! Das Wort hatte ich bei Kelly gehört. Sie sagte es in unangenehmen Momenten.
Mir wurde bewusst, wie gruselig das hier alles war, und ich nahm
lieber Reißaus. Du brülltest wieder irgendwas, aber das war mir
egal. Auf Schwimmen und Nasswerden hatte ich sowieso keine
Lust mehr. In sicherer Entfernung nahm ich lieber ein Schneebad
– war das ein Vergnügen in diesem frischen Pappschnee! Später
hast du mich auch wiedergefunden. Ich glaube, du warst ganz
froh. Ich war nun auch wieder lockerer drauf. Hatte mich sogar
noch ein paarmal getraut, über das Geländer zu schauen. Seltsame
Sachen gab es da!«*

Beim Einchecken in Edmonton hatte sich herausgestellt,
dass Raya zusammen mit ihrer Box 80,5 Pounds wog. Erlaubt
waren bei Air Canada aber nur siebzig Pounds, umgerechnet etwa zweiunddreißig Kilogramm. Gepäck, das darüber
lag, musste separat mit einem Frachtflugzeug transportiert
werden. Katastrophe! Die Frau am Schalter blieb hart. Der
Mann bei der Gepäckabgabe schrieb dann aber ganz entspannt auf seinen kleinen Zettel, dass der Hund mit Box nur

siebzig Pounds wog. Dass ich noch zwei Taschen dabeihatte, fand er auch nicht schlimm.

Nun stand ich wieder am Flughafen, dieses Mal in Toronto. Die Frau an der Gepäckabgabe verzog schon ihre Miene, bevor ich überhaupt mit Raya am Schalter angelangt war. Sie sagte, ich solle mal die Hundebox anheben. Das konnte ich. Aber sie war trotzdem nicht einverstanden und wog die Box. Die Waage zeigte gut achtzig Pounds, wie schon in Edmonton. »Der Hund kann nicht mit!«, sagte sie streng. Ich war den Tränen nahe.

Sie zog los, um mit jemandem zu sprechen, und kam mit einer anderen Frau zurück. Die sagte zu ihr: »Komm schon, es sind nur zehn Pounds.« Sie begannen zu diskutieren. Dann verlangte auch die zweite Frau, dass ich die Box alleine anhob und auf die Waage setzte. Warum, verstand ich nicht. Das Ergebnis war dann aber nicht mehr wichtig, weil plötzlich ein Mann angelaufen kam, der wie ein Geheimagent aussah. Weißes Hemd, Gürtel, schwarze Hose, Knopf im Ohr und ... Sonnenbrille!

Es wurde immer verrückter. Ich wusste nicht, ob es an meiner sichtbaren Niedergeschlagenheit lag, aber er sagte »Erstens mag ich Hunde und zweitens bin ich der Chef von Air Canada Toronto. Darum entscheide ich, dass der Hund mitfliegen darf!« Ich war baff. Ich konnte Raya wieder als Gepäck aufgeben.

Als ich im Flugzeug saß, überlegte ich, wie ich den Rückflug deuten sollte: als Abschluss von etwas Schönem oder als Auftakt zu etwas Spannendem? In Deutschland würde ich meinen ersten Job antreten, auf der Hereford Ranch Traglitz, nordwestlich von Berlin, etwa auf halber Strecke nach Hamburg. Im ersten Jahr sollte ich eine Traineeausbildung erhalten, im zweiten konnte ich vielleicht Herdenmanagerin werden. Oder Trainerin für Rinder, Westernreiterin, Hütehundtrainerin, Naturschützerin, Touristenführerin ... Fast alles stand mir offen.

Schon wenige Tage nach meiner Ankunft in Deutschland fing meine Arbeit in Traglitz an. Das Besondere: Hier wurde bereits nach den Prinzipien der Low Stress Stockmanship gearbeitet. Andreas, den Chef der Ranch, hatte ich während meines Studiums auf einer Messe getroffen. Ich hatte die Eberswalder Hochschule vertreten. Er kam am Stand vorbei und fragte, was ich mit meinem Studium anfangen wolle. Ein paar Minuten später hatte ich eine neue Perspektive für mein Leben, ein paar Monate später die Zusage für den Job, die mich bei Kelly erreichte hatte.

Hinter dem großen Ranchtor lagen einige Häuser. Ich klopfte an die erstbeste Tür. Keine Antwort. Also lief ich in Richtung des Rinderstalls, in dem im Winter die Mutterkühe untergebracht waren. Von Weitem sah ich einen Mann mit längerem Haar, Bart und Brille: Andreas. Er erkannte mich sofort, kam mir entgegen und lud mich in sein Haus ein. Nach kurzer Plauderei über die vergangenen Monate ging es um meine ersten Aufgaben als Trainee: Ich sollte die Tiere aus der Halle auf die Weiden bringen. Aber nicht einfach so, sondern es sollte eine große Aktion werden, eine Art Almauftrieb – der große Auszug aus dem Stall. »Macht es dir etwas aus, wenn eine Schulklasse dabei wäre? Eine Frau, die in der Gegend viele Schulausflüge organisiert, hat angefragt.«

»Nein, gar nichts.«

»Wunderbar«, sagte Andreas und brachte mich zu meinem neuen Zuhause: Es war ein winziges, hübsches Bauernhaus im Dorf. Zwei Zimmer, alte Holztür, kleiner Ofen.

Wenige Tage später war es so weit. Eine große Schar Jugendlicher beäugte kritisch unser Treiben, als ich den Zaun öffnete und wir mit den Rindern loszogen. Sie tat das nicht ohne Laute des Missfallens: »Boah, hier stinkt's«, schrien die einen mit eindrucksvoller Betonung der ersten Silben. »Achtung, Kuhscheiße voraus!«, grölten die anderen.

Die Rinder waren allerdings viel flotter unterwegs, als die Schüler dachten. Bald hielten sie nicht mehr Schritt. Das erwartungsvolle Gegröle wich pubertierender Klage über die Länge des Weges. Da ich an den Rindern dranbleiben musste, fielen die Schüler immer weiter zurück. Aber sie konnten noch sehen, wo es ungefähr langging. Ermattet ließen sie sich nach ihrer Ankunft ins Gras neben der Kuhweide fallen. Ich war froh, dass es so gut gelaufen war, alle wegmarkierenden Zäune respektiert wurden. Ich setzte mich zu den erschöpften jungen Leuten, und wir kamen ins Gespräch. Das Thema war naheliegend: Fleischkonsum und eine Burger-Kette. Die Jugendlichen hatten sich die Ställe auf der Ranch angeschaut. Obwohl das Vieh dort sehr gut lebte, diskutierten sie, ob der enorme Fleischkonsum, wie sie ihn bei sich selbst erlebten, notwendig war.

»Isst du Fleisch?«, fragte mich eine Schülerin mit stoppeligen Kurzhaaren, einige Strähnen in Lila.

»In Maßen sehr gerne«, antwortete ich. »Würden die Menschen kein Fleisch essen, stünden die Rinder nicht hier. Was sollte man sonst mit ihnen machen?«

»Man braucht doch die Kühe für die Milch«, sagte das Mädchen.

»Na ja. Was geschähe mit ihren männlichen Kollegen, wenn keiner das Fleisch essen würde?«

»Und ohne sie gäbe es keine neuen Kühe!«, bemerkte ein männlicher Rotschopf.

»Für die Fortpflanzung würden ja wenige Stiere reichen«, gab ich der Diskussion ein wenig Stoff. »Aber was soll mit den anderen passieren?«

Ein schlaksiger Junge mit Basecap fügte hinzu: »Dann ist es doch gut, dass es den Burger gibt. Dann sind die männlichen Tiere nicht nutzlos.«

Meine Güte, die dachten ja mit. Na, dann mussten wir tiefer einsteigen. Ich versuchte, es noch deutlicher zu machen: »Das größte Problem ist die Art und Weise, wie die Rinder aufgezogen werden. Das Fleisch für die Burger wächst eben meist nicht auf der Weide, auch wenn das die Werbung nahelegen mag, sondern in dunklen Ställen. Dort ist die Tierhaltung günstiger. Aber die Rinder haben ein komplett anderes Leben als draußen. Keine Sonne, kein Gras.«

»Was bekommen die dann zu fressen?«, fragte eine Schülerin mit kastanienbraunen Haaren, die sie zu einem Knoten geschlungen hatte. »Dosenfutter?«

»Genau. Nur dass es bei den Kühen nicht Dosenfutter heißt, sondern Silage.«

»Silage – was soll das sein?«

»Das ist Futter, das luftdicht gelagert wird. Die großen runden Ballen, die ihr vielleicht schon mal auf Feldern gesehen habt.«

»Fault das nicht?«

»Nein, es gärt. Eine Art Sauerkraut für Tiere. Gemacht wird es aus Gras. Und für Rinder, die als Burger enden oder besonders viel Milch geben müssen, aus Mais.«

»Warum machen die das?«, fragte das Mädchen mit den lilafarbenen Strähnen.

»Silage ist für die Bauern einfacher als frisches oder getrocknetes Gras«, antwortete ich.

»Warum soll das einfacher sein als das, was direkt auf der Wiese wächst?«

»Weil die Rinder dort ja gar nicht sind. Es ist viel leichter, das Gras gleich in Folien zu wickeln und so zu konservieren. Das Einwickeln erledigen Maschinen, und hat ein Bauer zu viele Ballen, kann er sie so besser verkaufen als loses Gras.«

Am Ende des Besuchs gelangten viele Schüler zur Überzeugung, dass Rinder eine Art Seele hatten und darum ein Leben auf der Weide verdienten. Nach dem morgendlichen Gegröle überraschte es mich, dass sich manche am Ende für die Einladung auf den Hof bedankten.

Nicht lange darauf kamen Angestellte eines größeren Architekturbüros zu uns auf den Hof. Als Teamausflug hatten sie eine Rinderbegegnung gebucht. Es waren fünfzig Leute, der Chef war noch verhindert und wollte später nachkommen. Eingeteilt wurden sie in zwei Gruppen, eine davon übernahm ich. In ihr waren größtenteils Frauen. Sie fühlten sich zunächst zwischen den Tieren sehr unsicher und wollten nicht näher herangehen. Mit der theoretischen Einführung versuchte ich, die stärksten Ängste zu mindern, dann ging ich mit ihnen zu den Kälbern. Die hatten mehr Respekt vor Menschen, darum war es anfangs leichter, sie zu bewegen. Die größeren Kühe waren da schon etwas cooler. Die wussten: Da kommt jetzt zwar ein Mensch, aber der strahlt nicht so eine Ernsthaftigkeit aus – und bewegen sich auch dann nicht. Denn Ziel des Seminars war, die eigene Körpersprache von den Tieren gespiegelt zu bekommen und zu schauen, ob die Teilnehmenden Führungsfähigkeiten hatten.

In der Gruppe waren wir gerade so weit, dass einige der Seminarteilnehmer die Kälber zu einem Bach treiben konnten, da tauchte der Chef des Büros auf. Er hatte nichts von der Theorie mitbekommen. Nach großem Hallo fragen ihn die Angestellten, ob er das auch könne – Kühe treiben. Er sagte:»Ja, klar«.

»Zeig mal, zeig mal«, schallte es zurück. Ich wurde aufgefordert, ihm eine knifflige Aufgabe zu geben.»Na, dann bringen Sie doch die ganze Herde die kleine Anhöhe hinauf«, sagte ich.

»Okay«, antwortete er und stiefelte los. Unbeirrt steuerte er auf einzelne Rinder zu. Er ließ ihnen Zeit, ließ aber auch keinen Zweifel daran, wohin es gehen solle. Wenn sie falsch liefen, kreuzte er ihren Weg und berichtigte sie so mit seiner Körpersprache. Nach und nach setzte sich die Herde in Bewegung und steuerte genau auf den Hügel zu. Er machte es mit erstaunlicher Selbstverständlichkeit, ganz ohne Allüren. Die meisten waren anfangs unsicher umhergestakst, konnten nicht einmal den Kälbern eine klare Richtung vorgeben. Andere wollten mit den Kühen eher Freundschaft schließen. Wieder andere versuchten, die Kühe zu locken. Darunter auch manche, die den Gesprächen nach zu urteilen schon wie Vorgesetzte wirkten, das aber körperlich noch nicht zeigen konnten und darum anfangs nicht genügend Respekt von den Rindern bekamen. Die Tiere konnten wirklich ganz schön standfest sein, und einige der Gruppenteilnehmer sagten sich wahrscheinlich: Hinter meiner Maske steckt leider nicht viel, obwohl ich immer so tue. So eine Rinderbegegnung ist ein guter Test der Eigenwirkung.

Der Chef des Büros verstand, dass Rinder von hinten kommend geführt werden mussten. Als er mit der Herde oben ankam, waren seine Angestellten beeindruckt von der Leichtigkeit und dem Selbstbewusstsein ihres Chefs. Dass die Herde einfach so mitmachte – es erschien manchen wie Zauberei.

Einer meiner Träume in Traglitz war es, ein Stück Kanada nach Brandenburg zu bringen. Cowgirl zu sein, wie bei Kelly. Wir übten das Rindertreiben mit Ponys – sie wurden sonst für den Reitunterricht genutzt –, und ich probierte aus, ob sie sich in der Rinderherde wohlfühlten. Einige von ihnen hatten tatsächlich den Cow Sense im Blut, sie wussten also, dass sie ranghöher waren und fürchteten die Kühe darum nicht. Nun sollte der erste große Cattle Drive stattfinden. Ein Freund von mir wollte teilnehmen, und am Abend davor ritten Doris, eine Praktikantin, und ich zu den Rindern, um zu probieren, welches Pferd sich am besten dafür eignete. Meine Wahl fiel auf Kaspian. Da es Sommer war, wurden viele Pferde für den Reitbetrieb benötigt, und ich schrieb auf einen Zettel in der Sattelkammer, dass wir am nächsten Morgen unbedingt Kaspian und Fedja brauchten. Fedja war ein Haflinger, den ich anfangs gar nicht mochte. Mittlerweile war er mein Top-Pferd, weil er verlässlich und schnell war. Zudem hatte er einen tollen Westernsattel, sodass für mich auch ein langer Ausritt gut auszuhalten war.

Am nächsten Morgen ging ich zur Weide. Kaspian war da, nicht aber Fedja. Wo war er? Ich lief zum Stall, und Mareike, eine der Reiterinnen auf dem Hof, grinste mich seltsam an. Klar, neben ihr stand Fedja. Ich ignorierte sie, schritt einfach weiter. Plötzlich fühlte ich mich unglaublich hilflos. Mein in Kanada gewonnenes Selbstbewusstsein war auf einmal dahin, dafür holte mich mein Pferdetussi-Trauma wieder ein. Ich hatte angenommen, dass ich es auf ewig hinter mir gelassen hatte. Mein Herz raste. Meadow Lake in Traglitz? Keine Spur mehr. Kanada war gerade unerreichbar.

Doris tauchte auf und fragte mich:»Wo ist dein Pferd, Anja? Wir wollen doch gleich los.«

»Ich wollte Fedja nehmen, aber Mareike hat ihn sich geholt.«

»Hattest du denn nicht sichergestellt, dass du ihn brauchst?«

»Doch. Aber jetzt hat sie ihn.«

»Wenn klar war, dass du ihn brauchst, musst du ihn dir zurückholen, Anja.«

Genau das war mein Problem. Manche Menschen traten so viel krasser für ihre Interessen ein als ich. Für mich fühlte es sich an, als hätten sie die Macht – und ich könnte dem nichts entgegensetzen.

Doris hatte kein Trauma. Unbeirrt sagte sie:»Wir wollen losreiten und du brauchst ein Pferd. Jetzt! Und es ist völlig außer Frage, was du machst! Du holst dir dein Pferd zurück!«

Ich hatte ausweichen wollen. Aber es funktionierte nicht. Ich ging zu Mareike und hoffte, dass meine Stimme nicht versagte. Keinesfalls durfte ich nuscheln.

»Ich brauchte Fedja jetzt«, erklärte ich.

Obwohl ich mich total zittrig fühlte, klang meine Stimme fest. Ich löste den Strick, mit dem Fedja festgemacht war. Mareike meckerte laut herum, aber ich bekam es gar nicht richtig mit. Zu sehr war ich mit meinen Gedanken beschäftigt.»In drei, vier Stunden kannst du ihn haben«, hörte ich mich noch sagen und ging mit dem Pferd davon.

Eigentlich hatte jede von uns beiden ihren eigenen Bereich. Aber es gab eben auch Überschneidungen. Fedja einfach zu nehmen, war ein Machtspiel gewesen. Sie wollte probieren, ob ich nachgab. Ohne Doris' Unterstützung hätte sie gewonnen.

Es gibt verschiedene Reaktionen, wenn man unter Druck steht: Die einen kämpfen, die anderen fliehen, wieder andere frieren ein. Zu Letzteren gehörte ich. Für einen kurzen Moment war ich handlungsunfähig. Dass ich nun für meine Sache eingestanden war und das Pferd aus der Höhle des Löwen geholt hatte, war im Nachhinein ein großer Moment für mich.

28

Herz aus Scheiße

Doch einen Border Collie? Ich saß am Rechner und studierte Kleinanzeigen. In Kanada war ich zu dem Schluss gekommen, dass diese Hunde nicht zu mir passten. Die waren wirklich irre. Sie arbeiteten besser als alle anderen, lernten unfassbar schnell – aber wehe, man schnauzte sie an. Dann waren sie eine Woche lang beleidigt und schauten einen nicht mehr an. Die brauchten einen ruhigen Chef, nicht einen, der so laut war wie ich. Zwei so aufgedrehte Wesen nebeneinander – wir würden uns gegenseitig in den Wahnsinn treiben. Ich wollte einen Hund wie Louvic, den ich bei Kelly trainiert hatte. Ich malte mir aus, wie er mich bei der Arbeit mit den Rindern unterstützen würde. Raya als Jagdhündin konnte das leider nicht.

Louvic war ja ein Australian-Shepherd-Collie-Mix gewesen. Also ein Australian Shepherd, der nicht ganz so plüschig war wie sonst der Fall, dafür besaß er die lassiehaft lange Nase eines Collies. Aufgrund einer genetischen Veränderung hatten Australian Shepherds außerdem interessante Fellfärbungen, waren oft eigentümlich gescheckt. Als ich weiter recherchierte, entdeckte ich, dass es auch bei altdeutschen Hütehunden diese Mutation gab. Sie hatten die gleiche Fellzeichnung. Beschrieben wurden sie dann oft als »getigert«, tatsächlichen sahen sie aber aus, als seien sie mit Farbbeuteln beworfen worden. Ich gab nun die Stichworte »Altdeutsche« und »Tiger« ein. Und schwupps ploppte eine Anzeige hoch, bei der alles zu passen schien: Ein Schäfer bei Göttingen hatte einen Hund abzugeben. Fünf Monate war er alt. Ich konnte die Fahrt dorthin mit dem Besuch einer Veranstaltung verbinden.

Wenige Tage später ging ich mit dem Schäfer in seinen Garten. Dort war ein kleiner Teich, in dem ein halb untergegangener Eimer schwamm. Am Rand kläffte und quietschte ein kleiner Hund. Unbedingt wollte er den Eimer herausfischen. Plötzlich sprang er hinein, paddelte zum Eimer und versuchte, ihn herauszuziehen. Er besaß einen starken Willen und war zugleich ein bisschen gaga – der kleine Hund war mir auf Anhieb sympathisch. Er hatte große Stehohren und weiches, graumeliertes Fell!

»Das ist eine Sau«, sagte der Schäfer.

»Eine Sau? Warum denn eine Sau?« Ich blickte ihn irritiert an.

»Der packt was an und treibt meine Tiere mit Schwung.«

»Ah, Sie meinen Sau eher im Sinne einer Pistensau.«

»Genau. Kommen Sie mit, ich will ohnehin noch zu den Schafen, dann können Sie ihn gleich bei der Arbeit sehen.«

Schon von Ferne sah ich, dass ein Hund an der Schafherde entlanglief.

»Das ist die Mutter«, erklärte der Schäfer.

Der kleine Tiger sprang aus dem Auto, erkannte seine Mama sofort, sprintete auf sie zu und lief dann neben ihr her.

»Die Altdeutschen«, sagte der Schäfer, »haben eine ganz eigene Technik: Sie laufen neben den Tieren Furche.«

»Was heißt das?«

»Sie begrenzen die Schafe. Die Schafe dürfen auf einem Weg gehen oder auf einer Wiese, aber nicht auf dem Acker nebenan. Wenn der Acker gepflügt wird, entsteht am Rand eine Pflugfurche. Die läuft der Hund am Weg ab, immer rauf und runter.«

»Wie würde es ein Border Collie machen?«

»Der rennt eher im Kreis, um die Herde einzufangen. Die Altdeutschen begrenzen hingegen die Herde eher.«

Tiger hatte das schon perfekt drauf: Mit seiner Mama lief er die Furche entlang, so wie es der Schäfer beschrieben hatte. Ich konnte beobachten, wie stark sein Instinkt war. Das war mir wichtig, denn ich hatte auch erlebt, dass in Deutschland Hütehunde ihre Instinkte verloren hatten.

Eigentlich hatte ich nur vorgehabt, mir Tiger erst einmal anzuschauen, aber er war so putzig, dass ich dem Schäfer sagte, dass ich ihn gerne nehmen würde. Auf dem Rückweg fuhr ich über die Kasseler Berge, da ging es die Autobahn rauf und runter. Tiger kotzte den ganzen Wagen voll. Ich verließ die Autobahn und ging ein bisschen mit dem Kleinen spazieren. Dabei bemerkte ich, dass noch etwas anderes in ihm steckte. Er ging bei Fuß. Er klebte förmlich an meinem Bein. Das war auch etwas, was die Schäfer bei dieser Rasse über Jahrzehnte herangezüchtet hatten. Arbeitete der Hund gerade mal nicht, sollte er neben dem Schäfer herlaufen und nicht an der Leine ziehen.

Und Raya? Ich hatte mich gefragt, ob sie es akzeptieren würde, wenn plötzlich ein zweiter Hund da war. Sie fand ihn zunächst nett. Nach einer Zeit nervte es sie aber, dass er ständig an ihrem Ohr hing oder in ihren Schwanz biss. Sie wusste, dass es Spiel war, brachte sich aber gleichwohl in Sicherheit. Immerhin schien sie nicht eifersüchtig zu sein. Sie wusste ja: Nicht sie war der Chef, sondern ich. Und ich konnte deshalb bestimmen, wer gerade im Rudel lebte. In Traglitz hatte Tiger dann seine ersten Begegnungen mit Kühen. Er hatte Respekt und hielt Abstand. Aber er war ein super Begleiter. Ich war überrascht, was er schon alles konnte und kapierte, und es erstaunte mich, wie durch Zucht in einem Hund Arbeitstauglichkeit, Selbstständigkeit und dennoch ein Denken hin zum Menschen kombiniert werden konnte. Tiger hieß noch tagelang Tiger. Er gewöhnte sich rasch an den Namen. Aber er schien mir doch etwas einfallslos zu sein. Nach langem Suchen kam ich auf Juri. Das war slawischen Ursprungs und stammte vom Namen Georg, was wiederum Bauer bedeutete.

So nah ich mich den beiden Hunden fühlte, so weit weg waren Julian und Janusz für mich. Julian hatte mich zwar bei meiner Rückkehr nach Deutschland zusammen mit meinen Eltern am Frankfurter Flughafen abgeholt, aber das vertraute Gefühl wollte sich nicht mehr einstellen. Als er mich in Traglitz besuchte, standen wir wieder vor dem alten Problem: Wenn ich mittags kurz im Haus vorbeischaute, nach vielen Stunden auf der Weide, lag er noch im Bett. Klar, in Berlin machte er eine Ausbildung, und als Koch musste er abends und nachts arbeiten, da hatte er einen ganz anderen Rhythmus. Wahrscheinlich würde er immer nach Hause kommen, wenn ich schon wieder aufstand. Sein Leben und mein Leben – wir konnten es nicht synchronisieren.

In dem kleinen Bauernhaus, das ich bewohnte, eskalierte die Situation schließlich irgendwann.

»Hey, du kannst fahren, fahr in deine Stadt, ich bleib hier auf dem Land, das passt nicht zusammen«, erklärte ich klipp und klar.

Julian konnte nicht glauben, was ich gesagt hatte. Er umarmte mich. Für mich hatte das lange Ringen, das uns die letzten Jahre begleitet hatte, ein Ende. Er stieg ins Auto und fuhr weg. Ich legte mich auf mein Bett. In diesem Augenblick klingelte das Telefon. Janusz. Er rief aus der Schweiz an.

»Was willst du von mir?«, raunzte ich ihn an. »Ich habe mich gerade von Julian getrennt, lass mich in Ruhe!«

»Ich will aber unbedingt mit dir telefonieren.«

»Warum rufst du mich immer an, wenn ich mich gerade getrennt habe? Als würdest du das spüren. Lass uns später telefonieren.«

Damit war das Gespräch beendet. Nur ein paar Tage später rief Janusz erneut an. Dieses Mal war ich etwas entspannter.

»Was machst du gerade?«, fragte ich.

»Ich hüte 600 Schafe in der Schweiz. Bin hier ganz allein im Hochgebirge. Zumindest fast allein. Es gibt noch eine Herdenschutzhündin, sie heißt Tessa. Aber sie ist so scheu, dass ich sie nicht einmal anfassen kann.«

»Eine Herdenschutzhündin? Müsste die nicht besonders tapfer sein?«

»Vielleicht ist sie mutig bei Wölfen. Aber nicht bei Menschen. Sie frisst nicht einmal, wenn ich da bin. Ich muss ihr den Napf vor die Hütte stellen und dann verschwinden.«

»Und warum 600 Schafe?«

»Fand ich mal ganz spannend, so weit oben für Schafe zuständig zu sein. Es geht nur bergauf und bergab.«

»Bist du jetzt auch unterwegs?«
»Ich laufe gerade über eine Almwiese.«
»Aha.«
Stille. Kurz hörte ich nur seine von der Anstrengung beschleunigte Atmung.
»Ich glaub es nicht«, sagte er plötzlich. »Vor mir im Nebel tauchte eben ein Kuhfladen auf.«
»Du bist in den Bergen, bestimmt ist da mal eine Kuh vorbeigekommen.«
»Aber der Kuhfladen, er hat die Form eines Herzens!«
»Quatschkopf. Was erzählst du mir für 'nen Scheiß! Lass mich mit so einem Blödsinn in Ruhe!« Im gleichen Moment wusste ich, wie verletzend das war, was ich gerade gesagt hatte.
»Ich mach ein Foto!«
»Mach mal, ich glaub dir nicht!«
Wir redeten weiter über meinen Job, und er sagte, dass er im Sommer aus der Schweiz zurückkommen werde. Dann könne man sich ja mal treffen. Meine Antwort: »Vielleicht.«

29

Bullen im Anmarsch

Eines Tages wurde ich gefragt, ob ich helfen könne, wilde Rinder einzufangen. Zwei junge Kühe und einen jungen Bullen. Wilde Rinder in Traglitz? Erst nach und nach wurde klar, dass es um Schottische Hochlandrinder ging. Der Besitzer erzählte, dass er sie mit einem Fernglas in einer frei lebenden Herde ausgesucht habe. Sie seien dann mit einem Blasrohr betäubt und später verladen worden. Einen Tag nach ihrer Ankunft auf seiner Weide seien sie ausgebrochen.

Immer wieder waren die drei Highland Cattles in der Gegend gesehen worden. Aber sobald sich ihnen jemand näherte, rannten sie wie Rehe davon und versteckten sich im Wald. Jetzt waren sie in der Gegend von Traglitz gesehen worden. Zehn Kilometer von der Weide entfernt, von der sie auf- und ausgebrochen waren.

»Mache ich«, sagte ich. »Bald kommt ein Freund aus der Schweiz zu Besuch. Wenn er da ist können wir probieren, sie einzufangen.«

- 265 -

Andreas und ich arbeiteten gerade an einem Filmprojekt, filmten Rinder aus sieben Meter Höhe mit einem Teleskoplader. Da näherte sich knatternd ein Motorrad. Janusz! Seit mehr als zwei Jahren hatte ich ihn nicht mehr gesehen. Als er seinen Helm abnahm, bekam ich fast einen Schock: Seine Haare waren kurz. Fassungslos ließ ich den Frontlader des Teleskopladers herab und stieg aus. Als ich zu ihm trat, hatte ich den Eindruck, dass er sich insgesamt verändert hatte, ohne dass ich es genauer beschreiben konnte. Oder dachte ich das nur wegen der Haare?

Sein Auftritt war gut: Er trug die Lederjacke, die ich an ihm liebte, und er fuhr immer noch die mattschwarz lackierte Yamaha. Wir begrüßten uns nicht überschwänglich. Einerseits hatte ich das Gefühl, dass wir nie getrennt waren. Andererseits stand so viel zwischen uns, dass es kaum mehr sein konnte als diese scheue Umarmung. Dennoch war da eine angenehme Spannung.

Praktischerweise hatten wir mit den entflohenen Highland Cattles auch gleich ein Thema, über das wir reden konnten, ohne in Gefühlstiefen zu versinken.

»Sie haben sich einer anderen Herde angeschlossen«, erzählte ich. »Leider nicht unserer, sondern der des Nachbarn. Hast du eine Idee, wie wir sie fangen können?«

»Haben sie schon mal mit Menschen zu tun gehabt?«

»Wahrscheinlich haben sie die bisher nur aus der Ferne gesehen.«

»Wir könnten einen Korral auf der Weide bauen und mithilfe der Gitter die Tiere von der Herde trennen.«

Gesagt, getan. Tags darauf hängten wir mobile Gitter an den Frontlader und fuhren los. Da es ein Sonntag war, würde der Besitzer der Nachbarherde kaum auf der Weide vorbeischauen.

Auf der Weide stellten wir zunächst die Gitter auf, danach sahen wir uns in Ruhe die Herde an. Es waren Fleischrinder, bunt gemischt: Bullen, Kühe, Kälber. Und die drei Highlander. Da sie uns nicht kannten, testeten wir als Erstes, wie sie auf uns reagierten. Langsam gingen wir auf die Rinder zu. Bisher, so war mir von ihrem Eigentümer erzählt worden, hatten sie schon Reißaus genommen, wenn sich ihnen jemand auf 200 Meter näherte. Aber jetzt passierte nichts. Allerdings waren wir noch ziemlich weit weg.

Janusz wurde ungeduldig. »Die müssen schneller verstehen, dass wir keine typischen Bauern sind. Dass wir anders sind als die, die ihnen sonst begegnen.«

»Willst du ihnen ein Schild zeigen, auf dem steht: ›Es ist nicht so, wie ihr denkt‹?«

»Lass mich mal machen.«

Wir gingen noch ein Stück weit dichter an sie heran, bis auf dreißig Meter. Die Highlander beäugten uns, fühlten sich aber in der Nähe der anderen Tiere sicher. Janusz setzte sich hin. Mitten auf die Weide. Ich fand das befremdlich, machte es ihm aber nach. Die Rinder fanden unser Verhalten ebenfalls seltsam und wurden neugierig. Langsam kamen sie näher, aber es war noch ein Zaun zwischen uns. Janusz stand wieder auf, kroch unter dem Zaun durch und näherte sich der Herde langsam bis auf wenige Schritte. Dann legte er sich flach auf den Rücken.

Mir wurde unwohl. Wenn Rinder etwas zu merkwürdig fanden, konnte Neugier in Unsicherheit umschlagen. Dann wurde es bedrohlich, denn in solchen Situationen war aus ihrer Sicht Angriff die beste Verteidigung. Sie kamen noch näher. Ein Rind wagte sich direkt an ihn heran. Schnüffelte zunächst an seinen Schuhen, dann den Körper entlang.

»Achtung Janusz«, rief ich ihm zu: »Bulle im Anmarsch! Und die große Kuh mit den mächtigen Hörnern.«

Janusz blieb weiter still liegen. Gleich darauf stand die ganze Herde um ihn herum. Die meisten schnüffelten kurz an ihm, dann war die Herde zum Schluss gekommen, dass dieser liegende Mann nicht weiter spannend wäre. Sie grasten, auch direkt neben ihm. Langsam zog die Herde von dannen, und Janusz erhob sich ohne irgendeine schnelle Bewegung. Die drei Highland Cattles ließen sich davon nicht beeindrucken. Die Tiere trotteten hinter der Herde her, allerdings in einem respektvollen Abstand von vielleicht zwanzig Metern. Näher ließ der mächtige Bulle sie nicht heran.

Nun mussten wir die Herde vorsichtig in Richtung der soeben installierten Fanganlage drängen. Da kamen wir nur zentimeterweise vorwärts. Sobald auch nur eines der Rinder den Kopf in die Luft streckte und Witterung aufnahm, blieben wir stehen. Meist gingen wir dann einige Schritte zurück. Irgendwann erreichte die Herde den Korral. Der langsamste Viehtrieb in der Geschichte der Landwirtschaft war fast zu Ende. Nachdem auch die Highlander mit der üblichen Verzögerung den Korral erreicht hatten, machten wir die Gitter vorsichtig, aber zügig zu. Anschließend ließen wir die Tiere wieder einzeln heraus, stets darauf bedacht, dass nicht die ganze Herde ins Rennen kam. Der Plan ging auf: Am Ende waren nur noch die zotteligen Highlander drin.

Ich holte das Auto mit dem Anhänger, Janusz bereitete alles so vor, dass sie direkt aus dem Korral in den Anhänger gehen konnten. Dazu hatten sie aber keine Lust. Was sollte sie auch dazu bewegen, in dieses enge Ding zu gehen?

»Sollen wir denen jetzt nicht doch mal Dampf machen?«, fragte ich, genervt von der unendlichen Langsamkeit, mit der hier alles ablief.

»Du musst schon die Geduld aufbringen ...«

»Okay, okay.«

Wenn er das so sah, fügte ich mich. Dann standen wir eben weiter hier und warteten. Und warteten. Und warteten. Mich überkam bereits das erste Gähnen, als sich plötzlich etwas tat. Einer der behaarten Kollegen schnüffelte an der Rampe. Und spazierte einfach in den Anhänger. Die beiden anderen folgten. Ohne nachzudenken. Wir schlossen die Klappe und fuhren zurück zur Ranch, wo sie noch eine Weile bleiben sollten, bis der Besitzer einen wildtiersicheren Zaun gebaut hatte.

Janusz blieb ein paar Tage da. Zum Abschied fragte er mich, ob ich nicht Lust hätte, mit ihm nach Gorleben zu kommen und gegen den Castor-Transport zu demonstrieren.

»Mal schauen«, sage ich. Dann fuhr er fort.

Ich versuchte, Vertrauen bei den Highlandern aufzubauen. Aber es funktionierte nicht. Dann bekam auch noch eine der Kühe ihr Kälbchen. Als sich ihnen danach Menschen auch nur auf fünfzig Meter näherten, wurden die Tiere nervös und zeigen seltsame Verhaltensweisen: Sie attackierten das Kalb, prügelten es regelrecht und drückten es auf den Boden. Ich kam zum Schluss, dass es nicht gelingen würde, diese Highlander noch an Menschen zu gewöhnen. Das war zu viel Stress für sie.

Aus dem »mal schauen« wurde bald darauf Wirklichkeit. Nun lag ich auf dem Gleis im Wendland und schaute in den Himmel. Über mir zappelte kahles Geäst in den Baumkronen. Es wurde dunkel, der Kontrast zwischen Zweigen und Himmel löste sich langsam auf. Schwarze Romantik. Wann hatte ich das letzte Mal so unter einem Baum gelegen? Habe ich es je bewusst gemacht? Mit Janusz auf der Radtour nach Fredenwalde vielleicht? Ich konnte mich nicht erinnern. Mir war kalt.

Was würde passieren, wenn der Zug mit seinem Atommüll einfach weiterführe? Wenn den Lokführer eine unbändige Wut packte auf alles, was er sah. Mit seiner mächtigen Lok konnte er den Protest einfach niederwalzen. Ein Arm legte sich um meine Schulter. Janusz' Arm. Ich richtete mich wieder auf. Es war ungewohnt. Ob er mich schützen wollte? Dass er mich auf diese Weise umarmte – das hatte es vorher nicht gegeben. Zumindest nicht so vertraut. Seit unserer Begegnung in Traglitz mussten wir uns erst langsam wieder aneinander gewöhnen.

Es war gar nicht so leicht gewesen, noch einen freien Platz auf dem Gleis zu ergattern. Der erste Abschnitt war schon komplett belegt. Immer tiefer hatten wir in den Wald hineingehen müssen. Überall waren Leute, es gab Suppe, Lieder wurden gesungen. Einer betrieb eine Musikanlage mit Notstromaggregat. Partystimmung. Doch langsam wurde es ernst. Der Zug kam näher. Auf der gegenüberliegenden Seite der Gleise sammelten sich Polizisten. Über uns kreisten Hubschrauber. Demonstranten skandierten rhythmisch die Liturgie des Protests: »Wir sind friedlich, was seid ihr?«

Wir hatten Rucksäcke, Isomatten, Schlafsäcke und, ja, ein Schaffell dabei. Würden wir später weggeschleppt werden und in Gewahrsam kommen, hätten wir wenigstens unser Zeug dabei. Hunderte saßen hier auf den Gleisen. Ich griff zum Rucksack. Die Räumung stand unmittelbar bevor.

Ein Polizist fragte: »Was wollt ihr denn nun machen?«

»Wir halten uns fest«, antworteten wir.

Dann ging er. Die Polizisten hatten gerade andere Sorgen als patzige Protestierer, wie wir ihren Gesprächen entnahmen. Sie waren hungrig, wahrscheinlich müde. Fast bekam ich ein schlechtes Gewissen, weil wir alle mit Suppe versorgt wurden. Die Polizisten behalfen sich mit ein paar Schokoriegeln.

»Warum stehst du so für den Staat ein?«, rief ich einem von ihnen zu.

»Weil es mein Job ist. Denkst du, ich bin für die Atomkraft?«

»Warum machst du dann nichts anderes?«

Er antwortete nicht. Was sollte er auch sagen? Ich fand auch nicht immer alles klasse auf der Ranch, aber mir war es wichtig, etwas zu machen, hinter dem ich stand. Weiter hinten sah ich, wie die ersten Leute von den Gleisen gezerrt wurden. Wir verhakten uns wie bei einem Volkstanz, um der Polizei die Arbeit zu erschweren.

Janusz beugte sich zu mir: »Nun sind wir zusammen.«

»Ja«, gab ich zurück. »Nun sind wir zusammen.«

Im nächsten Moment riss ein Polizist Janusz von den Gleisen weg. Der machte sich erkennbar schwer und wurde über den Boden geschleift. Dann war ich dran. Eine Polizistin hakte sich ein, wollte mich wegtragen, aber sie scheiterte: »Ich packe das nicht«, murmelte sie.

»Ich muss manchmal Kälber tragen, die genau so viel wiegen wie ich«, wandte ich ein.

Aber das interessierte sie natürlich nicht. Stattdessen tauchte ein anderer Polizist auf und klemmte mir seinen Stock in den Rücken. Er versuchte es auf die schmerzhafte Tour.

»Keine Gewalt! Keine Gewalt!«, schrie ich. »Kein Gewalt!«

Es gab eine Kamera, die alles aufzeichnete, damit die Polizisten nicht so brutal vorgingen. Zwei Polizisten trugen mich dann davon, bestimmt einen halben Kilometer weit. Eine irre Schlepperei. Aber je weiter sie uns transportieren mussten, desto länger wurden sie aufgehalten und kamen bei der Räumung nicht voran. Irgendwann war die Angelegenheit allerdings auch für mich so schmerzhaft, dass ich freiwillig mitging. Sie hielten mich nur noch am Arm fest. Es ging am Gleis entlang, anschließend durch eine Unterführung. Schon zwanzig Meter hinter mir wurde die nächste Person gebracht. Ich kam in ein Camp, eine Art polizeiliche Wagenburg, mit vielen Fahrzeugen, die kleinen Panzern glichen. Kriegsstimmung. Nach einiger Zeit sah ich Janusz. Personalien nahm die Polizei nicht auf, trotzdem mussten wir die Nacht über hierbleiben. Es war kalt, aber das Rote Kreuz verteilte netterweise Decken. Und wir hatten unser Schaffell zum Kuscheln. Nach vierzehn Stunden Protest war dieser Moment mein Highlight.

Dummerweise waren Raya und Juri noch im Auto. Zuletzt war ich am frühen Abend bei ihnen gewesen, jetzt war es tiefe Nacht. Ahnend, dass es so kommen könnte, hatte ich einen Schlüssel auf die Reifen gelegt und die Fenster offen gelassen. Draußen hatte ich sie nicht anbinden wollen. Am Morgen aber würden sie dringend rausmüssen. Ich rief einem Mann außerhalb des Camps zu, dass ich Hilfe bräuchte. »Wegen zwei Hunden in einem Auto.« Er rief zurück, dass er jemanden holen würde. Tatsächlich erschien wenig später eine Frau. Über das Polizeifahrzeug hinweg rief ich ihr die Namen der Hunde zu und erklärte ihr, wo mein weißer Caddy stand. Und dass die Schlüssel auf dem Rad liegen würden. Sie antwortete, dass sie in der Nähe wohne und die Hunde mitnehmen würde. Sie rief mir die Adresse zu. Was für eine Erleichterung.

Am Morgen sah ich, wie Polizisten an den Gleisen entlangritten. Dahinter rollte der Zug mit den großen, weißen Castor-Behältern, in denen der strahlende Müll aus Frankreich nach Dannenberg gebracht und anschließend in einem Salzstock in Gorleben eingelagert wurde. Alle buhten. Mir liefen die Tränen übers Gesicht.

Nach unserem politischen Statement fuhren wir für eine Woche nach Polen, auf einen meist unbewohnten Hof in Jelenino ganz in der Nähe des Dorfs, in dem Janusz' Vater wohnte. Der Hof bestand aus einem alten Backsteinwohnhaus, einer großen Scheune, einem Backhaus und einem Stall. Er gehörte einem Freund aus Berlin, der aber nur selten da war. Es hatte geschneit. Alles war weiß und atemberaubend schön. Ich fühlte mich fast wie in Kanada, nur die Pferde fehlten. Darum mussten wir selbst laufen – und das taten wir oft. Spazierten durch den Wald, zogen an den Ästen, sodass dem anderen die Flocken auf den Kopf fielen. Die Distanz zwischen uns hatte sich in Gorleben auf den Gleisen aufgelöst.

In das Knirschen hinein, das unsere Schritte auf dem Schnee verursachten, sagte Janusz: »Nächstes Jahr im Herbst muss ich für mein Masterstudium ein Praktikum machen. Vielleicht können wir da gemeinsam losziehen.«

»Aber ich werde in Traglitz gebraucht«, wandte ich. »Und die Zeit ist wichtig für mich. Ich lerne einiges und trage viel Verantwortung.«

»Aber du hast einen Chef. Ich dachte immer, du willst etwas Eigenes machen.«

»Will ich ja auch.«

»Und, wie soll das aussehen?«

»Auf jeden Fall möchte ich Kühe haben. Aber nicht nur. Eigentlich wünsche ich mir einen Hof, auf dem ich alles habe, was ich zum Leben brauche. Also, an Nahrungsmitteln.« Ich war erstaunt, dass ich auf einmal wusste, was ich wollte, wo ich doch so lange keine Ahnung gehabt hatte, wie ich meine Zukunft gestalten sollte.

Janusz hatte ebenfalls klare Vorstellungen: »Ich würde gerne eine Alm bewirtschaften, am liebsten zusammen mit dir. Da könnten wir uns erproben. Eine Alm ist eine ziemlich harte Zeit.«

»Kühe auf dem Berg – das würde mir auch gefallen. Dann könnten wir Käse machen.«

Als wir zurück auf dem Hof waren, setzten wir uns an einen Tisch und machten einen Plan, festgehalten auf Papier. Alles das, was wir beim Spaziergang besprochen hatten, trugen wir entlang eines Zeitstrahls ein – mit drei Szenarien. Erstes Szenario: Jeder macht das, was er will. Zweites Szenario: Wir gehen gemeinsam auf eine große Reise. Drittes Szenario: Wir gründen selbst einen Hof. Anschließend schauten wir, ob unsere Vorstellungen zusammenpassten. Sofort einen Hof gründen – das wollten wir beide noch nicht. Lieber die Zeit nutzen und mehr Erfahrungen sammeln. Um zu lernen. Wir überlegten: Welche Alm könnten wir bewirtschaften, welches Hofmodell könnte zu uns passen? Am Ende sollte etwas stehen, das uns ein ganz anderes Leben ermöglichen würde.

»Ich mache alles nur halb«, sagte ich Janusz. »Ich habe dauernd Kühe um mich herum, aber die Milch im Kühlschrank, die kommt aus einem Tetra Pak.«

»Mir ist neu, dass du überhaupt Milchkühe haben möchtest«, antwortet Janusz. »Bisher hast du höchstens mal von Fleischrindern geredet.«

»Ich habe bislang auch meist nur diese Tiere betreut. Milchkühe bedeuteten für mich frühes Aufstehen, und außerdem ist es kompliziert, an ihre Euter zu kommen.«

»Du musst dich doch nur ein bisschen bücken. Was ist daran kompliziert?«

»Das habe ich anders erlebt. Einmal, in Kanada, konnte ein Kalb nicht richtig trinken. Ich wollte überprüfen, warum das nicht ging. Aber die Kuh ließ mich nicht an ihren Euter heran. Sie trat nach mir.«

»Waren deine Hände zu kalt?«

»Quatsch. Ich weiß nicht, was das Problem war. Ich musste die Kuh erst mithilfe von anderen mühsam zwischen zwei Metallgittern festklemmen. Aus den Zitzen kam Milch raus, aber nur ein dünnes Rinnsal. In dem Moment wusste ich, dass ich keine Lust hatte, mich mein Leben lang mit diesen Eutern herumzuärgern.«

»Also keine Milchkühe.«

»Das werde ich sehen, wenn ich mit dir auf Reisen gehen sollte. Ich verstehe sowieso nicht, warum Milchbauern immer so früh die Kühe melken. Um vier Uhr! Stimmt das überhaupt? Ist es, damit die Kühe länger auf der Weide sein können? Man könnte sie doch auch länger am Abend dort lassen.«

»Und wann machst du dann Feierabend?«

»Ja, genau das ist mein Problem mit einem eigenen Hof: Wie kann man Landwirtschaft machen und trotzdem noch Zeit für die Familie haben? Oder überhaupt mal Freizeit?

»Hier auf dem Hof haben wir doch auch viel Zeit.«

»Haha. Aber mal im Ernst. Können wir den nicht übernehmen? Der verfällt doch. Und mit Tieren wäre es wunderschön hier.«

»Das können wir vergessen. Mittlerweile gehört hier alles einem Investor aus Warschau. Du siehst: das Modell Landwirtschaft als Investment.«

»Macht der Investor noch etwas?«

»Einmal im Jahr mulcht er das Gras, und ab und zu lässt er einen Baum fällen. Ich habe auch schon mal einen Heuballen auf dem Feld gesehen. Aber der lag nur da und verrottete.«

»Und was bringt es ihm?«

»Geld aus Brüssel.«

Damit hatte sich meine Idee nach wenigen Sekunden wieder aufgelöst. Hier kamen wir nicht weiter. Aber wo dann?

30

Todesangst unter Kühen

Schon länger herrschte zwischen mir und einigen Mitarbeitern in Traglitz dicke Luft. Ich war inzwischen ein Jahr dort und als Herdenmanagerin für 150 Tiere zuständig, die Kollegen hingegen für den Ackerbau. Mal ging es um unklare Zuständigkeiten, mal um mangelhafte Absprachen. Außerdem motzte ich viel rum. Kam auch nicht gut an. Jetzt hatten die ersten Kühe gekalbt, und ich wollte den Kälbchen rasch die Ohrmarken einsetzen, möglichst schon am ersten oder zweiten Tag. Denn vom dritten Tag an rannten sie viel herum, und es dauerte dann viel länger, sie zu fangen. Erschwerend kam hinzu, dass Kühe überhaupt keinen Spaß verstanden, wenn ihr Junges empört muhte. Darum lief das Ganze bisher so ab: Während einer die Ohrmarke setzte, hielten kampferprobte Männer erboste Kühe mit Mistgabeln davon ab, ihr Kalb zu retten.

Ich wollte das ändern und hatte auch einen Plan: Ging eine Kuh zum leicht erhöhten Futtertisch und stakste das Kalb hinter ihr her, würde ich vor der Nase des Kalbs zügig

- 276 -

eines der großen Schwenktore schließen, mit denen der Stall unterteilt werden konnte. So getrennt von der Mutter blieb genügend Zeit, die Ohrmarke zu setzen. Bei drei Kälbern hatte das in den vergangenen Tagen gut geklappt. Heute war das vierte dran. Eine schwarze Kuh hatte gekalbt, und die Mitarbeiter schoben Heu heran, damit sie zum Futtertisch kam. Interessiert schauten sich die Männer an, was ich da trieb. Sie hatten es noch nicht gesehen – in den vergangenen Tagen hatte ich es allein probiert. Nun wollte ich ihnen beweisen, dass diese Methode funktionierte.

Ich näherte mich der Kuh und ihrem Kalb, und als die Mutter ein Stückchen voraus war, schloss ich das Tor. Es gelang aber nicht richtig, doch das war mir gerade egal. So eine Marke war schnell gesetzt. Ich war noch nicht beim Kalb, als das Tor langsam wieder aufschwang. Ich merkte, dass die Mutter mich beäugte. Aber ich achtete nicht weiter darauf, war ich doch gerade mitten in der Beweisführung für die zuschauenden Männer.

Das Kalb war noch schwach auf den Beinen und ging in die Knie. Ich hockte mich hin. Dann ging alles sehr schnell: Das Jungtier blökte empört beim Setzen der Marke, ich hörte wildes Getrappel, und augenblicklich war die Mutter bei mir. Mir blieb keine Zeit, um aufzustehen. Mit ihrem Kopf stieß mich die Kuh zu Boden, ich fiel auf den Rücken. Gerade eben schaffte ich es noch, mich umzudrehen, schon stand sie über mir. Ich wusste, was nun kam: Sie würde mich mit ihren Klauen zertrampeln.

Die Männer rannten herbei und versuchten, die Kuh abzulenken. Aber das klappte nicht. Aus Sicht der Kuh war ich gerade ihr größter Feind, meine Bekämpfung hatte darum Vorrang. Ich schrie, konnte aber nichts machen, weder wegkrabbeln, noch mich bewegen. Wieder und wieder fühlte ich die Tritte. Die Männer versuchten, mich zu fassen und von der Kuh wegzuziehen. Doch sie erreichten mich nicht. Ich bekam fast nichts mehr mit. Mein Gehirn schaltete sich ab. Irgendwann merkte ich, wie ich durch das Stroh gezogen wurde und meine Jacke zerriss.

Ich brauchte einen Moment, um zu mir zu kommen. Ich lag auf dem Futtertisch.

»Bist du okay?«, riefen die Männer.

»Geht so«, antwortete ich.

Glaubwürdig war das sicher nicht, denn mir kamen die Tränen. Es war eine furchtbare Situation.

Mein Rücken schmerzte, meinen Kopf hatte das Muttertier wohl nicht getroffen. Die Männer wollten unbedingt, dass ich zum Arzt ging. Ich richtete mich auf, versuchte, mich langsam hinzustellen. Es wird irgendwie gehen, dachte ich. Ohne Arzt. Ich schleppte mich aus dem Stall, wie in Trance. Zittrig, klapprig. Die Männer überzeugten mich schließlich, zum Arzt im Nachbardorf zu fahren.

Der Arzt schaute sich meinen Rücken an und sagte: »Da sind überall rote Striemen, die sich bald blau verfärben werden.« Dann tastete er mich ab. »Sie scheinen Glück gehabt zu haben. Es kann sein, dass Sie sich eine Rippe gebrochen haben. Aber ohne Röntgenaufnahme kann ich das nur vermuten.« Wegen der Kälte hatte ich Winterkleidung in mehreren Schichten getragen. Wollweste plus Pulli plus Winterjacke. So wurden die Tritte abgefedert.

Zwei Wochen lang konnte ich nichts tun. Als ich zum ersten Mal wieder in den Stall ging, merkte ich, dass ich plötzlich Angst vor Rindern hatte. Ich musste aber mit ihnen arbeiten, ich war Herdenmanagerin. Das war mein Job. Doch wenn ich nur am Kuhstall vorbeiging, bekam ich zittrige Knie. Ich ging zu Andreas und erzählte, was los war. Er zeigte Verständnis und gab mir ein paar andere Dinge, die ich vorerst erledigen konnte. Weil keiner da war, der mir helfen konnte, musste ich mich selbst therapieren. Zunächst spazierte ich nur am Kuhstall entlang. Im zweiten Schritt näherte ich mich dem Futtertisch und versuchte, nicht in Panik zu verfallen. Furchtbar langsam nur ging es besser. Erst nach einem Monat traute ich mich, den Stall zu betreten. Wachsam schaute ich in alle Richtungen, ob mich eine Kuh angreifen könnte. Wenn sich mir ein Tier mehr als fünf Meter näherte, musste ich hinausgehen.

Irgendwann ging es wieder. Aber zwischen den Männern, die mich gerettet hatten, und mir war etwas kaputt. Sie waren verärgert, dass ich mich dieser Gefahr ausgesetzt hatte und sie miterleben mussten, wie ich fast zertrampelt worden wäre. Immer wieder wurde das thematisiert. Als Doris später ebenfalls überlegte, wie diese Arbeit ohne die Hilfe von Mistgabeln gelöst werden konnte, bekam sie zu hören:»Mach nicht so einen Scheiß wie die Anja.« Doch Doris löste das Problem schlauer als ich. Sie trennte zunächst die älteren Tiere von den jüngeren. Die Jüngeren waren schon stressarm von mir trainiert worden. Das hatte sie geprägt. Musste nun eine Ohrmarke gesetzt werden, ging Doris erst zur Mutter und ließ sich ein bisschen beschnüffeln. Dann nahm sie sich – geduldet vom Muttertier – das Kalb vor. Die älteren Kühe lernten das nicht mehr.

Bald darauf saß ich erneut bei Andreas im Büro. Ich sagte ihm, dass ich meine Stelle kündigen würde. Ich erzählte ihm von dem Streit zwischen mir und den Mitarbeitern. Und weiterhin, dass Janusz und ich auf Reisen gehen wollten, um zu lernen, wie es mit uns weiterging. Andreas war nicht glücklich, dass alles so schnell ging. Vielleicht war er aber auch erleichtert.

31

Dunkle Tage auf der Alp

Janusz hatte in der Zwischenzeit das Käsemachen gelernt, und so erwarteten uns nun siebzig Ziegen und fünfzehn Kühe auf der Sonnenalp. Wir hatten uns dort beworben, weil die Alm zusätzlich einen Schankbetrieb hatte. Gäste hatte von uns beiden auf diese Weise allerdings noch keiner bewirtet.

Die Sonnenalp lag in Südtirol. Vorher waren wir noch einige Wochen in Rumänien gewesen, davor auf zwei Höfen, auf denen wir unentwegt geschuftet hatten. Vielleicht wurde es jetzt ja ruhiger? Das Bedürfnis danach war groß. Immerhin war es ein Wagnis gewesen, mit Janusz auf Reisen zu gehen, aber bislang hatte ich es nicht bereut.

Mittlerweile war es Frühsommer, zum Glück mussten wir aber nicht hochlaufen, sondern durften eine Lastenseilbahn nutzen. Eine hölzerne Kiste diente als Gondel. Sie sollte uns zur Alm auf mehr als 2000 Meter Höhe fahren. Über das Handy war uns gesagt worden, was wir zu tun hätten: Sobald alles verstaut war, sollten wir bei einem hölzer-

- 280 -

nen Unterstand auf einen Kopf drücken. An der Bergstation würde es dann klingeln – und von oben würde jemand die Seilbahn in Bewegung setzen. Als unsere beiden Taschen und das Hundefutter in der Gondel lagen, begaben wir uns auf die Suche nach diesem Knopf.

An dem Unterstand hing tatsächlich ein kleiner Kasten mit einer Luke. Janusz öffnete sie, und drinnen hing ein altertümliches, beigefarbenes Telefon.»Also gut«, sagt Janusz,»ich drücke ich jetzt mal den Knopf.«Nichts passierte. Noch mal. Keine Reaktion. Erneut drückte er, dieses Mal aber sehr energisch. Und endlich: Das Telefon klingelte. Er ging ran und sagte:»Wir sind da. Wir haben auch schon unser Gepäck in die Seilbahn geladen. Für uns könnte es losgehen.« Am anderen Ende sagte jemand etwas, dann legte Janusz auf und schaute zu mir:»Wir sollen einsteigen, in fünf Minuten geht es los.«

Ich rief Juri, und er hüpfte in die Gondel. Wir schlossen die Tür und warteten. Auf einmal ruckelte es, und wir fuhren los. Die Seitenwände reichen uns bis zu Brust, wir konnten also hervorragend hinausschauen. Unter uns sahen wir den Weg zur Alm. Er führte über Serpentinen durch einen Wald. Die Höhe wurde schwindelerregend und die Gondel war ziemlich flott unterwegs. Zwischendurch holperte es immer mal wieder, selbst dann, wenn wir zwischen zwei Masten unterwegs waren und es eigentlich keinen erkennbaren Grund gab, warum da irgendetwas holpern sollte. Bei einem dieser Holperer schaute ich in die Tiefe, und mir lief ein Schauer über den Rücken. Wenn wir jetzt runterfielen und die Holzkiste zerschellte – wie würde sich das wohl anfühlen? Wie oft wurde diese Anlage eigentlich gewartet?

Am Ende verlief die Seilbahn flacher, und wir bekamen so einen Eindruck von der Gegend rund um die Alm. Sie war wunderschön. Tiefgrünes Gras, zahllose Blumen, einige

Bäume. Nur als ich den Ausschank erblickte, erschrak ich. Natürlich kannte ich die Zahl der Sitzplätze, doch als ich sie nun sah und mir vorstellte, dass auf jedem einzelnen Platz ein Gast saß und bedient werden wollte – das machte mir Angst. Das doppelstöckige Haupthaus war ganz im Postkarten-Look gehalten: aus Baumstämmen gebaut, mit einigen Geweihen behängt, an der Frontseite vier Fenster mit Klappfensterläden. Die Alm gehörte der Gemeinde, und wir waren nun die Bewirtschafter. Die Kühe und Ziegen gehörten unterschiedlichen Besitzern und waren nur im Sommer hier oben.

Ruckelnd kam die Bahn zum Stehen. Ein wenig flau war mir im Magen, aber ich freute mich, den Berg unter den Füßen zu spüren. Links von uns lag der Stall, er war ungefähr dreimal so lang wie das Haupthaus. Der Gemeindevertreter nahm uns gleich an der Tür in Empfang und führte uns in unser neues Heim.

Unten gab es eine Küche, einen kleinen Gastraum, die Speisekammer, einen Reiferaum für den Käse und ein kleines Bad. Oben im Haus waren die Schlafkammern. Hier verbrachten wir also die nächsten drei Monate. Den Ausschank hatte man vorbereitet, manches vorgekocht und Vorräte deponiert. In der Speisekammer hingen zwei große getrocknete Stücke vom Schwein – der Südtiroler Schinken durfte natürlich nicht fehlen.

Jetzt im Juni war das Gras etwas gewachsen, der Betrieb konnte nach der Schneeschmelze anlaufen. Die Hälfte der Ziegen hatte man schon mitgebracht. Uns blieb ein Tag zum Einfinden, bevor die Kühe, die restlichen Ziegen und, wie wir erfuhren, auch ein paar Schweine kamen.

Der Weg für die Tiere war steil: Anderthalb bis zwei Stunden brauchten sie dafür. Sie wurden unten abgeladen und liefen dann den Wanderweg hoch, den wir von der Gondel aus gesehen hatten. Nur die Schweine, die die Molke verwerteten und im nächsten Jahr den Schinken stellen sollten, durften mit der Seilbahn fahren. Und die Helfer, die uns bei der Arbeit unterstützen sollten.

Am nächsten Nachmittag hörte ich ein lustiges Kling-Klang, das sich näherte. Das musste die Karawane der Kühe sein. Ich rief Janusz, und zusammen gingen wir nach draußen. Die Bauern und die Kühe hatten schon die Tannenbach-Brücke überquert und zogen nun über die Wiese. Wir gingen unseren Milchspenderinnen entgegen. Manche Tiere waren von dem langen Weg sehr geschwächt und legten sich unmittelbar nach der Ankunft nieder. Die Bauern wollten uns natürlich kennenlernten, wir sagten Hallo und plauderten ein wenig. Dann begannen sie den Abstieg ins Tal. Für uns stand am Abend das erste Melken an.

Janusz versuchte, die Melkmaschine anzustellen, aber es gab keinen Strom. Seltsam. Man hatte uns erzählt, dass die Energie hier mithilfe des flott dahinströmenden Tannenbachs vor Ort erzeugt wurde; rund 150 Meter unterhalb der Alm trieb er eine Turbine an. Oder nicht? Janusz eilte dorthin, während ich im Stall wartete.

»Hier tut sich nichts«, rief er mir beim Zurückkommen zu.

Zum Glück war der Gemeindevertreter noch da. Als er hörte, dass die Melkmaschine nicht in Betrieb genommen werden konnte, wurde er hektisch und begann zu telefonieren. Anschließend ging er zum Bach. Die Turbine brachte er zum Laufen. Allein – der Strom kam nicht im Stall an.

Tags zuvor hatte der Mann den Melkstand ausprobiert, weil seine Ziegen schon auf der Alm waren. Da funktionierte alles noch. Nun war es fünf Uhr abends, fünfzehn Kühe standen da und wollten gemolken werden. Ich rechnete kurz nach: Wenn ich jetzt jede mit der Hand melke und jeweils zwanzig Minuten brauche, bin ich in fünf Stunden durch. Also um zehn Uhr.

Da es keinen Grund gab, länger zu warten, griff ich mir Schemel und Eimer und begann zu melken. Ich spürte zwar, dass ich deutlich trainierter als bei meinen ersten Versuchen war, doch schon bei der dritten Kuh wurde es mühsam. Mir taten Hände und Arme weh.

Ich versuchte, die erfreuliche Seite des Melkens zu sehen. Ich redete mir ein, dass ich die Kühe auf diese Weise besser kennenlernen würde. Gleichzeitig hoffte ich inständig, dass die Maschine bald wieder funktionierte. Obwohl die Kühe nach der anstrengenden Wanderung kaum Milch hatten, musste ich doch ständig den Eimer mit der Milch in die Kanne mit dem Filter obendrauf umfüllen. Das hatte ich in meiner Berechnung nicht einkalkuliert. Erst um elf war ich fertig. Der Gemeindevertreter und Janusz melkten unterdessen die Ziegen.

Am nächsten Tag setzte ein Techniker die Maschine wieder in Gang. Nie freute ich mich so über Maschinenlärm wie in diesem Moment. Nun würde es aufwärtsgehen. Doch ich irrte mich. Wir hatten keine Gelegenheit, in Ruhe anzukommen. Wir mussten sofort voll da sein. Nach wenigen Tagen wusste ich nicht mehr, um wen ich mich zuerst kümmern sollte. Um die Tiere, die mittlerweile vollzählig waren? Um die Gäste, die nun zahlreicher kamen? Um die jungen Helfer, die zwischendurch immer wieder Sorgen hatten? Permanent wollte jemand etwas von mir. Und permanent fielen die Helfer aus. Irgendwann beim Spülen wurde mir klar, dass ich ununterbrochen von morgens halb fünf bis abends um neun arbeitete. Für 1000 Euro im Monat. Wut stieg in mir auf. Ich fühlte mich plötzlich wieder wie in der schwankenden Gondel, als ich über den Rand in die Tiefe blickte. War es damals nur ein innerer Schauer, der mich plagte, fühlte ich nun Panik in mir aufsteigen. Ruhig atmen, dachte ich verzweifelt. Ruhig! Ruhig! Ruhig! Aber mein Körper spielte nicht mit. Er entzog sich mir und ging seinen eigenen Weg. Anders als im Lift hielt dieses Mal der Boden nicht mehr stand. Lautlos gab er nach, ohne dass ich begriff, warum. Ich versuchte mich festzuhalten, aber der Griff ging ins Leere. Ich fiel nicht, aber etwas in mir sackte ab. Es war, als würde ich in mir selbst zusammenstürzen, wie ein Hochhaus, das gesprengt wurde.

»Ist dir nicht gut?«, fragte Janusz.

Ich hatte nicht bemerkt, dass er in die Küche gekommen war. Ich konnte nicht antworten, rutschte nur langsam mit dem Rücken am stählernen Küchenschrank zu Boden. Janusz erkannte sofort den Ernst der Lage. Er kam zu mir und setzte sich neben mir auf den Boden.

»Muss ich mich wieder zusammenreißen?«, fragte ich ihn, als ich mich wieder etwas gefangen hatte. »Weiter ranklotzen? Ich halte das hier nicht mehr aus. Ich will nur noch fort.«

Janusz schwieg, wie so oft in Krisenmomenten. Andere erlebten ihren Berufseinstieg als beglückende Erfahrung, aber ich fühlte mich, als würde mir, als würde uns ständig eine neue Prüfung auferlegt.

Ich blickte nach oben. Auf der anderen Seite des Gangs türmten sich Alpen ganz eigener Art. Sie bestanden aus Geschirr, Pfannen und Töpfen, dazwischen Rührbesen und Holzlöffel, die als verknöcherte Gewächse in den Küchenhimmel ragten. Soßen und Fett rannen über Stapel von Tellern unterschiedlicher Größe wie Bergbäche über Gesteinsstufen und breiteten sich widerstandslos auf der Edelstahlanrichte aus.

Janusz sagte gedehnt: »Ich übernehme deine Aufgaben«, als wäre es das Letzte, was er für mich in meinem Leben noch tun könnte.

»Weißt du überhaupt, was das heißt«, fuhr ich ihn an. »Wo man hinschaut, muss etwas getan werden. Da der Monsterabwasch. Dann der Jungvieh-Check, Ziegen betreuen, Kühe zum Gras bringen, Brot backen, Kühe holen und melken, Melkzeuge spülen, Essen vorbereiten, Essen kochen, zwischendurch Käsebrote schmieren, Vorräte für die Gastwirtschaft besorgen, Käseverkauf, Finanzen und Dokumentationen, die Helfer anleiten und einteilen, die Wäsche waschen. Geputzt werden müsste auch.«

Ich wunderte mich über meinen Ausbruch. Über seine Antwort natürlich nicht. Er sagte lediglich: »Ich weiß.«

»Wäre es schlimm, wenn ich jetzt gehe?«

»Was müsste sich denn ändern, damit du weitermachst?«, entgegnete er.

»Vielleicht seid ihr sogar froh, wenn ich weg bin. Dann ist doch alles viel entspannter.«

»Blödsinn«, sagte Janusz. »Vielleicht ist es besser, wenn du mit dem Lift mal ein paar Tage ins Tal fährst, um Ruhe zu finden. Wir sind hier an einem Ort, an dem andere Urlaub machen.«

»Es geht mir nicht um ein paar nette Stunden. Aber ja, ich werde ins Dorf fahren.«

Ich erhob mich langsam vom Boden. Meine Beine waren so wackelig wie meine Nerven. Ich ging in mein Zimmer und suchte ein paar Sachen zusammen. Ohne mich von irgendjemandem zu verabschieden, lief ich ins Tal. Andere flüchteten nach oben, ich nach unten.

Ich fand das Auto am Parkplatz und fuhr in den nächsten Ort. Ich sah das Café, dass ich schon bei der Herfahrt bemerkt hatte. Es lag in der gleißenden Sonne. Ich setzte mich in den Außenbereich unter einen der Sonnenschirme. Es tat gut, nur für mich zu sein. Eine junge Frau kam an meinen Tisch und fragte freundlich, was ich denn bestellen wolle. Ich antwortete, dass ich dafür erst kurz in die Karte schauen müsse. Sie lag auf dem Tisch, aber ich hatte ihr noch keine Beachtung geschenkt. Erst mal klarkommen.

»Können Sie gleich noch mal wiederkommen?«

»Natürlich«, sagt die junge Frau.

Ich wählte den Kaiserschmarrn mit Eis. Konkurrenzvergleich, dachte ich, als ob ich damit meinem Ausflug einen tieferen Sinn geben könnte.

Kurz darauf kam die junge Frau erneut an meinen Tisch und lächelte mich an.

»Ich nehme einen Kaiserschmarrn«, sagte ich. »Mit Eis.«

»Sehr gerne«, antwortete sie. »Aber es wird ein wenig dauern, bis er fertig ist.«

»Ich habe Zeit.« Der Satz kam mir wie ein archäologisches Artefakt vor.

An den einzelnen Tischen saßen ein paar Leute. Pärchen und Paare und Freunde. Ich war die einzige, die hier allein war.

Als die Bedienung nach einer knappen halben Stunde den Kaiserschmarrn brachte, leuchtete mir eine große Erdbeere entgegen. Sie lag als rote Krönung auf dem Eis. Obschon es Sommer war, hatte ich in diesem Jahr noch keine gegessen. Ich betrachtete sie zunächst ganz in Ruhe, ihre unzähligen kleinen Grübchen, die alle ein senfgelbes Korn umschlossen. Dann verzehrte ich sie so langsam wie nur irgend möglich, als würde ich keine weitere je mehr essen dürfen. Das Eis zerfloss derweil, sodass der Kaiserschmarrn am

Rande des Tellers zunächst zur Halbinsel, dann zu einer Inselgruppe wurde. Die Inseln waren mir allerdings eine Spur zu teigig und fettig. Den Schmarrn hätte ich wahrscheinlich besser hinbekommen, beruhigte ich mich unnötigerweise. Mein Telefon surrte. Eine SMS. Janusz. Er schrieb, dass auf der Alm alles in Ordnung sei und ich mich erholen solle. Hm. Kein unwirsches Wort.

Hunderte Höhenmeter trennten mich von denen da oben. Lieber wäre es mir, wenn Tausende Höhenmeter zwischen uns lägen. Ich blieb noch eine Weile im Café, bevor ich um die Rechnung bat. Als die Bedienung kam, fragte ich sie, wo man hier Erdbeeren kaufen könne.

»Nur ein paar Serpentinen die Straße herunter. Ein Schild zeigt die Frucht-Genossenschaft an.«

Super! Ein nächstes Ziel!

Ich kaufte eine ganze Palette voller Erdbeeren. Hungern musste ich schon mal nicht. Die Nacht verbrachte ich in unserem Auto. Endlich hatte ich Zeit zum Schreiben, Schlafen und Nachdenken. Am nächsten Morgen drehte ich noch eine Runde im Dorf, aber Zivilisation war nicht das, was ich brauchte. Gegen Mittag machte ich mich wieder auf den Weg zur Alm. Während ich nach oben lief, dachte ich daran, wie viel sich binnen weniger Wochen verändert hatte. Wie erwartungsvoll wir das erste Mal in den Lift gestiegen waren. Und nun: totale Ernüchterung.

Kaum war ich zurück auf der Alm, ging alles weiter wie bisher. Schlimmer noch – die Negativliste toppte sich täglich selbst. Eine junge Frau, die mir im Ausschank half, sagte mir ganz offen, dass keiner mehr meine Stimme und meine Stimmung aushalte. Eine 30-köpfige Wandergruppe war gekommen und ich kochte wie eine Verrückte, auch nachdem ich mir beim

Holz nachlegen die Hand verbrannt hatte. Und dann biss Juri auch noch eine Ziege, sodass wir sie notschlachten mussten.

An dem Tag zog ich mich zurück. Ging allein zu dem Bach, der so freundlich den Berg hinabgluckerte. Ich setzte mich auf einen großen Stein am Ufer und konnte nur noch weinen. Wir kriegen das hier nicht hin, dachte ich. Entweder war es zu viel Arbeit oder wir waren nicht in der Lage, sie richtig zu organisieren. Mir war klar: Wenn ich nicht diese Alm verließ, würde ich kirre werden. Zurück in der Hütte gab ich Janusz zu verstehen, dass ich der Alm dem Rücken kehren würde. Er sagt nichts. Ich wusste auch nicht mehr, was ich noch sagen sollte. In unserem Zimmer packte ich meine Sachen, verabschiedete mich von den Helfern und ging zur Seilbahn. Ich hoffte sehr, dass Janusz käme, um mir Auf Wiedersehen zu sagen. Es war das Ende. Ich verließ nicht nur die Alm, ich verließ auch ihn. Immer wieder blickte ich zum Haus. Die Gondel kam, er kam nicht.

Ich stieg ein, vom Lift aus blickte ich noch einmal zurück. Sicherlich saß er jetzt da irgendwo und schaute runter. Zur letzten Fahrt.

Meine Idee war – ich hatte nur eine einzige – zu Janusz' Tante Petra in die Schweiz zu fahren, wir hatten sie während unserer Reisetour einmal besucht. Sie wohnte nicht zu weit weg. Die große Tour nach Eberswalde schaffte ich heute nicht. Dafür war ich viel zu fertig. Auf der Passstraße musste ich öfter anhalten, weil mit zunehmender Entfernung nicht die Erleichterung kam, sondern noch mehr Schmerz und Enttäuschung und Tränen.

Es war eine lange, verzweifelte Fahrt. Die Tante bewohnte ein großes weißes Haus in einer aufgeräumten Gegend. Wilde Wiesen suchte man hier vergeblich. Sie öffnete mir die Tür und nahm mich in ihre Arme, noch bevor ich klingeln konnte. Ich sackte zusammen und drückte mich in ihre gelockten, rötlichen Haare. Tat das gut, anzukommen. Sie sagte:»Das ist die Erschöpfung. Sie ist an allem schuld. Nun komm erst mal zur Ruhe.« Sie steckte mich in ein ruhiges Zimmer mit einem weichen Bett. Ich schlief und schlief.

Irgendwann verspürte ich Hunger und wagte bei Tisch das Gespräch auf meine Unfähigkeit zu lenken.

»Was habe ich falsch gemacht?«, fragte ich.

»Ihr braucht feste Abläufe und Aufgabenverteilungen«, sagte sie. »Ich glaube, es wäre gut, wenn du zurückgehst, aber unter anderen Bedingungen.«

Gemeinsam machten wir einen Plan, wie es funktionieren könnte: Morgens müssten wir zu dritt im Stall sein, um sieben würde ich dann in die Küche gehen und das Brot backen. Janusz wäre derweil in der Sennerei, Florian und Martha, unsere aktuellen Helfer, würden sich um die Schweine, die Hühner, den Stall und die Melkzeuge kümmern. Um halb acht gäbe es Frühstück. Den Ausschank könnten wir zeitlich viel entschlossener als bisher von zehn bis fünfzehn Uhr begrenzen. Danach würde ich die Kühe holen, Martha könnte schlafen, Janusz und Florian abwechselnd Käse machen und anschließend die Ziegen holen. Abends würde ich melken und Martha hätte frei. Die Jungs würden zwischendurch schlafen. Abendbrot dann um sieben.

War es möglich, die schwierige Situation mit einem solchen Rhythmus zu lösen? Könnte der Ausschank an einem Tag geschlossen sein? Wir könnten auch das Angebot verkleinern: Es gäbe dann nur noch Käsebretter, Kuchen und Joghurt.

Schon das Schreiben des Plans hatte mich wieder erschöpft. Wir hatten es nie geschafft, von den vielen Arbeitsstunden herunterzukommen. Als einzigen Ausgleich versuchten wir, unsere Aufgaben entspannt zu erledigen, aber auch daran scheiterten wir.

Kurz bevor ich die Sonnenalp verließ, hatte Janusz noch gesagt:»Merkst du nicht, dass das alles nichts für dich ist? Der Ausschank, das Dasein als Bäuerin, die viele Arbeit. Du bist überfordert, weil du nicht abschalten kannst.« Welche Konsequenzen musste ich daraus ziehen? Sollte ich zurückgehen und mich beweisen? War ich ein Mensch, der nur stundenweise mit Tieren arbeiten sollte? Projektbezogen? Seminarmäßig? Mit Gruppen, die brav angemeldet waren und dann wieder gingen? An diesem Tag löste ich nur eine dieser Fragen. Ich entschied mich, nicht mehr auf die Alm zurückzugehen.

Ich fuhr ins Erzgebirge. Eine endlos weite Fahrt. Die Normalität begegnete mir durch Fast-Food-Ketten, und ich fragte mich, wie diese Welt nur so funktionieren konnte. Alle wurden ausgebeutet. In meinem Heimatort stand mein Elternhaus zwei Wochen leer. Es war ja Urlaubszeit. Ich brauchte ein paar Tage, bis ich wieder zurechtkam. Dann aber wollte ich mir die Sonnenalp und alles, was dazugehörte, noch einmal aus sicherer Distanz anschauen. Zur Verstärkung wollte ich eine Freundin mitnehmen. Ich lockte sie mit der Aussicht auf den einen oder anderen Almabtrieb, denn die Kühe wurden schon wieder ins Tal gebracht.

Zunächst schauten wir uns den Abtrieb von einer anderen Alm an. Es war ein Spektakel, für meine Freundin Ulrike und mich gleichermaßen. Für die Älpler gab es am Ende ein rauschendes Fest, und alle tanzten auf dem Dorfplatz. Kurz danach fand dann der Abtrieb von der Sonnenalp statt. Zwar lebten alle Mitarbeiter noch, sahen aber aus wie der Tod. Die Kühe wurden wieder ihren Besitzern übergeben, die

Almhütte geräumt. Dann durfte ich Janusz mitnehmen. Die Stimmung war eisig.

Ich hatte Janusz mit meinem Weggang großen Schmerz zugefügt. Es war etwas, das zwischen uns stand und einer Klärung bedurfte. Darum planten wir einen zweiten Anlauf. Im nächsten Sommer. Vielleicht. Oder auch gar nicht.

32

Flaschenpost im Schwimmbad

Es war Mitte Februar 2013. Ich hatte die vergangenen Monate in Eberswalde verbracht. Mich wieder mit Janusz versöhnt. Ein paar Bürojobs gemacht. Nichts Aufregendes. Es war kalt und dunkel draußen, aber ich durfte im warmen Wasser schwimmen. Sehr angenehm. Plötzlich begann es zu schneien. Ein kräftiger Schneeschauer. Wunderschön. Ich drehte mich auf den Rücken und schaute in den Himmel. Die dicken Flocken zeichneten sich deutlich vor dem dunklen Himmel ab. Es war wie eine Sternenfahrt. Mal schnell, mal langsam fielen sie rechts und links ins Wasser und dann wieder direkt auf mein Gesicht. Eine kurze Sekunde, danach lösten sie sich auf.

Mehr als 30 Grad hatte das Wasser hier im Außenbecken der Templiner Therme, stundenlang konnte ich mich darin treiben lassen. Janusz war auch irgendwo. Wir liebten es, uns wie Fische im Wasser zu tummeln.

Warum war er eigentlich noch nicht zurück? Ich blickte durch die großen, fachwerkartig durchbrochenen Fenster nach innen, ob ich ihn irgendwo erkennen konnte. Das war nicht so leicht ohne meine Brille. Hatte er nicht gleich nachkommen wollen? Wo war er bloß? Ich nahm Kurs auf die kleine, künstliche Felsengrotte. Plötzlich tauchte vor mir an der Wasseroberfläche ein dunkler Gegenstand auf. Eine Flasche offenbar. Ich schwamm näher heran. Richtig, eine Flasche. Was war das denn für eine Aktion? Im Schwimmbad waren Flaschen doch verboten. Und warum schwamm sie überhaupt? Müsste sie nicht untergehen? Nein, sie war verschlossen. Zwei Worte schimmerten groß durch das Glas: »Für …« Ich konnte das zweite Wort nicht lesen, weil Wasser darüber schwappte. Schließlich gelang es mir doch, das zweite Wort zu entziffern. »Für Zabka«. Spooky, spooky. Woher wussten die hier im Schwimmbad meinen Namen? Meinen Kosenamen. So nannte mich doch nur Janusz. »Fröschlein« auf Polnisch. Hatte uns jemand belauscht? Das war jetzt wirklich unheimlich.

Ich griff nach der Flaschenpost. Der Zettel musste ja wohl für mich sein. Ich schwamm zum Rand des Beckens, die Flasche fest in der rechten Hand. Sie war leicht grünlich und hatte einen Drehverschluss. Innen klimperte etwas. Obwohl es verdammt kalt war, setzte ich mich auf den Beckenrand, drehte die Flasche auf den Kopf und schüttelte sie. Nichts fiel heraus. Ich schüttelte weiter. Langsam arbeitete sich das Papier durch den Flaschenhals. Ich konnte es schließlich greifen. Zwei Ringe waren dran befestigt, und ich las: »Damit wir weiter zusammen schwimmen können, möchte ich dich fragen, ob du meine Frau werden willst?« Es war – ein Heiratsantrag! Von Janusz! Dieser Frosch tauchte gerade neben mir auf. Ein Breitmaulfrosch, so unendlich breit war sein Grinsen! Ich war sprachlos. Ich ließ mich wieder ins Wasser gleiten und umarmte ihn.

So viele Gedanken plötzlich. »Du ... du willst mich heiraten? Mich? Warum denn das? Wirklich?«, brachte ich hervor.

»Ja!«, antwortete Janusz ohne jeden Zweifel in der Stimme.

»Oh ... äh.« Meine Güte, was war denn mit mir los, sonst fiel mir doch immer etwas ein! »Also, na klar, natürlich, ich will dich auch heiraten!«

Endlich war es raus. Der Sturm im Kopf blieb. So viel hatte sich geändert, seit wir uns auf den Schienen bei Gorleben zum Paar erklärten. In Traglitz hatte ich gedacht, ich sei unfähig zu lieben. Ich wollte auch gar nicht geliebt werden. Jedenfalls nicht einfach so. Wenn, dann wollte ich etwas für die Liebe tun können, sie verdienen. Natürlich war mir klar, dass Gefühle nicht so funktionierten. Aber ich konnte meinen Kopf nicht umprogrammieren. Vielleicht fehlte das Training dazu. Oder das Talent. Ich beschloss, dass ich alleine klarkommen musste. Hatte keine Lust mehr, immer wegzulaufen, nichts mehr zu schaffen, nur um vor der Liebe der anderen zu fliehen. Aber dann war Janusz wieder da. Kam aus der Schweiz zurück. Möglichst weit weg von mir hatte er sein wollen, erzählte er mir, um mich zu vergessen. Dann die Sache auf der Sonnenalp. Aber nun waren wir zusammen aufgebrochen in ein neues, freieres Leben und Arbeiten. Nicht alles war anders. Ich übte immer noch, meine Grenzen wahrzunehmen, und wenn das nicht gelang, trotzdem fair zu den mir nahestehenden Menschen zu sein. Schon in kleinen Dingen: Janusz nicht vor anderen zu kritisieren. Aber auch nicht, meine eigene Überforderung auf ihn zu übertragen.

Wir gingen erst mal eine Eisschokolade essen im Bistro des Bades. Das musste ich verdauen ...

In den folgenden Wochen bereiteten wir unsere Hochzeit vor, und ich begann schon zu rechnen, ob wir besser vor dem anderen großen Ereignis oder danach heiraten sollten. Denn es hatte sich eine Seele eingenistet. Ich war schwanger. Außerdem fand ich es lustig, meinen Vornamen in Gedanken neu zu kombinieren. Anja Hradetzky. Hra-detz-ky. Als ich den Namen das erste Mal hörte, wirkte er auf mich unaussprechlich. Wie würde es sein, wenn ich ihn am Telefon buchstabieren musste? Egal, er konnte doppelt so lang sein, auf keinen Fall wollte ich meinen alten Namen behalten. Ich wollte raus aus meiner Familie. Auch jetzt noch, acht Jahre nach meinem Auszug.

Zwei Wochen später feierte meine Oma Geburtstag. Sie hatte die ganze Familie zum Essen eingeladen. Heimlich holte ich ein Ultraschallbild aus der Tasche und reichte es meinem Tischnachbarn. »Bitte weitergeben und nichts laut sagen«, war meine Anweisung. Das Bild macht die Runde, die Stimmung wurde heiterer. Als es bei meiner Mutter angekommen war, die auf der anderen Seite des Tischs saß, konnten sich die Familienmitglieder nicht mehr beherrschen und stimmten einen kleinen Jubel an. Ich verkündete: »Ja, ich weiß, es ist komisch, aber wir heiraten!« Stille. »Und meine Mutter wird Oma.« Diese Überraschung saß!

Zum Kauf meines Hochzeitskleids fuhren wir nach Berlin. Im Internet hatte ich einen kleinen Laden entdeckt, der sich auf mittelalterliche Kleidung spezialisiert hatte. Den steuerte ich nun mit Janusz an. Er hatte es allerdings etwas eilig, weil wir anschließend noch ins Theater wollten. Es blieb nur noch eine halbe Stunde. Direkt am Eingang des Ladens hing ein grünes Kleid. Ein Sonderangebot. Das Kleid war so geschnitten, dass mein dicker Bauch sogar noch hineinpasste. Ich ließ es mir von der Verkäuferin geben, probierte es an – und es passte.

Janusz sagt: »Super, dann können wir ja jetzt gehen.«

»Aber ich würde schon noch ganz gerne ein, zwei Kleider zum Vergleich anziehen. Es ist mein Hochzeitskleid!«
»Wieso? Das Kleid passt doch gut. Ich finde es schön. Nimm es, und dann lass uns losgehen.«
»Aber ich will mir sicher sein. Stell dir vor: Vielleicht hab ich doch noch einen weiblichen Kern in mir.«
»Na gut, wenn's unbedingt sein muss.« Janusz antwortete mehr ächzend als sprechend.

Ich probierte zwei weitere Kleider an. Rasch merkte ich aber, dass das Erstbeste wirklich das Beste war. Baumgrün war es. So wollte ich zur Hochzeit aussehen.

Heiraten würden wir in Jelenino, jenem Hof in Polen, auf dem wir nach Gorleben ein paar Tage verbracht hatten. Er war so etwas wie unser Zufluchtsort geworden. Das Standesamtliche wollten wir ein paar Wochen später machen. Bei uns sollte es erst die Feier geben, dann die Formalitäten.

Ein Freund von Janusz hatte den Hof hübsch hergerichtet. In der Scheune gab es eine Bar und eine kleine Tanzfläche auf Feldsteinboden. Hierher luden wir hundert Leute ein. Ich wollte testen, ob eine alternative Gesellschaft mit unseren Freunden möglich war. Eine Öko-Hochzeit sollte es werden. Wir wollten keine Geschenke, sondern alle sollten das beitragen, was sie gut konnten. Das konnte selbst angebautes Gemüse, gekaufte Getränke, selbst gebackenes Brot oder eigens produzierter Käse sein. Sie konnten mir den Blumenkranz binden, Tische decken, Lagerfeuerholz heranholen, musizieren, die Vorstellungsrunde moderieren, Cocktails oder den Abwasch machen. Die Anreise dauerte zwar etwas länger, als Belohnung winkte eine wahnsinnig idyllische Umgebung. Alle würden zelten, aufs Kompostklo gehen und sich im See waschen. Das war ein lustiges Experiment, und weil es eine Hochzeit war, durfte sich keiner beschweren.

33

Eine Woche Glück

Die ersten Hochzeitsgäste trafen eine Woche früher ein, weil so viel zu tun war. Schon um die Tanzfläche in der Scheune freizuräumen, brauchten wir Tage. In der Mitte des Hofs bauten wir eine große runde Tafel auf. Und dann war da noch der lustige, hellrot leuchtende Traktor. Rasch avancierte er zum Liebling der Anwesenden. Aus dem Wald zerrten wir mit seiner Hilfe alte Baumstämme als Brennholz und Sitzgelegenheiten rund um die Feuerstelle. Vor allem die Großstädter unter unseren Gästen entwickelten großen Spaß an den Traktorarbeiten. Alle genossen den Sommer, die Sonne, die Natur. Es lag eine erwartungsvolle Spannung in der Luft.

Immer mehr Gäste reisten an, die hier gerne ein paar Tage länger verbringen wollten. Und selbst für die, die mit dem Landleben vertraut waren, hatte es einen besonderen Reiz, mal auf einem Hof zu sein, der keine Pflichten kannte. Tiere waren nicht zu versorgen, keiner musste früh aufstehen. Wer Lust hatte, fuhr ein bisschen umher und schaute sich die Dörfer in der Umgebung an – viele waren noch nie in Polen gewesen. Selbst dass hier auf dem Hof einiges fern der gewohnten Realität war, störte nicht. Das Plumpsklo, bei dem jeder seine Hinterlassenschaft mit Sägespänen bedeckte, wurde ebenso akzeptiert wie die fehlenden Duschen. Ersatzweise gab es den See. Alles lief viel besser, als ich es mir erträumt hatte.

Nur ich fühlte mich nicht gut. Hochschwanger organisierte ich zu viel, schleppte zu viele Sachen, war zu viel auf den Beinen unterwegs. Wieder und wieder verhärtete sich mein Bauch. Es waren frühe Wehen, die mir signalisierten, dass ich mir gerade zu viel zumutete. Ich hätte mich dringend hinlegen müssen, aber ich höre nicht auf meinen Bauch, der sich wie Granit anfühlte. Es muss gehen, dachte ich, als ich einen Brotkorb auf den Tisch wuchtete.

Als Freunde aus Traglitz eintrafen, freute ich mich, sie und ihre Kinder zu sehen. Aber die Freude blieb in mir drin. Als sie etwas fragten, war meine Antwort zu kurz und die Stimme alles andere als hochzeitshaft. Vor lauter Anstrengung schaffte ich es nicht, meine Gefühle zu zeigen. Wirkte ich am Morgen vielleicht noch wie ein Kühlschrank, war ich nun eine Gefriertruhe. Ein Hallo hier, ein Hallo dort, mehr nicht. Dabei gaben sich meine Gäste viel Mühe. Manche brachten Speisen in großen Mengen mit. Ein Bäcker versorgte alle mit Brot und Brötchen, ein Käser mit Käse und eine Bäuerin deckte uns mit Gemüse ein. Dazu Getränke, Bierkästen, Wein.

Was nicht auf dem Tisch Platz fand, musste zunächst in den Keller gebracht werden. Nur dort war es einigermaßen kühl, draußen war schönstes Sommerwetter. Ich setzte mir gleich einem Höhlenforscher eine Stirnlampe auf, weil es in dem Keller kein Licht gab. Treppe rauf, Treppe runter. Immer unangenehmer spürte ich die Verhärtungen. Was war, wenn die Wehen jetzt wirklich losgingen? Hier im Keller. Oder noch schlimmer: während der Hochzeitsfeier? Das wäre sicher manchen Zeitungen einige Zeilen wert:»Braut bekommt Baby vor dem Altar. Bräutigam verliert die Fassung. Trauzeugen werden zu Geburtshelfern.« So in der Art. Ich versuchte, diese Vorstellung aus meinem Kopf zu werfen. Vor allem aber musste ich dringend raus aus dem dunklen Ort. Ich brauchte Luft.

Oben musste ich verschnaufen. Die Stirnlampe legte ich auf den Tisch und stand kurz einfach nur da. Plötzlich pikste mich jemand von hinten kommend mit dem Finger in den Bauch. Es tat richtig weh! Ich schnellte herum. Vor mir stand meine Freundin Kerstin. Mir ihr war ich das erste Mal zur Hochschule nach Eberswalde gefahren.

»Ey, das tat total weh«, fuhr ich sie an.

Sie sagte:»Ey, das ist ja eine Begrüßung!«

Ich hatte das Gefühl, ihr zeigen zu müssen, wie weh es getan hatte. Vielleicht, um mir selbst Absolution für meine Unfreundlichkeit zu erteilen. Aber das Gefühl entsprang keiner Überlegung, es war wie ein Reflex: Ich kickte sie mit meinem Oberschenkel zwischen die Beine. Gleichzeitig dachte ich: Das ist idiotisch, was du hier machst, sagte aber: »Siehst du, so schmerzhaft ist das.«

»Das muss ich mir nicht geben«, antwortete sie und ging wütend davon. Gleich darauf sagte sie:»Komm Simon, wir fahren wieder!« Dabei war sie doch gerade erst mit ihrem Freund angekommen. Es ging so schnell, dass ich es gar nicht glauben konnte. Wie versteinert stand ich da.»Mist. Nein«, stammelte ich.

Plötzlich stand meine Mutter vor mir. Mir kamen die Tränen. Sie musste mitbekommen haben, was da gerade passiert war.

Sie sagte: »Mensch Mädel, was ist denn los?«
Die Tränen brachen aus mir heraus. »Ich kann nicht
mehr, alles ist fast fertig, aber die Tischdecken und die Blumen ... und jetzt die Gäste. Mein Bauch tut weh.«

»Komm, du legst dich jetzt mal eine Weile ins Bett«, sagte sie, nahm mich am Arm und führte mich in das Bauernhaus. Dort bewohnten Janusz und ich in diesen Tagen ein
kleines Zimmer. Behutsam drückte sie mich auf die Bettkante. Sie setzte sich neben mich und sagte: »Du legst dich
jetzt hin, Anja. Ich kümmere mich um alles. Entspann dich.
Ruh dich aus, morgen ist deine Hochzeit.«

Sie hatte sofort verstanden, was mit mir los war. Viel
besser als jeder andere. Dabei hatte ich immer gedacht, sie
würde mich nicht kennen. Nun tat sie genau das Richtige:
Meine Mama schirmte mich ab. Sie stand von der Bettkante auf, klappte die grünen Fensterläden zu und hängte ein
Schild an die Tür, damit keiner klopfte. Dann setzte sie sich
wieder auf die Bettkante.

»Ich passe auf dich auf«, sagte sie, während ich versuchte, die Augen zu schließen. In dem Moment passierte etwas,
was sie vielleicht noch nie gemacht hatte: Sie streichelte
mich. Sie streichelte mich so lange, bis ich einschlief. In diesem Moment war sie ganz meine Mama. Ich konnte mich
nicht daran entsinnen, dass sie je so mütterlich gewesen war.
Wunderschön.

Als ich aufwachte, war es schon dunkel. Ich musste lange geschlafen haben. Meine Mutter war nicht mehr da. Aber ich
spürte, dass es mir besser ging. Zum ersten Mal seit Tagen
tat mein Bauch nicht mehr weh, und ich fühlte mich zumindest im Liegen ganz in meiner Mitte. Langsam richtete ich
mich auf. Testete, ob das gute Gefühl noch anhielt. Sammel-

te ein bisschen Kraft. Dann stand ich auf und ging hinaus. Alle freuten sich, mich wiederzusehen. Viele hatten mich gesucht. Nun konnte ich endlich meinen Gästen begegnen. Was für ein Erlebnis, auf einen Schlag so viele Menschen aus allen Phasen meines Lebens wiederzutreffen: aus meinem Heimatdorf, aus der Schulzeit, aus dem Studium, von den Reisen. Und alle schienen sich prächtig zu verstehen. Tranken zusammen Bier, lernten sich kennen – und ich musste nichts tun. Schon der Tag vor meiner Hochzeit wurde zu einem Fest, dessen Stimmung wir genießen konnten. Das Fest trug sich selbst, und alle ließen sich darauf ein. Selbst meine Eltern, nach denen ich immer wieder schaute, vergnügten sich bis tief in die Nacht hinein, redeten mit Janusz' Geschwistern, seiner Mutter, meinen alten Freunden. Wirklich verrückt, sie alle so beisammen zu haben. Geradezu berauschend, auch ohne Alkohol (für mich)!

Am nächsten Morgen machte sich nach dem Frühstück eine große Gruppe auf einem kleinen Trampelpfad in Richtung des Sees auf, um dort zu baden. Ich konnte dort auch gleich meine rituellen Hochzeitswaschungen vollziehen. Mit meiner Cousine Sabine, mit der ich im zugewachsenen Trabbi gesessen hatte, ging ich schon früher zurück, um mein Hochzeitskleid anzuziehen. Eine Freundin flocht mir einen Zopf, eine andere einen Haarkranz aus Wiesenblumen. Meine Mama kam mit etwas sehr Persönlichem, mit einer Kette von meiner Oma. Es war ein kleiner Anhänger dran, mit einer Blume drauf – ein Familienerbstück, das ich zur Hochzeit tragen durfte. »Am Abend musst du es mir aber wiedergeben«, sagte sie.

Nun war ich bereit für meine Hochzeit. Unklar war aber noch, wie ich zur Kirche kam. Es war weit bis dahin, und ich hätte wieder den kleinen Trampelpfad entlanglaufen müssen. Und eine weitere Dreiviertelstunde auf einem Sandweg, der mich dann zur winzigen Dorfkapelle von Bienowo führen würde. Könnte mich nicht mein Papa fahren? So machte man das doch: Der Vater führte die Braut zum Altar. Das wäre ganz klassisch, aber für mich ein ebenso ungewöhnlicher wie ungewohnter Vorgang. Natürlich hatten wir keine Limousine, sondern nur seinen Kombi. Ich fand meinen Papa vor seinem Zelt, wo er sich gerade sein Jackett anzog.

»Es ist so weit zum Laufen – könntest du mich fahren?«, fragte ich vorsichtig.

»Klar«, erwiderte er, ohne zu zögern.

Wir fuhren einen weiten Bogen, waren schweigsam wie immer.

Ich wies ihm den Weg zum Hof von Janusz' Vater. »Dort können wir parken und das letzte Stück zur Kirche zu Fuß gehen.«

Mein Vater nickte. Der Hof war allerdings wie viele hier in der Gegend etwas heruntergekommen und sah etwas zusammengeschustert aus. Was würde mein Vater da denken? Unsere Eltern hatten sich ja noch gar nicht richtig kennengelernt. Bei meiner Mutter und meinem Vater war immer alles so ordentlich und gepflegt. Die Leute hier hatten aber nicht so viel Geld. Als wir auf dem Hof ankamen, schaute mein Papa nur einmal kurz in die Runde. Er sagte nichts, und was er dachte, konnte ich ihm nicht ansehen. Doch das Erblickte schien ihm nicht wichtig zu sein, er wandte sich unmittelbar darauf zu mir. »Wollen wir los?«, fragte er.

Wieder ging es über Feldwege. Die anderen hatten einen kleinen Vorsprung. Ich konnte erkennen, dass sie schon an der Kapelle angekommen sein mussten. Der Weg war gesäumt von Bäumen, fast eine kleine Allee. Auf der einen Seite war eine Wiese, auf der anderen Seite ein Nadelwald.

Hier war es so dermaßen Sommer. Überall summte es, reger Luftverkehr. Jeder Quadratmeter Land schien auf allen Ebenen bewohnt zu sein. Ich lief neben meinem Vater her und fühlte mich im besten Sinne wie ein kleines Mädchen, vorbehaltlos angenommen und geliebt. Dachte ich das nur, weil ich an diesem Tag heiratete? Bekam ich da nur eine große Dosis familiär-sakraler Gefühle? Ausgerechnet heute, wo ich doch den Familiennamen abgeben, ja loswerden wollte.

Ich schaute meinen Vater an und fragte mich, was so anders war als sonst. Plötzlich wusste ich es. Es war nicht dieses für uns typische, stumme Nebeneinanderherlaufen. Sein Kopf, sein Körper waren mir zugewandt. Mein Papa war ganz bei mir. Für mich da. Dabei redeten wir gar nicht. Ich war in dem Moment seine Tochter.

Wir erreichten die Kapelle, dabei wäre ich gerne noch so weitergelaufen. Ich war sehr berührt durch diese Aussöhnung, durch dieses Annähern, durch dieses Jasagen zu mir. So hatte es sich gestern auch bei meiner Mutter angefühlt.

Die Kapelle war weiß gestrichen und umrahmt von Bäumen. Selbst für eine Kapelle war sie winzig, verfügte allerdings über eine mächtige Holztür. Gegenüber auf der anderen Straßenseite standen zwei verfallene kleine Häuser mit unaufgeräumten Grundstücken. Überall liefen Hühner durch die Gegend. Rundherum waren Weiden, auf denen die Highland-Rinder von Janusz' Vater standen.

In der Kapelle waren die Stuhlreihen voll belegt. Eng gequetscht saßen da unsere Gäste. Alle hatten Platz gefunden. Janusz' Mutter sang ein Lied, begleitet von einem kleinen Chor, als ich langsam an der Seite meines Vaters in meinem baumgrünen Kleid nach vorne ging. Viel sehen konnte ich nicht, weil mir Tränen in den Augen standen. Vorne angekommen, übergab mich mein Vater in die Arme von Janusz.

Wir setzten uns auf zwei geschmückte Stühle, die vor dem Altar standen. Lustig, die Büste des Papstes war weggeräumt worden. So galt die Trauung als überkonfessionell. Petra, Janusz' Schweizer Tante hielt eine Andacht, in der es um die vier Elemente Feuer, Wasser, Luft und Erde ging. Das Feuer war das, was in Janusz und mir brannte, aber es ging auch um den Luftikus in mir, der immer herumwirbelte und nun den geerdeten Janusz an die Seite bekam. Und sie erzählte von dem Wasser, das nun zwischen uns fließen sollte. Zwei männliche Trauzeugen von Janusz und zwei weibliche Trauzeuginnen von mir trugen jeweils ein Gedicht zu jedem Element vor.

Als wir uns die Ringe anstecken sollten, kamen Kinder mit Kerzen nach vorne und standen um uns herum auf. Die Ringe lagen auf einem Kissen direkt auf dem Altar. Zeremonienmeisterin Petra nahm, die rötlichen Locken unter einem kleinen Hut gebändigt, das Kissen und hielt es uns hin. Janusz ergriff den für mich bestimmten Ring, ich hielt ihm meine rechte Hand hin. Er schob den Ring auf meinen Finger, doch plötzlich rutschte er nicht mehr weiter. Mein Finger war etwas zu dick. Erst vorsichtig, dann immer entschlossener begann Janusz zu drücken. Er wurde unruhig. Ich auch. Irgendwann half ich mit, zerrte den Ring so gut es ging von der anderen Seite. Im Augenwinkel sah ich, dass manche Gäste ihre Hälse reckten, um genauer zu sehen, was da passierte. Doch gerade, als das Getuschel einsetzte, rutschte der Ring widerwillig über das zweite Fingerglied. Ich ahnte, dass ein reibungsloser Ablauf beim zweiten Ring hilfreich wäre, um die Stimmung im Publikum nicht auf einen zu heiteren Höhepunkt zu treiben.

Ich nahm den Ring für Janusz. Bei den ersten Zentimetern ging es wie bei mir ganz einfach, doch dann stand ich vor dem gleichen Problem: Auch sein Finger war zu dick. Mit vertauschten Rollen versuchten wir, das Problem zu lösen. Ich drückte, er zerrte, mit ein bisschen Spucke versuchte ich nachzuhelfen, die Hochzeitsgemeinde feixte. Doch dann löste sich auch dieses Malheur.

Nach vielfältigem Segen verließen wir schließlich die Kirche und wurden draußen von allen Seiten mit kleinen Münzen und Reis beworfen. Nach polnischer Tradition galt: Wer zügiger aufsammelte, hatte später im Haus das Sagen. Es ging unentschieden aus – mit meinem dicken Bauch hatte ich sowieso keine Chance.

Unsere Flitterwochen waren nur ein Flitterwochenende. Wir fuhren auf das Slot Art Festival, Polens größtes alternatives Kulturfestival, das in einer gewaltigen Klosteranlage in der Nähe von Wrocław stattfand. Ich nahm mir Zeit für mich und das Baby, das in meinem Bauch schon so aktiv war. Mit Janusz besuchte ich gemeinsam einen Workshop, in dem es um die Sprachen der Liebe ging, die ein Gary Chapman ersonnen hatte, ein US-amerikanischer Seelsorger. Wir merkten gleich, dass meine Sprache der Liebe die Zeit war, die wir miteinander verbrachten. Für Janusz war es, uns gegenseitig zu helfen. Natürlich gab es auch noch die körperliche Nähe, die Lust auf kleine Geschenke für den anderen oder Worte der Zuneigung. Wir lernten auch: Liebe war eine Entscheidung, und wir konnten daran arbeiten. Aber eigentlich nur dann, wenn die eigene Krone vom Kopf fiel. Als ich das hörte, fiel mir eine Liedzeile aus Leonard Cohens Song »Anthem« ein: *Ring the bell, that can still ring / Forget your perfect offering / There is a crack in everything / That's how the light gets in.*

34

Einzug ins Schloss

Für uns stand nun die ganz große Frage an: Wo werden wir unser eigenes Leben aufbauen. Während der Hochzeit wollte man ständig von uns wissen: »Was macht ihr denn jetzt?« Ich antwortete dann: »Wir haben drei Optionen: den Hof von Janusz' Vater in Polen übernehmen, eine außerfamiliäre Hofübernahme oder einfach erst mal aufs Dorf ziehen.«

Bei Randy hatte ich mir hin und wieder vorgestellt, wie mein weiteres Leben in Deutschland aussehen könnte. Selbst Geld verdienen, irgendwo in einem Dorf, mit einem eigenen Pferd, einem Auto, besser noch einem Truck, und vor allem einem Hütehund. Legten Janusz und ich zusammen, hatten wir schon einiges geschafft. Er besaß ein Auto, ich hatte einen Hütehund. Der Rest fehlte jedoch noch.

»Ja, was machen wir jetzt?«, fragte ich Janusz, als wir an einem Sonntagmorgen im August in unserem Studentenzimmer in Eberswalde saßen. »Wir brauchen eine Basis, auf der wir aufbauen können. Ich meine, das ist doch wie bei der

Tiererziehung. Da musste ich auch sehr früh anfangen, eine Basis zu legen für das Ziel, das ich erreichen wollte.«

»Was meinst du?«, fragte Janusz ratlos.

»Ich habe dir doch von Kelly erzählt. Wie sie fast allein die gleiche Arbeit schafft wie eine Handvoll schreiender Cowboys – nur weil sie eine Methode anwendet, die Kühe verstehen. Und sie wird ihr Leben lang davon profitieren. Wenn wir diese Prinzipien auf den Hof übertragen, gilt das genauso. In den ersten Jahren müssen wir mit viel Geduld und Zeit einen Hof nach unseren Vorstellungen aufbauen, dann haben wir ein ganzes Leben etwas davon.«

»Das kann ich nachvollziehen«, antwortete Janusz. »Aber das fängt schon bei der Suche nach einem Hof an. Wir müssen uns da einfühlen, genau hinschauen und uns dann überlegen, was in unseren Möglichkeiten liegt – und was nicht.«

»Aber neben allen Prinzipien ist mir eines ganz wichtig: Die Kühe müssen neben dem Haus stehen. Ich will nicht abends mit dem Fahrrad oder Auto zum Stall fahren müssen, um Futter nachzulegen.«

»Welche Optionen haben wir in diesem Fall?«, fuhr Janusz fort.

»Wir könnten den Hof von deinem Vater übernehmen.«

»Das geht nicht gut. Er sagt doch immer, wir würden über allen Wolken schweben. Außerdem will er allein seine Entscheidungen treffen.«

»Dabei haben wir eigentlich sehr ähnliche Vorstellungen, wie mit Land und Tieren umzugehen ist.«

»Ja, aber ich glaube, mit uns beiden wird das nichts«, sagte Janusz.

»Wir könnten in seiner Nähe eine neue Hofstelle bauen. Ist doch nicht so teuer dort.«

Janusz stellte meinen Vorschlag in Frage. »Ganz ohne Geld? Außerdem ist mir das dort zu abgeschieden. Wir haben inzwischen so viele Leute kennengelernt, die genauso ticken wie wir. Für die sind wir dann nur noch ›irgendwo in Polen‹. Wir brauchen ein Netzwerk. Vielleicht können wir Käse und Fleisch mal gemeinsam vermarkten.«

»Also scheidet Polen für dich aus?«, frage ich.

»Ich denke schon.«

Ich ging in die Küche und setzte einen Tee auf. Ich genoss das Gespräch. Wir hätten unsere Optionen schon längst in Ruhe durchgehen müssen. Langsam wurde es Zeit, auch deshalb, weil wir bald ein Kind haben würde. Ich wollte irgendwo sein. Ich wollte ankommen, so wie ich es mir bei Randy vorgestellt hatte.

Im Wohnzimmer hatte sich Janusz mittlerweile auf das Sofa gelegt. Ich setzte mich auf den Sessel daneben und fühlte mich wie ein Therapeut, der seinem Patienten Geheimnisse entlockte.

»Und was hältst du von meiner Heimat?«, begann ich.

»Der Vorteil wäre, dass du viele Leute dort kennst.«

»Na ja, die meisten sind auch weggezogen. Ich sehe schon, das ist auch keine wirkliche Alternative. Du weißt, morgen wollen wir uns noch die Wohnung am Rande des Nationalparks Unteres Odertal anschauen.«

»Stimmt«, sagte Janusz. »Aber es ist nur eine Wohnung.«

Der Ort hieß Stolzenhagen und lag unmittelbar an der Grenze zu Polen. Eine Freundin hatte uns eine Wohnungsanzeige mit dem Kommentar »Vielleicht wär' das ja was für euch! Sieht nett aus!« geschickt. In der Anzeige hieß es: »Geräumige Zweizimmerwohnung mit Lehmwänden und Holzdielen in einem ehemaligen Herrenhaus.« Auf den Fotos sah es wirklich sehr wohnlich aus.

Am nächsten Tag brachen wir auf. Mit dem Auto waren es nur etwa vierzig Kilometer. Wir waren zuversichtlich, dass wir das in der Anzeige beschriebene weiße Herrenhaus rasch finden würden. Sehr groß dürfte der Ort nicht sein. Je weiter östlich wir kamen, umso welliger wurde das Land. Mir gefiel das. Endlich das Ortsschild:»Stolzenhagen«. Ein paar hübsche Häuser zur Rechten, eine etwas olle LPG-Anlage zur Linken. In einem Garten stand eine Art Rakete, ich konnte es nicht so schnell erkennen. Dann führte die Straße recht steil abwärts. Plötzlich blitzte hinter Bäumen etwas großes Weißes mit einem roten Dach auf. Das musste es sein.

Janusz lenkte das Auto auf den Parkplatz vor dem Haus. Wir stiegen aus. Es waren irre viele Fenster. Einundzwanzig zählte ich allein an der Frontseite, noch dazu zwei am Dach und vier im Kellerbereich. Das Haus hatte eine einladende Tür und eine Freitreppe. Vereinbart war, dass wir uns um zehn Uhr mit dem Hausbesitzer treffen sollten. Pünktlich bog er um die Hausecke, ein flinker Mann mit wenig Haar. Wir gingen mit ihm die Treppe nach oben, die Tür war nur angelehnt. Das, was wahrscheinlich einst eine Empfangsdiele sein sollte, war nun recht zugestellt mit Kisten und Kinderwagen. Und doch wirkte es angenehm, verstaubte Eleganz.

»Hier im Dorf nennen das Gebäude alle das Schloss«, sagte der Besitzer fröhlich. »Und ein bisschen sieht es ja auch danach aus. Vor ein paar Jahren habe ich begonnen, das Haus zu renovieren. Es war ziemlich heruntergekommen.«

»Das glaube ich, sicher eine große Aufgabe«, sagte Janusz geradeaus.

»Ja, ja«, winkte der Besitzer ab. »Alles muss denkmalgerecht erhalten bleiben. Wir arbeiten uns voran, und fertig werde ich wohl nie.«

»Von wann ist denn das Schloss?«, frage ich.

»Das steht hier schon einige Jahrhunderte. 1700 irgend-was«, sagt er.

»Und wer wohnt alles hier?«

»Drei Familien. Mit einem besonderen Konzept. Die Wohnungen sind nicht getrennt wie in einem Appartement-haus. Sondern – na, ihr werdet das ja gleich sehen.« Wir stapften eine Treppe nach oben. Ein weiter Raum mit Tisch und Stühlen und einem Klavier. Offenbar eine Art Gemeinschaftsraum.

»Hier oben sind drei Wohnungen«, sagte der Hausbesit-zer. »Die auf der rechten Seite wäre eure.«

»Wie hoch ist die Miete?«, fragte ich. »Das stand näm-lich nicht in der Anzeige.«

»500 Euro warm«, antwortete er.

500 Euro! Noch nie in meinem Leben hatte ich so viel Geld für eine Wohnung bezahlt. Und vom Gemeinschafts-raum abgetrennt war sie durch eine normale Zimmer-tür. Dahinter war – eine Baustelle. Wir machten große Au-gen.

»Küche und Bad werden gerade renoviert«, sagte der Schlossherr.

Durch eine weitere Tür gelangte man in ein großes Zim-mer, dahinter kam noch eines. Überall waren die Fenster und Decken hoch. Ich fand das ganz sympathisch.

Wir gingen auch noch nach draußen in den Garten. Eine Wiese, umstellt mit riesigen Kastanien. Dazwischen waren Wäscheleinen gespannt, in den Ecken mit kleinen Feldstei-nen eingefasste Beete. Hier könnten wir uns auch eine Ecke suchen, erklärte der Mann.

»Wie viele Leute leben in Stolzenhagen«, fragte ich.

»Ungefähr 200.«

»Und wenn das hier das Wohnhaus des Gutsherrn war –
wo ist dann das Gut selbst?«

»Die Ställe liegen etwas weiter oberhalb. Ihr seid vorhin
sicher mit dem Auto dran vorbeigefahren.«

»Und lässt man die einfach verfallen?«

»In denen vergangenen Jahrzehnten war das der Fall gewesen, aber mittlerweile tut sich dort etwas. Einige Städter
sind hierhergezogen und bauen Werkstätten und Ateliers
auf. Auch wenn ihr vielleicht denkt, dass ihr hier sehr abgeschieden seid, in anderthalb Stunden steht ihr mit eurem
Auto am Alexanderplatz.«

Wir kamen zum Parkplatz zurück und stellten uns vor
das Haus. Blickten noch einmal nach oben. Einundzwanzig
Fenster.

»Wir nehmen die Wohnung«, sagte Janusz unvermittelt.

Ich schaute ihn verdutzt an. Normalerweise brauchte
er mindestens eine Woche, um sich zu einer Entscheidung
durchzuringen.

Der Hausbesitzer lächelte zufrieden und schüttelte uns
die Hand. So schnell war das gegangen. Wir stiegen ins Auto,
drehten noch eine kurze Schleife durch den Ort und fuhren
zurück nach Eberswalde.

»Hä«, fing ich wenig geistreich unsere Unterhaltung an.
»Wir wollen da jetzt wirklich hinziehen? Einfach so? Bist du
dir ganz sicher?«

»Ja. Warum nicht? Ich habe mich da wohlgefühlt. Überall
sind da Lehmwände und Holzverkleidungen und Holzfuß-
böden. Schöne große Fenster, und so viele Familien unter einem Dach. Ein wunderschöner Garten mit alten Kastanien.
Da lässt es sich doch eine Familie gründen.«

»Das empfinde ich auch so, aber was ist mit unseren Plä-
nen?«

»Du meinst sicher die Landwirtschaft. Na ja. Bald haben wir einen kleinen Wurm an der Backe. Mal sehen, ob wir da überhaupt noch zu etwas kommen. Doch wenn wir erst mal auf dem Land wohnen, können wir uns in Ruhe umsehen. Vielleicht ziehen wir in ein anderes Dorf. Lass es langsam angehen. Mach dir keine Sorgen. Das wird schon gut in Stolzenhagen.« Überzeugen konnte Janusz mich nicht. Aber ich war auch ganz froh. Ungefähr anderthalb Monate hatte ich noch bis zum errechneten Geburtstermin. Da wurde der Umzug langsam schwer. Aber zu unserer standesamtlichen Hochzeit Mitte August wollten einige aus meiner Familie kommen. Vielleicht trugen die meine Kisten.

In den nächsten Tagen wuchsen die Zweifel. Gab es nicht eine andere Lösung? Sollen wir nicht besser in Eberswalde bleiben? Ich schaute mir an, was das Internet zu Stolzenhagen bot. Lange Tradition beim Tabakanbau, las ich da. Und der Lunower Apfel wurde dort zu Beginn des 20. Jahrhunderts entdeckt. Er sollte besonders sturmfest und kaum krankheitsanfällig sein. Schmecken tat er wohl auch noch. Also, dieser Apfel war mir sofort sympathisch. Er war, wie wir sein wollten. Und wenn der in Stolzenhagen zurechtkam, konnten wir das hoffentlich auch.

Ich fand auch das Schloss. Es wurde 1730 von einem Herrn von Holzendorf errichtet. Dieser Mann soll einst den jungen Friedrich, der später »der Große« genannt wurde, in die Festung von Küstrin gebracht haben. Aha. Sein eigener Vater hatte ihn verhaften lassen, weil Friedrich es zu Hause nicht mehr aushielt und nach England fliehen wollte. Da entdecke ich mich sofort wieder.

Aber bot eine Stadt wie Eberswalde nicht doch viel mehr Möglichkeiten als ein Dorf mit 200 Einwohnern, dessen Grenze zugleich die Landesgrenze nach Polen war. Ich würde in den nächsten Monaten mit Kind nicht arbeiten können. Ob Janusz in Stolzenhagen Arbeit fand? Eine, die so viel Geld brachte, dass wir jeden Monat die 500 Euro für die Miete aufbringen konnten und auch noch genügend zu essen hatten? Ich fürchtete die Kredite, die wir aufnehmen mussten, um einen Hof und unsere eigene Arbeit zu finanzieren. Auch in Janusz schien die Unruhe zu wachsen. Ich bekam mit, wie er weiter suchte, obwohl er doch so selbstsicher formuliert hatte: »Wir nehmen die Wohnung.« Seine Zweifel bereiteten mir Bauchschmerzen. Er wurde von den gleichen Sorgen geplagt wie ich. Aber keineswegs durfte er die ganze Last der Entscheidung allein tragen, wir mussten es zusammen tun. Das perfekte Nest, einen eigenen Vierseitenhof mit arrondiertem Land für die Kühe, würden wir nicht finden. Allein schon, weil die Zeit vor der Geburt so knapp war. Und selbst, wenn sie nicht anstünde – es war Unfug, darauf zu hoffen. Vielmehr mussten wir uns darin üben, zu vertrauen. Darauf, dass sich die Dinge fügen würden, wie sie es bislang getan hatten: das Studium, die Zeit in Kanada, besonders die Reise ins Ungewisse zu Randy. Es war nicht davon auszugehen, dass unser Leben weiterhin so funktionieren würde, aber machte das nicht auch einen Unternehmer aus? Risiken einzugehen? Zu wissen, was man konnte. Als Bauern waren wir Unternehmer und würden ein Leben auf dem Hochseil führen. Ohne Netz.

Die Zeit holte uns ein. Am 16. August heirateten wir standesamtlich in der Märchenvilla Eberswalde. Die Märchenvilla hieß wirklich so, und sie war ein wenig zu prachtvoll für uns. Ich konnte mir nicht vorstellen, dass es in ganz

Deutschland ein schickeres Standesamt gab. Die Schönheit der Märchenvilla war das Einzige, was unsere reguläre Eheschließung festlich erschienen ließ. Ansonsten hatten wir nicht viel Zeit für den staatlichen Akt – nach dem Mittagstisch beim Italiener stand der Umzug nach Stolzenhagen an. Die Gäste packten tatsächlich alle mit an, füllten Karton um Karton. Nach ein paar Stunden setzte sich ein Treck aus fünf voll beladenen Kombis in Bewegung.

Wir waren gespannt, wie uns das Haus jetzt gefiel. Seit unserer Entscheidung waren wir zu beschäftigt gewesen, um noch einmal vorbeizufahren. Als ich das weiße Haus in der Ferne sah, hatte ich das Gefühl, dass wir uns richtig entschieden hatten.

Gemeinsam gingen wir nach oben – und standen im nächsten Moment stocksteif da: Bad und Küche waren noch immer nicht fertig. Wir konnten die Wohnung gar nicht einrichten. Aber wir blieben. Unsere Hochzeitsgäste halfen, die Kartons in den ersten Stock zu bringen. Dort stellten wir sie in der Mitte eines der beiden Zimmer ab. Janusz und ich überlegten, wie wir in den kommenden Tagen weitermachen sollten. Am Ende entschieden wir uns für kleinere Ausflüge. Ich mochte die leicht hügelige Umgebung, und immer wieder standen wir vor der träge dahinfließenden Oder. Ab und an sahen wir Schilder, die uns darauf hinwiesen, dass wir hier gerade die Grenze zum Nationalpark Unteres Odertal überquerten.

Entspannt waren wir in dieser Idylle nicht. Die Sorge um das Geld ließ uns nicht los. Ständig war da dieses Gefühl, dass wir gar nicht an der Oder stehen durften. Bei aller Schönheit brodelte in mir die Furcht, dass wir in eine Falle geraten waren, die wir uns selbst gestellt hatten. Der Hof, den wir uns so gerne vorstellten – war das nur ein verrückter Traum?

Ich wollte so gerne loslegen, bekam nun aber erst einmal unser Kind. Janusz stellte seine Masterarbeit fertig. Was uns half, waren die netten, größtenteils jungen Menschen mit uns im Haus. Sie gaben uns das Gefühl, nicht aus der Welt gefallen zu sein. Viele hatten Kinder, und überall gab es Gelegenheit, einander zu treffen. Mal im Hausflur, mal im Garten. Als dort einmal alle beieinandersaßen, erzählte mir einer der Nachbarn, dass er Geschäftsführer des National-parkvereins sei. Das interessierte mich natürlich. So einer musste wissen, ob es hier in der Gegend vielleicht Land zu pachten gab.

Ich fragte ihn danach – und erhielt als Antwort genau den Blick, den ich befürchtet hatte. Land? Hier? Zu Preisen, die ihr bezahlen könnt? Aber er antwortete ganz sachlich, meinte, dass die Lage hier wie auch sonst in Deutschland für junge Bauern ohne Land katastrophal sei. Aber er hatte einen Tipp. Wir könnten uns um Flächen beim National-parkverein bewerben.

»Wie hoch ist die Pacht?«, fragte ich ihn.

»Deutlich günstiger als auf dem freien Markt. Aber es müssen so viele Regeln beachtet werden.«

»Und was sind die Regeln?«

»So dürfen in bestimmten Bereichen des Nationalparks nur Schafe weiden, manchmal sind auch Rinder erlaubt. Es soll möglichst alles so bleiben, wie es ist. Darum dürft ihr auch erst nach Ende der Brut mähen und immer nur in Ab-stimmung mit der Verwaltung. Aber mir fällt gerade noch etwas ein: Ist euch oben im Dorf schon mal der graue Stall aufgefallen?«

»Dieses verfallene Ding?«

»Genau. Der Stall steht leer. Vielleicht könnten da eure Tiere unterkommen, wenn ihr mal welche habt.«

»Das Gleiche haben Janusz und ich auch schon gedacht, als wir kürzlich daran vorbeifuhren.«

In den folgenden Tagen fragten wir uns im Ort durch, wem der Stall gehörte. Janusz bekam einen Tipp: Er solle mal den alten Bauer Wessling fragen. Es könne sein, dass er unser Mann sei. Schon kurz darauf traf Janusz ihn. Wessling habe mal Milchkühe gehabt, erzählte er mir später. Er habe dann aber auf Ackerbau gewechselt. »Ich glaube, ich war ihm sympathisch, und er mir auch«, sagte Janusz. »Ich berichtete ausführlicher, was wir vorhaben. Irgendwann sagte er dann, dass er uns den Stall verpachten würde. Sogar für eine nur symbolische Pacht.«

»Wirklich? Das klingt gut. Aber wir werden viel Geld hineinstecken müssen. Ist das nicht alles umsonst, wenn es am Ende ihm gehört? Können wir ihm den Stall nicht abkaufen?«

»Darauf ist er nicht eingegangen. Wir könnten aber einen Pachtvertrag mit langer Laufzeit abschließen? Dreißig Jahre vielleicht. Und womöglich billigt er uns ein Vorkaufsrecht zu. Das würde unser Risiko minimieren.«

Es war gut, dass sich schon nach so kurzer Zeit so viele Möglichkeiten auftaten. Ich versuchte allerdings, nicht zu oft daran zu denken, dass jede Option ihre besonderen Schwierigkeiten mit sich brachte: die Flächen im Nationalpark, die sich nur unter besonderen Bedingungen nutzen ließen, der Hof, den wir mit ungewissem Ausgang auf unsere Kosten herrichten mussten.

In den nächsten Tagen spazierte ich viel umher. Allein war ich nicht: Raya war in der Zwischenzeit gestorben, doch Juri begleitete mich noch, und in mir zappelte das Baby. Wir drehten immer die gleiche Runde. Ich ging über die Brücke und bog dann in Richtung der Weide mit den Auerochsen ab, immer entlang am Oderkanal. Jedes Mal war ich fasziniert von dem Aussehen der Auerochsen: Sie waren riesig, hatten lange Hörner und einen gewaltigen Kopf. Erst hatte ich angenommen, dass die längst ausgestorben waren, was auch irgendwie stimmte, denn die modernen Auerochsen waren keine echten, sondern nur eine Art Rückzüchtung. Heinz und Lutz Heck, Brüder und Zoodirektoren in München und Berlin, hatten ein Abbild des Urrinds züchten wollen. Auch spanische, angriffslustige Torrero-Rinder wurden eingekreuzt. Ganz so groß wie das Original gerieten die Tiere am Ende nicht. Wuchtig sahen sie trotzdem aus.

Janusz begleitete mich nicht mehr auf meinen Brandenburger Wanderungen; er war mit seiner Masterarbeit beschäftigt. Das Thema: »Wesensgemäße Milchviehhaltung auf Naturschutzflächen im Nationalpark Unteres Odertal.« Im Grunde rechnete er mit seinem Thema wissenschaftlich einen Betrieb durch, wie wir ihn gründen wollten. Mal sehen, ob der Hof zumindest theoretisch mit den ganzen Auflagen funktionieren konnte.

Einmal aßen wir zu Abend, als es aus mir herausbrach: »Das Konto ist leer!«

»Ich weiß«, antwortete Janusz knapp.

»Und?«

»Hier im Dorf gibt es nichts, dass man nebenbei machen könnte. Vielleicht in Angermünde oder noch weiter weg. So oder so müsste ich so weit fahren, dass ich kaum noch Zeit für die Masterarbeit hätte. Wir könnten Hartz IV beantragen, um über die Runden zu kommen.«

Dieser Satz kam mir nicht wirklich schlimm vor, zugleich bestürzte er mich aber auch, da Hartz IV ein Stigma war.

»Werden wir dann als Harzer beschimpft?«, fragte ich Janusz.

»Jeder kann doch sehen, was wir tun. Es wird nicht lange dauern, bis wir selbst Menschen Arbeit geben können.« Ein paar Tage später fuhr Janusz zum Jobcenter. Er konnte den Mitarbeiter davon überzeugen, dass wir in Stolzenhagen etwas Gutes aufbauten und damit nicht nur selbst Arbeit haben, sondern auch neue Jobs bereitstellen würden. Wir mussten viele Zettel ausfüllen und einen Businessplan abgeben. Aber der war mit Janusz' Masterarbeit im Grunde schon in Arbeit.

Bald darauf erhielten wir die Zusage. Das Jobcenter übernahm die Miete, auch bekamen wir eine Grundsicherung. Das bedeutete: Jeden Monat hatten wir nun etwa 400 Euro zur Verfügung. Damit kamen wir ganz gut hin. Wir konnten uns sogar Bio-Lebensmittel leisten. Auf vieles andere verzichteten wir. Unsere Wohnung richteten wir mit Möbeln aus einem Gebrauchtwarenladen ein. Kleidung fanden wir auch secondhand schick – ebenso für unser Baby, das im Oktober zur Welt kam.

Wir waren guter Dinge, weil alles voranging. Der Nationalparkverein verpachtete uns tatsächlich Flächen, ein anderer Naturschutzverband schrieb uns eine E-Mail, dass es Land gebe. Zwar weiter entfernt, aber ein Anfang war gemacht! Auch für den Stall in Stolzenhagen sagten wir zu. Allein, uns fehlten noch die Kühe.

35

Kühe kaufen ohne Geld

In den Wochen vor der Geburt verliefen unsere Tage in Stolzenhagen selten gleichförmig: Janusz saß vor dem Rechner und arbeitete an seiner Masterarbeit, ich kümmerte mich um den Rest. Nebenher musste auch ich noch eine kleine Abschlussarbeit fertig schreiben – für eine Weiterbildung im Bereich tiergestützter Therapie und Pädagogik. Da ging es darum, wie ich das Thema Stockmanship an Interessierte weitergeben konnte. Es war mein persönlicher Businessplan.

Ich saß gerade auf unserem neuen, aber sehr alten Sofa und las, als Janusz einen kurzen, schreiähnlichen Laut von sich gab. Irritiert blickte ich von meinem Buch auf.

»Was ist?«, fragte ich.

Einigermaßen aufgeregt sagte er: »Ich weiß nun, wie wir an Geld kommen, um die Kühe zu kaufen.«

»Hast du eine Bank gefunden, die sich auf Kredite für Hartz-IV-Empfänger spezialisiert hat und gepachtetes Land als Sicherheit akzeptiert?«

Er verdrehte die Augen. »Nein, wir verkaufen Genussscheine. Anteile an unseren Kühen.« Bei seinen Recherchen für die Masterarbeit war er auf einen Artikel gestoßen. In dem wurde ein Bauer porträtiert, der auf diese Weise den Ausbau seines Kuhstalls finanziert hatte. »Es sind Genussscheine im Wortsinn«, fuhr er fort. »Die Leute geben einen bestimmten Betrag und erhalten dafür Zinsen in Naturalien, also in Fleisch, Salami, Käse oder Milch.

»Und wann müssen wir das Geld zurückzahlen?«

»Es gibt unterschiedliche Modelle. Manche laufen offenbar unbefristet, andere nur für einige Jahre.«

»Das ist ja schon fast eine Art Wertpapier. Wer ist denn bereit, solche Risiken einzugehen?«

»Alle, die denken, dass man Tiere so behandeln soll, wie wir es tun. Und die uns für fähig halten, das auch zu schaffen.«

»Dann müssen wir das mal formulieren, wie wir das machen wollen. Ich übernehme das«, sagte ich bestimmt.

»Mach's nicht zu kompliziert. Wer nimmt sich denn schon Zeit, so etwas genauer durchzulesen.«

»Na ja, wenn die Leute so einen Anteil kaufen, werden sie sich genauer informieren wollen. Wir können beschreiben, dass sich die artgerechte Haltung auf die physischen Bedürfnisse bezieht, die wesensgemäße Haltung aber auch auf die psychischen Belange der Tiere. Ist doch ganz einfach.«

»Klingt immer noch kompliziert«, kritisierte Janusz.

»Dann einfacher: Es reicht uns nicht, dass eine Kuh bequem liegt, sondern sie soll auch so behandelt werden, wie es Kühe untereinander tun würden. Kurzum: Wir sprechen Kuhisch.«

Die Idee von den Kuhanteilen elektrisierte uns ungemein. Doch bevor ich es richtig angehen konnte, setzten die Wehen ein. Ich hatte ein wenig Angst vor der Geburt und fragte mich, ob es schlimmer werden würde als beim Zahnarzt in Calgary. Gern hätte ich das Kind, begleitet von einer Hebamme, zu Hause bekommen. Nach endlosen Wehen fuhren wir aber doch ins Krankenhaus, und es wurde mit einem Not-Kaiserschnitt viel schlimmer als das Zahnziehen. Doch im goldenen Oktober war unser erstes Kind auf der Welt: Johann.

Nach der Geburt musste ich länger liegen. Perfekt, um das Thema Genussscheine weiterzuverfolgen.

»Weißt du, Janusz«, sagte ich, »vielleicht denken ein paar Leute: Hey, die fangen an. Lass uns die mal unterstützen. Die meisten werden, anders als wir, etwas Geld gespart haben. Und wir schreiben doch jährlich einen Rundbrief an unsere Freunde und alle, die sich sonst noch dafür interessieren, was wir machen. Darin könnte ich unser Projekt vorstellen. Vielleicht hätten wir dann sogar schon genügend Interessenten.«

Janusz antwortete nicht, tippte stattdessen wild auf der Computertastatur herum. Plötzlich sprang er auf. »Schau hier«, rief er und schien sich kurz an meiner Spannung zu weiden. »Es kann alles so klappen, wie wir uns das vorstellen.« Ich erhob mich und ging zu seinem Schreibtisch. Auf dem Bildschirm war eine riesige Tabelle zu erkennen. »Das sind unsere Ideale in Zahlen«, sagte er in feierlichem Ton. Janusz hatte sie aus unzähligen Tabellen und Büchern herausgesucht und durchgerechnet. Ich registrierte Milchpreise, geschätzte Kosten für zwanzig bis dreißig Rinder in Höhe von etwa 50 000 Euro, und Geldbeträge, die Bauern für die Flächen von der EU bekamen. »Wenn wir eine Käserei einrichten und die Milch selbst verarbeiten, müsste es klappen«, fuhr er fort. »Und wir hatten ja mal überlegt, dass wir Kühe alter Rassen kaufen würden. Sie sind robust und im Unterhalt gar nicht so teuer. Sie kommen sicher auch mit der Futterqualität hier zurecht.«

»Nicht schlecht«, sagte ich. »Aber die Sache mit dem E-Mail-Verteiler ...«

Ich musste gar nicht weiterreden. »Ja cool, lass es uns probieren. Schiefgehen kann es ja nicht«, rief Janusz.

Janusz schaute weiter im Internet nach, wie wir günstig an die Technik kommen könnten, die wir zum Melken und für die Milchverarbeitung brauchten. Da wir unsere Kühe den ganzen Sommer über draußen lassen wollten, war unser wichtigstes Arbeitsgerät der Weide-Melkstand. Bei eBay fand Janusz tatsächlich einen. Es war ein altes Modell aus der DDR, sehr günstig, allerdings ein Vierteljahrhundert alt. Der Melkstand und wir waren demnach fast gleichzeitig zur Welt gekommen. Sollten wir ihn kaufen, mussten wir ihn ein paar hundert Kilometer entfernt abholen. Dann würden wir nur noch neue Melkzeuge und einen guten Milchtank brauchen.

Hatten wir das alles zusammen, mussten wir nur noch die Kühe finden. Eigentlich konnten wir sofort starten. Sofort starten – so dachte ich, wenn ich gut gelaunt war. Wenn ich schlecht drauf war, graute mir vor unserer großen Aufgabe, die sich mit unserem eklatanten Geldmangel paarte.

Unser Leben nahm ein unglaubliches Tempo auf. Manchmal lief es mir zu schnell. Wie bei einer Achterbahnfahrt ging es aufwärts, nur um im nächsten Moment in die Tiefe zu stürzen und in der letzten Sekunde noch die Steilkurve zu nehmen. Wir mussten planen, wie wir das Land nutzen würden, prüfen, wo der Melkstand hinkam, und überlegen, wie wir unsere Arbeit aufteilten. Wir begutachteten Weiden, kauften einen ersten uralten Trecker und holten den Melkstand ins

Dorf. Melken wollten wir im Zweischichtbetrieb, Platz war nur für sechzehn Tiere. Wir wollen ja um die dreißig haben. Oft waren wir unterwegs, fühlten uns nun als Teil einer unsichtbaren Gemeinde von Existenzgründern. Bei der Industrie- und Handelskammer lernten wir Paragrafen und Zahlenwerke kennen, wir erkundeten, wie unser Hof Teil der sogenannten Solidarischen Landwirtschaft werden konnte. Wir erbrachten Sachkunde-Nachweise für Milch. Zwischendurch verteidigte Janusz seine Masterarbeit und erhielt den Sparkassenpreis für die beste Abschlussarbeit des Jahres.

Wir bauten unsere Netzwerke in der Arbeitsgemeinschaft bäuerliche Landwirtschaft und dem Bündnis Junge Landwirtschaft auf und gründeten mit anderen das Netzwerk junger Oderbauern. Nebenbei kandidierte ich für den Kreistag und meldete Lunow-Stolzenhagen zum Wettbewerb »Unser Dorf hat Zukunft« an. Wir schlossen Pachtverträge für fast vierzig Hektar Land ab, besuchten Solidarhöfe, und Janusz verhandelte so gut mit den Verkäufern, dass sich zu dem alten Traktor noch ein Mähwerk und ein Heuwender gesellten.

Im November 2014, gut ein Jahr nach der Geburt von Johann, gründete er offiziell unseren Landwirtschaftsbetrieb. Einen Monat später stellten wir den Antrag für die Ökolandbauförderung und absolvierten unsere erste Bio-Kontrolle für den Stall und das gepachtete Land. Und kurz danach begannen wir mit dem Verkauf der Genussscheine. Jeder Kuhanteil in Höhe von 500 Euro finanzierte ein Drittel einer Kuh. Dafür gab es 2,5 Prozent Zinsen im Jahr, ausgezahlt in Naturalien. Wir konnten es kaum glauben, wie gut es funktionierte. Binnen sechs Wochen hatten wir 50 000 Euro zusammen. Im Mai 2015 kauften wir achtundzwanzig Kühe: schwarzbunte Niederungsrinder, Allgäuer Braunvieh-Kühe, Angler-Rotvieh und Tiroler Grauvieh.

Horror

Es war früh am Morgen. Der Himmel war dunkel, und es herrschte absolute Stille um mich herum. Selbst die Vögel schienen noch zu schlafen. Ich stand auf der Weide hinter unserem neu gepachteten Stall und wartete. Vor einer halben Stunde rief mich Janusz an: »Wir sind von der Autobahn heruntergefahren.« Er war auf dem Rückweg aus Süddeutschland. Mit den neu gekauften Kühen.
Vor längerer Zeit hatte er einen Lkw-Führerschein gemacht. Aber einen Vierzigtonner war er noch nie gefahren. Bis jetzt. Bei der Spedition war der Mitfahrer ausgefallen. Darum fuhr Janusz unsere Kühe selbst, wenn der reguläre Fahrer eine Ruhepause machen musste. Ich war total hibbelig. Wie sahen die Tiere wohl aus? Würden sie mir gefallen? Hatten sie gute Euter? Würden sie sich bei uns wohlfühlen? Jetzt ging es endlich los. Mit mir auf der Wiese standen Silvia und Suzan, zwei Frauen aus dem Dorf. Sie wollten helfen, falls etwas schiefging oder Dringendes zu tun war. Ich wusste ja nicht, was auf mich zukam.

Wir genossen die Aufregung des Augenblicks. Plötzlich ein dumpfes, noch weit entferntes Grollen. War das der Transporter? Stolzenhagen war ein Sackgassendorf. Hier fuhren die Autos nicht einfach durch, hier kamen sie hin. Jedes Motorengeräusch galt unserem Ort. Das Grollen war tief. Es kündete kein Auto an, sondern einen Lastwagen. In der Stille wurde es langsam zum Röhren und dann zum Tosen: Janusz bog auf den Hof ein. Ich war so stolz. Wahnsinn, was mein Mann da machte. Und natürlich war ich unglaublich neugierig. Was für Tiere waren in diesem großen, weißen Lkw? Er war doppelstöckig, Überall hatte er kleine Fenster. Erkennen konnte ich aber nichts, dazu war es viel zu dunkel. Janusz lenkte das Fahrzeug direkt auf die Winterweide. Er stieg aus, und ich musste ihn umarmen. Mir fehlten die Worte, ich wusste nicht, wohin mit meiner Freude.

Aber jetzt war es Zeit, die Kühe herauszulassen. Sie waren seit dem Vorabend in dem Transporter. Janusz hatte sich mit den Bauern, die ihm die Kühe verkauften, in Süddeutschland getroffen. Monate zuvor war er dort mit einem Freund aus dem Allgäu unterwegs gewesen. Sie hatten erzählt, dass wir behornte Braunviehkühe bräuchten, die von einem Biohof stammten – und überzeugten die Bauern, dass wir etwas Gutes vorhatten. Auch bei den Verkaufsverhandlungen half der Freund, der beruflich Bauern beriet. Wir wollten einen fairen Preis zahlen, aber wiederum nicht zu viel. Sonst würde das Geld, das wir über die Kuhanteile erhalten hatten, nicht reichen. Viele Kühe gab es nicht, die Bauern konnten jeweils nur ein paar erübrigen. Darum waren nun einundzwanzig Rinder von neun verschiedenen Höfen im Transporter. Im Vorhinein hatten wir alle Papiere zu den Tieren der hiesigen Kontrollstelle und dem Veterinäramt schicken müssen. Nur so war es möglich gewesen, sie rechtzeitig anzumelden und ab dem ersten Tag Bio-Milch zu erzeugen.

Ich ging mit dem Spediteur zur hinteren Klappe des Transporters. Er zog an Hebeln, die die Verriegelung öffneten, ließ eine Rampe herunter, klappte beidseits der Rampe Absperrungen hoch. Dann endlich: Sesam öffne dich! Herausspaziert kamen nette braune Kühe. So viel konnte ich in der aufkommenden Morgendämmerung erkennen. Entspannt gingen sie die Rampe herab und fingen an, auf der Wiese zu grasen. Einfach so. Als hätten sie schon immer Nächte im Lkw verbracht, als wäre nichts geschehen. Es gab keinerlei Rangelei, nicht die geringsten Unstimmigkeiten zwischen den Tieren.

»Schau mal, die sind froh, hier zu sein«, sagte ich zu Janusz. »Die wirken überhaupt nicht gestresst von der Fahrt.«

»Die vielleicht nicht«, antwortete Janusz. »Aber manchmal war es ganz schön krass auf der Autobahn. Wenn ich das Lenkrad nicht fest genug hielt, geriet der Lkw schnell ins Schlingern. Da habe ich dann am Anfang fast die Nerven verloren. Aber irgendwann habe ich mich dran gewöhnt.«

»Habt ihr eine Pause gemacht?«

Er nickte. »Wir haben auch immer wieder zu den Rindern hineingeschaut. Aber alle käuten ruhig wieder. Oder schliefen. Sie machten das, was sie sonst auch nachts machen.«

Ich wunderte mich plötzlich, dass erst so wenige Kühe draußen waren. Aber da machte sich Janusz schon daran, die zweite Ebene herunterzulassen. Die Tiere spazierten genauso entspannt nach draußen wie ihre Kollegen. Auch ein Bulle war dabei. Es bereitete große Freude, zuzusehen, wie die Rinder die neue Weide in Beschlag nahmen.

Mittlerweile war es halb sechs. Ich liebte das Geräusch, wenn die Kühe am Gras rupften. Endlich waren sie da, unsere Kühe. Plötzlich hörte ich Vögel in der Luft. Große Vögel. Über die Weide flogen drei Störche. Wahnsinn! In Stolzenhagen lebten gar keine Störche. Wo kamen die denn her? Sie flogen direkt über die Weide. Ein fast surrealer Moment. Hatte das etwas zu bedeuten? Ich war überglücklich und beeindruckt zugleich. Ich musste noch einmal zu Janusz gehen, um ihm davon zu erzählen. Aber er hatte keine Zeit für meine Beobachtungen. Er mahnte vielmehr, dass die Kühe es gewohnt seien, um sechs gemolken zu werden. Also: jetzt gleich.

Den Melkstand hatten wir auf die Betonplatte einer ehemaligen Holzhalle gestellt, von der nur noch das Fundament vorhanden war. Dazu hatten wir einige Gitter angeschafft, um die Rinder auf den richtigen Weg zum Melkstand leiten zu können. Da mussten sie nun hin, um gemolken zu werden. Hoffentlich gingen Pumpe und Melkzeuge, die wir gebraucht gekauft hatten. Wir riefen die Kühe: »Koommt, koommt.« Mit einem langen o und der tiefen Stimme der Allgäuer. Aber klar, sie kannten uns noch nicht. Wir mussten hingehen und sie zum Melkstand treiben. Aber sie machten alles gut mit.

Ich ging in die Mitte des Melkstands, dorthin, wo beidseits die Futterrinnen waren. Die Kühe sollten ihre Köpfe durch die Fressgitter stecken, sodass wir sie in Ruhe melken konnten. Es war ihnen etwas unheimlich. Auch wenn sie Fressgitter kannten, diese funktionieren ein bisschen anders.

»Komm«, sagte ich, »ich locke sie von vorne, und du schiebst von hinten.«

Ich nahm einen Eimer voller Schrot und wackelte damit hin und her, um ihren Appetit zu wecken, Janusz schob die Tiere ein wenig von hinten. Weil sie Schrot lieben und eine mutige Kuh bereitwillig den Anfang machte, fädelten sie sich nach und nach in das Fressgitter ein. Da ich einen Riegel umlegte, konnten sie nicht mehr zurück – und wir von hinten an die Euter heran. Nur sieben der einundzwanzig Kühe waren schon in Milch, hatten also bereits ein Kälbchen bekommen. Die anderen kalbten in den nächsten Monaten. Wir gingen ruhig und bestimmt vor. Die Kühe schien das zu überzeugen, sie verstanden, dass ihnen keine Gefahr drohte. Nun startete Janusz die Maschine. Sie machte einen infernalischen Lärm. Ein uraltes Gerät, das ein Vakuum erzeugte. Jetzt mussten noch die Zitzengummis an die Euter, dann konnte es losgehen. Fast zumindest. Ich melkte jede Kuh vor und putzte das Euter mit Euterwolle – genau so, wie ich es auf einer Alm kennengelernt hatte. Dann brachte Janusz das Melkzeug. Er drückte an der Melkmaschine einen Knopf, aus den Melkzeugen kam ein schlürfend-saugendes Geräusch, plopp, plopp, plopp, plopp, und schon hing es an der ersten Kuh. Die Milch floss. Sie floss! Unsere erste eigene Milch. Unglaublich. So melkten wir abwechselnd die Kühe, mal ich, mal Janusz. Wir waren fasziniert. Zwar rutschten einige Gummischläuche immer wieder ab, schienen also nicht mehr ganz in Ordnung zu sein, aber die würde Janusz später austauschen. Insgesamt lief alles besser als gedacht. Danach durften die Kühe wieder hinaus auf die Wiese. Sie trotteten los, taten so, als hätten sie nie einen anderen Weg genommen.

Es war mittlerweile kurz nach sieben, und ich dachte an Johann, der mit einer Helferin zu Hause geblieben war. Langsam müsste er aufgewacht sein. Wir ließen die Kühe erst mal in Ruhe und gingen frühstücken.

Am Nachmittag hatte man auf dem Nachbargrundstück zum offenen Atelier geladen. Ein Künstler stellte aus, und Interessierte konnten innerhalb einer bestimmten Zeit kommen. Natürlich sprach es sich schnell herum, dass wieder Milchkühe in Stolzenhagen lebten. Bei unserem zweiten Melken am Abend hatten wir fünfzig Besucher. Ich erklärte, was wir machten, und Janusz melkte. Eine Freundin trug Johann auf dem Arm. Gerade als die Kühe den Melkstand verließen und auf die Wiese kamen, ließ sie ihn los. Er krabbelte am Gitter entlang und schlüpfte plötzlich durch. Eine Kuh starrte ihn entsetzt an. Vielleicht dachte sie, dass es ein Hund sei. Jedenfalls ein Eindringling. Ich dachte an meine Erlebnisse in Traglitz und schrie:»Oh nein, haltet ihn fest.« Aber es war schon zu spät. Johann war bereits mitten in der Einzäunung. Janusz sprintete los und ergriff Johann, der das nur als lustiges Spiel angesehen hatte, gerade noch rechtzeitig.

Ein paar Tage später machte ich am Vormittag einen Kontrollrundgang über die Weide. Schaute, ob die Kühe noch genügend Wasser hatten und sich wohlfühlten. Da entdeckte ich etwas Graues. Mist, dachte ich, hatten wir da etwa Müll liegen lassen? Unglücklicherweise leckte auch noch eine Kuh daran. Was war das? Ein graues Laken? Ich kam näher – und musste jauchzen. Ein Kalb! Unglaublich! Eine der Kühe hatte tatsächlich ihr erstes Kalb bekommen und leckte es gerade ab. Ein paar Minuten sah ich ihr dabei zu, dann ging ich ein Stück weiter. Noch ein grauer Fleck. Ein weiteres Kalb. Und was war das da hinten? Direkt neben einer Kuh lag ein drittes Kalb. Was war denn hier los? Drei Kälber. Deswegen waren also die drei Störche über die Weide geflogen. Vor Glück hüpfte ich herum wie ein Flummi. Ich rannte zum Stallgebäude, wo Janusz gerade an etwas herumtüftelte, und rief ihm zu.»Drei Kälber!« Zusammen gingen wir auf die Weide und schauten nach, ob ich nicht doch unter Halluzinationen litt.

Alles war real. Wir stellten fest, dass zwei der Kälber Zwillinge waren. Gemeinsam saugten sie am Euter ihrer Mutter. So ein schöner Anblick, immer wieder. Alle drei waren Jungs. Graue, dicke Bullenkälber. Alle waren allein auf der Wiese zur Welt gekommen. So glatt könnte es nun weitergehen, dachte ich. Das würde uns guttun. Beim nachmittäglichen Melken mussten die Kälber natürlich mit. Wir trieben sie zusammen mit ihren Müttern. Zwar waren sie noch unsicher auf den Beinen, blieben aber an der Seite ihrer Mama, die sie nicht aus den Augen ließ und oft mit einem schönen, tiefen Muuuh nach ihnen rief. Für uns bedeutete das: Wir mussten zum ersten Mal die Färsen melken. Wir waren sehr gespannt, ob und wie das klappte, und dachten uns einen Trick aus: Meist standen die Kühe still, wenn die Kälber saugten. Das konnte ein guter Moment sein, um sie zu melken. Wir schoben die kleinen Kälber neben ihre Mütter und halfen ihnen, die richtige Zitze zu finden. Als sie zu saugen begannen, kam das Melkzeug an die verbliebenden freien Zitzen. Erstaunlicherweise gab es keine Probleme, als hätten die Jungkühe nie etwas anderes gemacht. Sie standen völlig entspannt da. Vielleicht befanden sie sich im Oxytocin-Rausch. Oxytocin ist das Kuschelhormon, das besonders nach einer Geburt ausgeschüttet wird, bei Tieren wie bei Menschen. Ich war ganz begeistert von dieser Taktik, die Färsen so ganz nebenbei in Milchkühe zu verwandeln.

So vergingen die ersten Tage, sehr schön, sehr glücklich. Es kam sogar schon jeden Tag jemand vorbei, der unsere Milch mitnahm. Doch dann klingelte das Handy. Das Veterinäramt. Verdacht auf Rindertuberkulose. Diese Krankheit war nicht medizinisch, sondern von Gesetzes wegen ein Todesurteil. Infizierte Tiere mussten getötet werden. Im

Studium war das so fern wie selbstverständlich. Aber jetzt bedrohte die Krankheit unsere Existenz, die wir noch nicht einmal richtig aufgebaut hatten. Der Skorpion aus meinem Traum in Fredenwalde – nun saß er auf mir.

In dem Moment fiel mir nichts mehr ein, außer zu beten: »Lieber Gott, das kann doch nicht das Ende sein. Es kann nicht sein, dass du das willst. Dass wir aufhören sollen, ohne richtig begonnen zu haben. Das kann nicht Dein Wille sein! Bitte hilf uns.«

Janusz rief sofort die Tierärztin an, die für unsere Gegend zuständig war. Sie besorgte das Tuberkulin und machte den Test. Mir war total übel, als sie eintraf. So hatte ich mir den Anfang nicht vorgestellt. Mit einer Schermaschine entfernte sie in der Nähe der Schulter das Fell, maß die Hautdicke mit einem kleinen Schieber, der wie ein Minischraubstock die Haut zusammendrückte, und spritzte die Rinder. In einer Tabelle erfasste sie alle Kühe mit Nummern und trug dahinter die ermittelten Werte ein. Einundzwanzigmal schaute ich bei diesem Prozess zu.

»Jetzt können wir nur noch hoffen«, sagte sie zum Abschied.

Es folgten drei Tage wie unter einer Glasglocke. Ich konnte nichts mehr essen. Ich war wütend, hasste jede Minute, fand alles schrecklich und, ja, irgendwie gemein, dass wir so etwas erleben mussten. Selbst die Kälber, über die ich mich so gefreut hatte, sie durften womöglich nur wenige Tage auf dieser Welt sein. Am Ende blieb uns nur eine gewaltige Rechnung. Es war, als müssten wir die Kugel für unsere Hinrichtung selbst bezahlen.

Janusz und ich redeten kaum, wir erledigten das Nötigste. Irgendwann fiel uns ein, dass die Milch nicht endlos im Milchtank bleiben durfte. Wieder war es Janusz, der handelte. Er bat seine Mutter um Unterstützung, die ebenfalls Käse machen konnte. Sie kam sofort zu uns und brachte ein paar Käseformen mit. Nachts, mit einer Stehlampe im Milchlagerraum, verarbeiteten die beiden unsere Milch. Ich trank sie nicht mehr, weil ich Angst hatte, dass sie schlecht war. Aber wenn der Test negativ ausfiel, durften wir den Käse verkaufen. Nach drei dunklen Tagen kam die Tierärztin wieder. Ich hatte Angst. Zitterte die ganze Zeit. Janusz begleitete die Ärztin von Kuh zu Kuh, ich stand etwas abseits. Sie maß die Hautdicke, es durfte keine Abweichung von mehr als zwei Millimetern geben. Bei den Kühen, die gekalbt hatten, hatte die Hautdicke deutlich abgenommen.

Aber dann: »Hier ist es knapp«, rief Janusz mir zu.

Panik. »Wie viel?«, rief ich zurück.

»Warte«, antwortete Janusz.

Schwere legt sich auf mich. Ich hörte nur noch das Grasen der Kühe.

»Es ist noch okay«, rief er.

Kleine Erleichterung. Aber bei vielen Tieren war die Ärztin noch nicht gewesen. Ich schaute auf das Gras unter mir. Konnte das Warten kaum noch ertragen.

»Alle Tiere sind negativ«, schrie Janusz plötzlich.

Alles war nun klar, alles war gut, aber meine Beine waren so zittrig, dass ich fürchtete, gleich umzufallen. Ich brauchte eine Weile, bis mein Körper den Panikmodus wieder in den Griff bekam. Ja, es war überstanden. Aber was für eine Tortur. Kaum war die Ärztin weg, rief Janusz die Molkerei an und sagte, dass wir wieder liefern dürften.

So verging das erste Jahr. Bald veröffentlichten wir eine Anzeige, dass wir Helfer brauchten. Es meldeten sich einige, auch solche, die nur von uns gehört hatten. Nacheinander

waren zwei Frauen mittleren Alters bei uns, die einfach mal
ein bisschen Bauernhof erleben wollten. Jemand brachte
uns lustige kleine Schilder aus früherer Zeit vorbei,»Molkerei« stand da drauf, und:»Milchabholung«.

Es kamen Leute, die sich bei uns selbst die Milch zapften,
weil sie Rohmilch gut fanden. So wie früher. Es war Milch, die
noch dick wurde. Aber es waren weniger Menschen als gedacht. Es gab eine diffuse Angst vor Rohmilch. Sie durfte auch
nur ab Tank verkauft werden. Sie in Flaschen zu füllen und an-
dernorts zu verkaufen, ist gesetzlich verboten. Natürlich
mussten wir auch ein Schild anbringen:»Rohmilch vor Verzehr
abkochen«. Ich merkte, wie widerwillig Janusz das machte.

»Du würdest es gerne weglassen, oder?«, fragte ich.

»Ja«, sagte er.»Diese Furcht vor Rohmilch ist für mich
unbegreiflich. Daran müssen wir arbeiten. Gerade erst war
jemand da, der mir erzählte: ›Eure Milch hält sieben Tage im
Kühlschrank. Ohne Pasteurisieren. Es täte mir richtig leid,
diese Milch so zu behandeln‹.«

»Habe ich dir von Frau Sieber erzählt? Sie sagte, dass sie
normalerweise keine Milch vertrage, aber unsere schon.«

Janusz schüttelte den Kopf.»Im Grunde ist das ein Irr-
sinn. Wir produzieren Weidemilch, aber was ist dieser Aufwand noch wert, wenn ich sie pasteurisiere und die Hälfte
der Enzyme und Vitamine verloren geht? Auch die Eiweiße
verändern sich. Schon allein darum brauchen wir die Käserei, damit wir die Rohmilch verarbeiten können.«

Die Käserei war unser nächstes Projekt, für das wir Geld
einsammeln wollten. Erst der Käse machte es möglich, einen Preis für die Milch zu erzielen, der uns überleben ließ.
Außerdem: Er machte unsere Rohmilch mobil. Wir könnten den Käse auch in Berlin verkaufen.

37

Sonne unterm Dach

»Weißt du«, sagte Janusz einige Tage später. »Wir hätten uns
keinen Gefallen damit getan, wenn wir uns in Polen einen
Hof gesucht hätten.«

»Warum?«, fragte ich, obwohl ich seine Antwort schon
kannte.

»Nie hätten wir ein solches Netzwerk aufbauen können.«
Wir hatten uns gerade mit vierundzwanzig anderen
Jungbauern getroffen, die entlang der Oder genauso wie wir
einen Hof aufbauten und mit denen wir das Bündnis Junge
Landwirtschaft gegründet hatten. Die meisten von ihnen
waren mit Hartz IV gestartet. Oder dem Geld ihrer Eltern.
Wir trafen uns einmal im Monat und tauschten uns aus.

»Ja«, antwortete ich, »das Netzwerk gibt Kraft. In Polen
wären wir Einzelkämpfer gewesen.«

»Ich finde es trotzdem ein bisschen schade. Wie ist noch
dein Lieblingsmotto?«

»Wochenmarkt statt Weltmarkt. Aber das gilt ja weiterhin.«

Manchmal fragten mich Leute, wie es denn sei, einen eigenen Hof zu haben. »Wir haben keinen Hof«, antwortete ich dann. Zumindest hatten wir nicht das, was man sich gemeinhin darunter vorstellt – einen schönen Vierseithof mit hübschen Gebäuden. Wir hatten ein ziemlich altes, graues Gebäude gepachtet, in dem zu DDR-Zeiten 250 Kühe angebunden standen und von Menschen gemolken wurden, die wahrscheinlich überhaupt keine Lust dazu gehabt hatten. Wir wussten auch, dass wir mit unseren Mitteln die Gebäude wahrscheinlich nie schön machen könnten. Dass uns nichts gehörte, verwundert viele. Einmal wurde ich gefragt, wie wir denn auf diese Weise unsere Betriebsindividualität aufbauen könnten. Betriebsindividualität – was für ein Wort. »Unsere Betriebsindividualität ist die Weide«, gab ich zurück. »Wir produzieren Nationalpark-Weidemilch mit Kühen, die ihre Hörner behalten und wo die Kälbchen von einer Amme aufgezogen werden. Vielleicht auch mal von ihren Müttern selbst. Geht noch mehr Individualität?«

Wir waren Bauern ohne Land. Sollten wir einmal Pferde haben, könnten wir weiterziehen wie einst die Siedler in Amerika. Und wie diese halfen wir schon jetzt, unsere Region neu zu beleben. So wie es auch all die anderen machten, die in den letzten Jahren nach Stolzenhagen gezogen waren. Unserer Arbeit machte uns zu einem Anziehungspunkt für andere Leute. Ausgerechnet ich, die immer Probleme mit Menschen gehabt hatte, gab nun Seminare für Low Stress Stockmanship. Weil das kaum einer verstand, nannten wir es Kuhflüstern. Manchmal dachte ich: Was für eine merkwürdige Kurve hat mein Leben hier doch genommen. Erst mein Interesse an den Tieren hatte mich den Menschen nähergebracht, nun brachte ich die Menschen zu den Tieren. Was mich besonders freute: Obwohl es gerade erst ein paar Jahre her war, dass ich in Kanada gelernt hatte, kamen jetzt umgekehrt junge Leute aus Kanada zu uns, um zu verstehen, wie das ging: aus dem Nichts einen Hof aufzubauen.

Der größte Moment war für mich aber, als Kelly aus Meadow Lake vor unserer Tür stand. Sie war allein, weil ihr Mann Newton bald nach meiner Abreise gestorben war. Wir hatten den Kontakt nie verloren, sie war für mich mein persönlicher Coach geworden. Natürlich konnte ich nicht alles auf Brandenburg übertragen, was mir in Kanada gefallen hatte. Aber Kelly kannte oft gute Ansätze, um Probleme zu lösen. Nun war sie nach Europa gereist und verbrachte ein paar Tage bei uns.

Sie war sehr interessiert, und ich machte mit ihr natürlich meine große Runde durch den Ort und über die Weide.

»Kelly«, sagte ich, »das ist gerade eines unserer größeren Probleme: Weil auf den großen Naturschutzflächen nur wenige Tieren grasen, breiten sich dort Pflanzen aus, die Kühe nicht so gerne fressen. Normalerweise achtet ja ein Bauer darauf, was auf einer Weide wächst. Aber hier auf den Naturschutzflächen dürfen wir kaum eingreifen.«

»Ist das Problem jetzt erst entstanden?«, fragte Kelly.

»Nein, es war schon da, als wir die Flächen übernahmen, aber es macht uns immer mehr zu schaffen. Irgendwann werden wir nur noch Pflanzen haben, die die Kühe nicht mehr fressen wollen.«

»Zäunt doch die Kühe auf kleinerer Fläche ein als bisher«, riet Kelly. »Dann sind sie gezwungen, auch mal jene Pflanzen zu essen, die sie nicht so lecker finden. Oder ihr mäht diese Flächen. Nach dem Mähen haben alle Pflanzen wieder gleiche Chance, sich auszubreiten.«

»Den ersten Vorschlag werden wir ausprobieren«, entgegnete ich. »Aber selbst das Mähen ist auf den Naturschutzflächen reglementiert.«

Schweigend liefen wir weiter. Ich wollte ihr noch etwas zeigen.

»Schau, da vorne.« Ich deutete auf die Herde.

»Was meinst du?«, fragte sie.

»Dir fällt es nicht auf, weil es für dich ganz normal ist. Die Bullen laufen mit der Herde mit.«

»Stimmt, das ist mir wirklich nicht als etwas Besonderes aufgefallen.«

»Hier ist es aber für viele ungewohnt. Vor Bullen haben viele Leute Angst. Er steht meist alleine in einem Hochsicherheitstrakt, und manche Bauern glauben, dass er lieb bleibt, wenn sie ihn täglich einmal streicheln.«

»Keine gute Idee«, sagte Kelly. »Sie verlieren dann den Respekt vor dir.«

»Genau. Diese Streichelbullen sind es dann, die im Extremfall ihre Besitzer töten.«

»Das kann ich mir vorstellen. Sie möchten irgendwann einmal wissen, wer ist stärker – du oder ich. Aber auch Bullen auf der Weide können durchdrehen. Weißt du noch, der Bulle in Kanada, der einen Menschen tötete?«

Ich erinnerte mich. Am nächsten Tag war der Bulle tot. Der Farmer fürchtete, dass sich seine Aggressivität weitervererben würde. Da konnte er noch so ein Prachtbulle sein, wenn er Menschen angriff, war er nicht akzeptabel.

»Willst du dir noch Pferde anschaffen?« Kelly wechselte das Thema. »Das war doch der Traum von Cowgirl Anja?«

»Natürlich. Aber bislang hatte ich keine Zeit, überhaupt daran zu denken. Nach einer kleinen Pause fuhr ich fort: »Die Pferde sind der einzige Bereich, bei dem Janusz und ich nicht gleichziehen. In meinem Innern bin ich Cowgirl, Janusz hingegen hofft, dass ich auf geheimnisvolle Art doch noch eine richtige Bäuerin werde. Pferde braucht er nicht. Er hat ja sein Motorrad. Das ist sein viele Pferde starkes Pferd.« Kelly lächelte.»Aber sonst sind wir uns schon ziemlich einig, zumindest wenn jeder seinen eigenen Arbeitsbereich hat. Heikel wird es nur, wenn sich Schnittmengen bilden. Sogar richtig heikel.«

»Wo zum Beispiel?«

»Wir haben es gemerkt, als wir wegen Johann begannen, unsere Zeitpläne zu verzahnen. Wir passen abwechselnd auf ihn auf. Das ist nicht leicht für uns. Eigentlich ist es sehr schwierig.«

Wieder lächelte Kelly, dieses Mal zweideutig. Sie kannte meinen Kommandoton und konnte sich wahrscheinlich gut vorstellen, wie das zwischen uns ablief.

»Erklär es mir genauer«, sagte sie trotzdem.

»Ich vereinfache mal: Übernimmt Janusz Johann, erstelle ich eine lange To-do-Liste. Ist Janusz schlecht gelaunt, ignoriert er einfach die Liste. Oder verlangt, dass wir die Aufgaben tauschen.«

»Vielleicht«, überlegte Kelly, »solltest du daheim auch entschlossener auf Low Stress Stockmanship setzen?«

Nun war ich diejenige, die lächeln musste.»Andererseits sind wir uns fast immer einig, wenn wir Urlaubspläne schmieden. Für schöne Strände und alte Gemäuer haben wir aber keine Zeit, wir besuchen Höfe. Wir schauen dann, wie dort gearbeitet wird und suchen im In- und Ausland nach betagten Landmaschinen, die wir für wenig Geld kaufen können.«

Kelly hatte Janusz in Kanada nicht kennengelernt, aber als sie ihn hier sah, war sie der Ansicht, dass wir hervorragend zusammenpassten. Sie war eine tolle Frau. Ich war sehr traurig, als sie uns wieder verließ.

Am nächsten Abend, als ich zum Melken auf die Weide ging, lauschte ich dem rhythmisch klackernden Geräusch der Melkmaschine und dem Dröhnen des Aggregats. Hier im Odertal war nun mein Kanada, auch wenn die Weite nicht ganz so weit, die Kälte nicht ganz so kalt war und natürlich die Pferde fehlten.

Trotzdem war ich ganz in meinem Element. Der Wind fegte mir um die Ohren. Ich fühlte mich frei, obwohl jeden Tag so unendlich viel Arbeit auf mich wartete. Doch Janusz und ich, wir hatten den Anfang geschafft. Nun war ich inmitten meiner Herde von schönen Kühen mit großen Hörnern. Jede war ein Individuum. Wir melkten weiterhin nur mit zwei Melkzeugen. Immer wenn sie liefen, hatte ich etwas Zeit. Dann setzte ich mich hinter die Kühe, sodass die letzten Sonnenstrahlen des Abends unter dem Dach des Weidemelkstands mein Gesicht beschienen.

Schmerzten meine Schultern von den schweren Milchkannen, ließ ich sie ein wenig kreisen, richtete die Hände nach oben, streckte mich und atmete tief durch. So einfach und doch so schwer war es, seinen Lebenstraum zu verwirklichen. Jeden Tag das zu tun, was einen glücklich macht. Das zu tun, was man für richtig hielt. Ich konnte Bio-Bäuerin werden. Mit einem tollen Mann an meiner Seite. Zusammen konnten wir alle Widrigkeiten meistern.

Ich stand auf, weil ich die Melkzeuge umhängen musste. Ich melkte die nächste Kuh vor, putzte das Euter, die Milch schoss ein, und ich hängte die Maschine wieder an. Klack, klack, klack, machte sie.

Wir produzierten nun Heumilch nach höchstem Biostandard. Oft ging ich durch den Dschungel des Nationalparks zum Jungvieh. Kam ich auf die Weide, dachte ich: Ja, so muss es sein. Genau so muss es aussehen, so müssen Tiere leben. Klar, auch hier gab es einen Zaun außen herum. Aber die Weite und die sozialen Beziehungen zwischen den Tieren – das war wie in der Natur.

Und war ich bei den Ammen und beobachtete, wie eine Kuh ihr eigenes Kalb, aber auch das angenommene ableckte und pflegte und auf alles achtete. Genauso schön war es, zu verfolgen, wie sich die Kälber alles abguckten, dann aber auch mal durchdrehten und über die Wiese flitzten.

Dafür machte ich das hier. Ich wusste, ich war nicht am Ende meiner Reise angekommen. Aber tief in meinem Herzen war es da, das Gefühl, genau an diesem Ort, zu dieser Zeit wichtig zu sein.

Dank

Ich danke meiner Familie, meinen Freunden und allen Menschen und Tieren, die mir auf meinem Weg begegnet sind. Nur durch euch konnte ich die Erfahrungen machen, die mich formten und mich zu der Person werden ließen, die ich heute bin. Besonderer Dank gilt meinem Co-Autor Hans von der Hagen, der stets offen Fragen stellte, mich verstand und in mein Leben eintauchte. Auch unserer Lektorin Regina Carstensen und dem DuMont Reise-Verlag danke ich für die Möglichkeit, von meiner Reise zu erzählen.

Letztlich bin ich dankbar für alles, wie es ist. Am stärksten für das Wesen der Kühe und das Gefühl des Getragenseins.

Hallo Welt!

Waltraud Hable
MEIN DATE MIT DER WELT
248 Seiten, Softcover, Preis: 14,99 € (D), 16,50 € (A)
ISBN: 978-3-7701-6683-1
DuMont Reiseverlag www.dumontreise.de

EINSTEIGEN, MITFAHREN, FESTHALTEN!

Paul Archer & Johno Ellison
**DREI FREUNDE, EIN TAXI, KEIN PLAN ...
ABER EINMAL UM DIE WELT**
368 Seiten, Softcover, Preis: 14,99 € (D), 16,50 € (A)
ISBN: 978-3-7701-8282-4
DuMont Reiseverlag www.dumontreise.de